スッキリうかる

日商簿記2級

本試験
予想問題集

滝澤ななみ 監修
TAC出版開発グループ

はしがき

●直前対策もこの1冊で

2009年の刊行以来、ネコのゴエモンでおなじみの「スッキリわかるシリーズ」は、多くの受験生の方に選んでいただき、簿記検定対策書籍の中で一番受験生に愛されるシリーズに成長することができました。それとともに聞こえてきたのが、直前対策に関する悩みでした。ただでさえ時間の限られている本試験前にそれほど多くの問題を解くことができないというものです。

そこで、スッキリシリーズでは、直前期に必要とされる対策をスッキリと1冊で終わらせることができるよう、次のような工夫をこらして、本書「スッキリうかる本試験予想問題集」を刊行しました。

★重要論点をまんべんなく演習できる9回分の良問を、過去の本試験問題や、TACオリジナル予想問題の中から厳選して収載！
★解説の中に問題解法のための「POINT」を掲載しているので、解くためのポイントがどこにあるのか、一目瞭然！
★重要な知識は「LECTURE」でまとめているので、ど忘れ論点の思い出しに効果的！

さらに、日商簿記検定は、2021年度より、新試験となり、統一試験（ペーパー試験）とネット試験を併用するハイブリッド方式で試験が実施されています。本書には、本試験と同じ環境でネット試験の演習ができる「ネット試験用模擬試験プログラム」が5回分ついていますので、統一試験（ペーパー試験）・ネット試験、どちらの試験を受験される方にとっても、十分に対策が可能な書籍となっています。

本書を活用し、簿記検定試験に合格され、みなさんがビジネスにおいて活躍されることを心よりお祈りいたします。

ＴＡＣ出版開発グループ

本書の効果的な利用方法

1 予想問題を何度でも解く

まずは、予想問題9回分を解きましょう。最初はわからなくても、解説や、解説中のPOINTを参照しながら、難易度Aの問題は確実にできるように演習しましょう。また、予想問題は一度解いたら終わりではありません。本書には、答案用紙ダウンロードサービスがついていますので、これを利用して、目標点が取れるようになるまで、繰り返し、演習をしてください。時間のある方はぜひ、満点も目指してみてください。

2 間違えたところがあれば、テキストで復習する

かんたんな知識であれば、本書の中でもLECTUREとしてまとめていますが、根本的な知識の抜けがある場合などは、そのつど、お手もとのテキストに戻って知識の確認をするようにしましょう。問題だけ解けるようになっても、きちんと理解していることにはなりません。手間をおしまず、基礎的なインプットを完全にするよう、心がけましょう。

3 ネット試験用模擬試験プログラムにチャレンジする

本書には、いつでもどこでもネット試験の演習ができる模擬試験プログラムが5回分、付属しています。実際にパソコンで解いてみると、下書き用紙の使い方や、日本語入力への切り替えなど、紙で解く試験とはちがった工夫が必要なことに気づかれると思います。ネット試験を受験される方は、ぜひ、この模擬試験プログラムを活用して演習してみてください。

※本サービスの提供期間は、本書の改訂版刊行末日までです。

（免責事項）
(1) 本アプリの利用にあたり、当社の故意または重大な過失によるもの以外で生じた損害、及び第三者から利用者に対してなされた損害賠償請求に基づく損害については一切の責任を負いません。
(2) 利用者が使用する対応端末は、利用者の費用と責任において準備するものとし、当社は、通信環境の不備等による本アプリの使用障害については、一切サポートを行いません。
(3) 当社は、本アプリの正確性、健全性、適用性、有用性、動作保証、対応端末への適合性、その他一切の事項について保証しません。
(4) 各種本試験の申込、試験申込期間などは、必ず利用者自身で確認するものとし、いかなる損害が発生した場合であっても当社では一切の責任を負いません。

（推奨デバイス）PC・タブレット
（推奨ブラウザ）Microsoft Edge 最新版／ Google Chrome 最新版／ Safari 最新版
詳細は、下記URLにてご確認ください。
https://program.tac-school.co.jp/login/2

日商簿記2級試験について

1. 試験概要

	統一試験（ペーパー試験）	ネット試験
受験資格	なし	
試験日	年3回 6月（第2日曜日）、11月（第3日曜日）、2月（第4日曜日）	随時（テストセンターが定める日時。ただし、統一試験前後10日間他、休止期間がある。）
申し込み方法	試験の2か月前から開始 申込期間は各商工会議所によって異なる	テストセンターの申し込みサイトより随時
受験料	5,500円※　※2024年4月1日より	
試験科目	商業簿記・工業簿記	
試験時間	90分	
合格基準	70点以上	

本書刊行時のデータです。最新の情報は、商工会議所の検定試験ホームページでご確認ください。

2. 出題傾向

２級の出題傾向は次のとおりです。

第1問	仕訳問題が5題出題（1題4点）されます。	20点
第2問	個別論点に関する問題や勘定記入の問題、連結会計に関する問題などが出題されます。	20点
第3問	決算関係（精算表や財務諸表の作成など）、本支店会計が出題されています。また、製造業会計も出題範囲となっています。	20点
第4問	主に財務会計の内容から(1)仕訳問題が3題出題（1題4点）されます。また、(2)費目別計算、個別原価計算、総合原価計算、標準原価計算の論点から勘定記入や財務諸表の作成などが出題されます。	28点
第5問	主に管理会計の内容から標準原価計算、直接原価計算、CVP分析の論点から出題されます。	12点

CONTENTS

日商簿記検定　Information

〈2024年度試験日程〉

第167回　2024年6月9日（1級～3級）

第168回　2024年11月17日（1級～3級）

第169回　2025年2月23日（2級、3級）

●検定試験ホームページアドレス　https://www.kentei.ne.jp

●検定情報ダイヤル　050-5541-8600（年中無休　9：00～20：00）

解答・解説

この解答例は、著者が作成したものです。

合格するために必要な
得点を示しています。

第1回 予想問題 解答・解説

解き方

全体的に点数の取りやすい問題が多く出題されています。第１問から順番に解き進めるのがよいでしょう。ただし、本支店会計は、解きなれていないと解答時間を多く必要とします。繰越利益剰余金を正解するのにこだわって時間を必要以上にかけないように注意しましょう。

第1問のポイント　難易度 A　配点 20点　目標点 16点

仕訳問題です。今回は典型的な論点を中心に出題されています。問題文を丁寧に読み、処理内容を的確に判断するようにしましょう。特に、利息の計算は多少時間をかけてでも正確に求めるようにしましょう。

解答

仕訳一組につき４点

（注）実際の本試験では記号のみを解答してください。

	借方		貸方	
	記号	金額	記号	金額
1	（イ）現金 （キ）有価証券売却損	973,080 10,000	（ア）売買目的有価証券 （カ）有価証券利息	980,000 3,080
2	（オ）支払手形 （ク）支払利息	2,000,000 80,000	（オ）支払手形	2,080,000
3	（イ）当座預金	8,000,000	（オ）資本金 （カ）資本準備金	4,800,000 3,200,000
4	（ア）建物 （オ）修繕引当金 （ク）修繕費	600,000 700,000 200,000	（ウ）当座預金	1,500,000
5	（イ）その他有価証券	1,000,000	（エ）繰延税金負債 （オ）その他有価証券評価差額金	300,000 700,000

解　説

1．売買目的有価証券の売却

(1) 有価証券の売却

売買目的で保有していた有価証券を売却したときは、**売買目的有価証券勘定（資産）の減少**として処理します。また、売却代金と売却した有価証券の帳簿価額との差額は、**有価証券売却損勘定（または有価証券売却益勘定）**として処理します。

(現　　　　金)	970,000 *1	(売買目的有価証券)	980,000 *2
(有価証券売却損)	10,000 *3		

＊1　売却代金：$1{,}000{,}000円 \times \dfrac{@97円}{@100円} = 970{,}000円$

＊2　帳簿価額：$1{,}000{,}000円 \times \dfrac{@98円}{@100円} = 980{,}000円$

＊3　売却損益：970,000円－980,000円
＝△10,000円（売却代金＜帳簿価額⇒売却損）

(2) 端数利息の受け取り

売買目的有価証券を売却したときに、買主から端数利息を受け取った場合には、**有価証券利息勘定（収益）**として処理します。なお、端数利息の金額は、前回の利払日の翌日（4月1日）から売却日（9月1日）までの利息を日割りで計算します。

(現　　　　金)	3,080	(有価証券利息)	3,080 *

＊　前回の利払日の翌日から売却日までの日数：154日（4月1日～9月1日）
端数利息：$1{,}000{,}000円 \times 0.73\% \times \dfrac{154日}{365日} = 3{,}080円$

POINT
●端数利息を求める際の日数計算は、慎重に行うようにしましょう。

(3) 解答の仕訳

(1)と(2)を合算した仕訳が解答の仕訳となります。

(現　　　　金)	973,080	(売買目的有価証券)	980,000
(有価証券売却損)	10,000	(有価証券利息)	3,080

2．手形の更改

手形の更改を行った場合は、旧約束手形の手形代金を**支払手形勘定（負債）の借方**に計上し、新約束手形の手形金額を**支払手形勘定（負債）の貸方**に計上します。その際に生じる支払期日の延長日数に応じた利息（または更改料）については、本問では新手形の金額に含めて処理します。

（支払手形）	2,000,000	（支払手形）	2,080,000
（支払利息）	80,000		

●支払期日の延長にともなって支払った利息は、現金などで別に支払う場合もあります。その場合は、新手形の金額に利息を含めずに処理しましょう。

3．株式の発行（設立時）

問題文の指示により資本金組入額は払込金額の６割（60％）、残りの４割（40％）は資本準備金となります。

資本金：(@4,000円×2,000株)×60％＝4,800,000円

資本準備金：(@4,000円×2,000株)×40％＝3,200,000円

●資本金組入額は、原則として全額を資本金として計上しますが、２分の１以上を資本金とすれば、残額を資本準備金として計上することが容認されています。

4．改良と修繕、修繕引当金

工事代金のうち改良工事に該当する金額は**資本的支出**となり、固定資産の取得原価を増加させます。残額は**収益的支出**として修繕費用とし、計上してある修繕引当金を取り崩します。修繕引当金を超える金額は、**修繕費勘定（費用）**で処理します。

（建物）	600,000 ＊1	（当座預金）	1,500,000
（修繕引当金）	700,000		
（修繕費）	200,000 ＊2		

＊1　1,500,000円×40％＝600,000円

＊2　(1,500,000円－600,000円)－700,000円＝200,000円

●固定資産に対する支出のうち、耐用年数の延長や価値の増加のための支出なのか、本来の機能を維持するための支出なのか、判断しましょう。

5．その他有価証券評価差額金にかかる税効果会計

その他有価証券の評価替えを全部純資産直入法で処理している場合、評価差額は**その他有価証券評価差額金勘定（純資産）**で処理します。また、税効果会計を適用する際には、評価差額に法定実効税率をかけた金額を繰延税金負債（評価差益の場合）とし、その金額を控除した残額を**その他有価証券評価差額金勘定（純資産）**とします。

(その他有価証券)	1,000,000 *1	(繰延税金負債)	300,000 *2
		(その他有価証券評価差額金)	700,000 *3

＊1　(@900円－@800円)×10,000株＝1,000,000円
＊2　1,000,000円×30%＝300,000円
＊3　1,000,000円－300,000円＝700,000円

●翌期首には、評価差額の再振替仕訳と同時に税効果会計の仕訳も逆仕訳をして振り戻すことになります。

第2問のポイント 難易度 A 配点 20点 目標点 16点

商品売買（売上原価対立法）の問題です。主に基礎的な内容が問われていますが、電子記録債権等の論点も問われています。落ち着いて確実に答えを導きましょう。

解答

●数字につき配点

問1

（注）実際の本試験では記号のみを解答してください。

売　掛　金

月	日	摘要	借方	月	日	摘要	貸方
4	1	前期繰越	1,700,000	4	12	(ア) 当座預金	2,700,000 ❷
❷	8	(キ) 売上	2,700,000		22	(イ) 電子記録債権	800,000 ❷
	18	(キ) 売上	2,646,000		30	次月繰越	3,546,000
		❷	7,046,000				7,046,000

商　品

月	日	摘要	借方	月	日	摘要	貸方
4	1	前期繰越	1,500,000	4	5	(エ) 買掛金	155,000
	4	(コ) 諸口	620,000		8	(ケ) 売上原価	1,350,000 ❷
❷	10	(ウ) 受取手形	640,000		18	(ケ) 売上原価	1,321,000
	15	(エ) 買掛金	990,000		30	次月繰越	924,000 ❷
		❷	3,750,000				3,750,000

問2

4月の売上高	¥ ❷ 5,346,000
4月の売上原価	¥ ❷ 2,671,000

解　説

1．商品の原価ボックス（先入先出法）

まずは、以下のような原価ボックスを作成し、商品の原価データを整理します。

原価ボックス

<table>
<tr><td colspan="4">期首棚卸高</td><td colspan="4">売 上 原 価</td></tr>
<tr><td>4月1日</td><td>@3,000円×</td><td>500個＝</td><td>1,500,000円</td><td>4月8日</td><td>@3,000円×</td><td>450個＝</td><td>1,350,000円</td></tr>
<tr><td colspan="4">当月仕入高</td><td rowspan="4">18日</td><td>@3,000円×</td><td>50個</td><td rowspan="4">1,321,000円</td></tr>
<tr><td>4日</td><td>@3,100円×</td><td>200個＝</td><td>620,000円</td><td>@3,100円×</td><td>150個</td></tr>
<tr><td>5日</td><td>@3,100円×</td><td>△50個＝</td><td>△155,000円</td><td>@3,200円×</td><td>200個</td></tr>
<tr><td>10日</td><td>@3,200円×</td><td>200個＝</td><td>640,000円</td><td>@3,300円×</td><td>20個</td></tr>
<tr><td>15日</td><td>@3,300円×</td><td>300個＝</td><td>990,000円</td><td colspan="4">月末帳簿棚卸高</td></tr>
<tr><td></td><td>合計</td><td>650個</td><td></td><td>30日</td><td>@3,300円×</td><td>280個＝</td><td>924,000円</td></tr>
</table>

月末帳簿棚卸数量：(500個＋650個)－870個＝280個
（500個＋650個：借方数量合計、870個：販売数量合計）

4月の売上原価：1,350,000円＋1,321,000円＝2,671,000円（問２の解答）
（1,350,000円：4/8分、1,321,000円：4/18分）

POINT

●上記のような原価ボックスを用いることで、商品の入出庫を正確に把握することができます。各取引について仕訳する都度、原価ボックスを埋めていきましょう。

2．仕　訳

(1)　4月4日（仕入れ）

借方科目	金額	貸方科目	金額
(商　　品)	620,000 *1	(前　払　金)	150,000
		(買　掛　金)	470,000 *2

＊1　原価ボックス参照
＊2　貸借差額

(2)　4月5日（仕入戻し）

借方科目	金額	貸方科目	金額
(買　掛　金)	155,000	(商　　品)	155,000 *

＊　原価ボックス参照

⑶　**4月8日（売上げ）**

（売　　掛　　金）	2,700,000 *1	（売　　　　　上）	2,700,000
（売　上　原　価）	1,350,000	（商　　　　　品）	1,350,000 *2

＊1　@6,000円×450個＝2,700,000円

＊2　原価ボックス参照

⑷　**4月10日（仕入れ）**

（商　　　　　品）	640,000 *	（受　取　手　形）	640,000

＊　原価ボックス参照

⑸　**4月12日（売掛金の決済）**

（当　座　預　金）	2,700,000	（売　　掛　　金）	2,700,000

⑹　**4月15日（仕入れ）**

（商　　　　　品）	990,000 *	（買　　掛　　金）	990,000

＊　原価ボックス参照

⑺　**4月18日（売上げ）**

（売　　掛　　金）	2,646,000 *1	（売　　　　　上）	2,646,000
（売　上　原　価）	1,321,000	（商　　　　　品）	1,321,000 *2

＊1　@6,300円×420個＝2,646,000円

＊2　原価ボックス参照

⑻　**4月22日（売掛金の決済と電子記録債権の発生記録）**

（電子記録債権）	800,000	（売　　掛　　金）	800,000

⑼　**4月30日（商品の評価）**

実地棚卸数量が帳簿棚卸数量に一致しているため、棚卸減耗は発生していません。また、正味売却価額@5,500円が月末商品の仕入単価@3,300円を上回っているため、商品評価損も発生していません。よって、「仕訳なし」となります。

仕　訳　な　し

3．勘定記入（問1の解答）

2．で示した⑴から⑼までの仕訳にもとづいて、答案用紙の売掛金勘定および商品勘定への記入を完成させます。なお、摘要欄には相手勘定科目を記入すること、相手勘定科目が複数の場合には「諸口」と記入することや、次月繰越額を勘定の貸借差額で計算することなど、勘定記入の基礎知識については、3級で学習済みなので、ここでは説明を割愛します。

4．売上高の計算（問２の解答）

売上

	4月8日 2,700,000円
	18日 2,646,000円

売上高 5,346,000円

LECTURE

売上原価対立法

●売上原価対立法とは、商品を仕入れたときに商品の増加で処理（原価で記入）し、商品を売り上げたときに、売価で売上を計上するとともに、その商品の原価を商品から売上原価に振り替える方法です。三分法との違いを含め復習しておきましょう。

第3問のポイント 難易度 A 配点 20点 目標点 16点

本支店会計です。特に難しい論点は含まれていないため、未処理と決算整理、決算振替をミスなく解き、時間をかけすぎないように注意しながら、完答を目指しましょう。「本店の損益勘定」が解答要求事項なので、「支店」と「繰越利益剰余金」以外は本店に関する事項のみ解答すれば得点できることに気づくことができたかがポイントです。

解答

●数字につき配点

損　益

日	付	摘要	金額	日	付	摘要	金額
3	31	仕入	❷ 3,701,000	3	31	売上	7,700,000
3	31	棚卸減耗損	❷ 22,680	3	31	受取手数料	48,700
3	31	商品評価損	❷ 19,400	3	31	有価証券利息	❷ 13,000
3	31	支払家賃	❷ 720,000	3	31	有価証券売却益	10,000
3	31	給料	900,000	3	31	受取配当金	20,000
3	31	広告宣伝費	❷ 259,000	3	31	支店	❷ 240,050
3	31	減価償却費	❷ 160,000				
3	31	貸倒引当金繰入	80				
❷ 3	31	(のれん)償却	120,000				
3	31	支払利息	56,000				
❷ 3	31	(繰越利益剰余金)	2,073,590				
			8,031,750				8,031,750

解説

1．未処理事項等［資料（B）］

(1)　売掛金の回収

①本店	(現金預金)	60,000	(売掛金)	60,000

⑵ 車両の購入

商品の仕入れ以外から生じた後で支払う代金は未払金で処理します。

	借方	金額	貸方	金額
②本店	(車　　両)	2,000,000	(未　払　金)	2,000,000

⑶ 誤記帳

正しい金額よりも多く計上していたため、正しい金額に訂正します。

	借方	金額	貸方	金額
③支店	(本　　店)	9,000	(現　金　預　金)	9,000 *

＊　76,000円－67,000円＝9,000円

⑷ 未処理

	借方	金額	貸方	金額
④本店	(支　　店)	110,000	(仕　　入)	110,000
⑤支店	(仕　　入)	110,000	(本　　店)	110,000

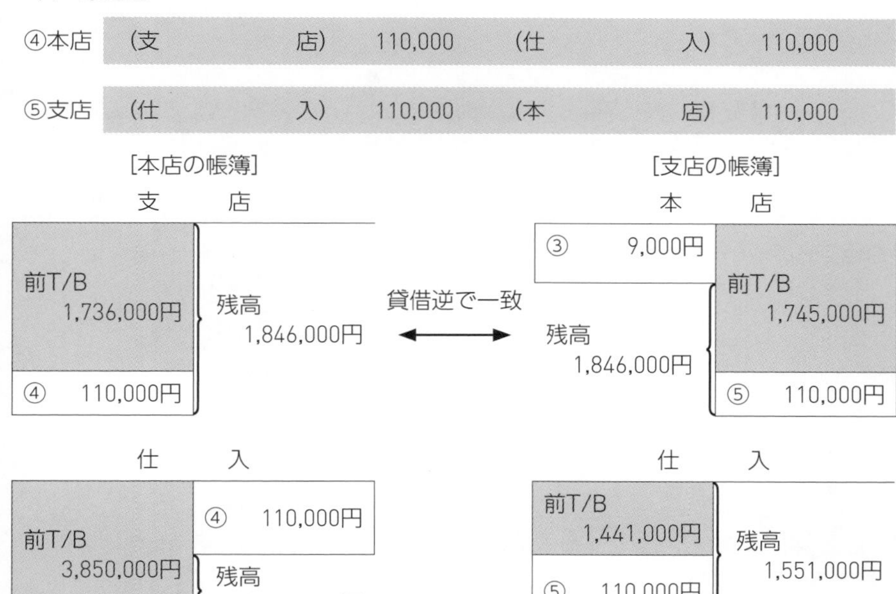

2．決算整理事項等［資料（C）］

⑴ 売上原価の計算

	借方	金額	貸方	金額
本店	(仕　　入)	717,000	(繰　越　商　品)	717,000
	(繰　越　商　品)	756,000 *1	(仕　　入)	756,000
	(棚　卸　減　耗　損)	22,680 *2	(繰　越　商　品)	22,680
	(商　品　評　価　損)	19,400 *3	(繰　越　商　品)	19,400

＊1　期末商品帳簿棚卸高
@756円×1,000個＝756,000円

原価@756円

＊3　商品評価損
(@756円－@736円)×970個
＝19,400円

＊2　棚卸減耗損
@756円×
(1,000個－970個)
＝22,680円

正味売却価額
@736円

B/S商品
@736円×970個
＝713,920円

実地970個　帳簿1,000個

支店	(仕　入)	483,000		(繰 越 商 品)	483,000
	(繰 越 商 品)	432,000	*1	(仕　入)	432,000
	(棚 卸 減 耗 損)	8,100	*2	(繰 越 商 品)	8,100

＊1　期末商品帳簿棚卸高
@540円×800個＝432,000円

原価@540円

B/S商品
@540円×785個
＝423,900円

＊2　棚卸減耗損
@540円×
(800個－785個)
＝8,100円

実地785個　帳簿800個

●原価より正味売却価額が高いため、支店では商品評価損に関する処理は行いません。

(2)　貸倒引当金の設定

本店	(貸倒引当金繰入)	80	*	(貸 倒 引 当 金)	80

＊　貸倒引当金見積額：(1,098,000円－60,000円)×１％＝10,380円
（60,000円：未処理事項(1)）

貸倒引当金残高：10,300円

（差引）繰入額：80円

支店	(貸倒引当金繰入)	2,450 *	(貸倒引当金)	2,450

＊ 貸倒引当金見積額：865,000円×１％＝8,650円
貸倒引当金残高：　6,200円
（差引）繰入額：　2,450円

⑶ 減価償却費の計上

定額法も生産高比例法も、問題文の指示どおり、「残存価額ゼロ」で減価償却費を計算します。

本店	(減価償却費)	160,000	(備品減価償却累計額)	120,000 *1
			(車両減価償却累計額)	40,000 *2

＊１ 備品：600,000円÷５年＝120,000円

＊２ 車両：$2,000,000円\times\frac{3,000km}{150,000km}=40,000円$

支店	(減価償却費)	70,000	(備品減価償却累計額)	70,000 *

＊ 備品：350,000円÷５年＝70,000円

POINT
●生産高比例法は、当期の固定資産の利用度合いに応じて減価償却費を計算するため、別途月割り計算をする必要はありません。

⑷ 有価証券の評価

① 満期保有目的債券

満期保有目的債券は、決算時に時価評価はしません。ただし、額面金額と取得価額との差額が金利の調整と認められる場合は、償却原価法（定額法）により処理します。

本店	(満期保有目的債券)	1,000 *	(有価証券利息)	1,000

＊ (1,000,000円−990,000円)÷10年＝1,000円

② その他有価証券

その他有価証券なので、決算時に時価評価をします。なお、その他有価証券の時価評価差額は、その他有価証券評価差額金として純資産に計上します。

本店	(その他有価証券)	59,000	(その他有価証券評価差額金)	59,000 *

＊ 784,000円−725,000円＝59,000円

⑸　費用の未払いと前払い

	借方科目	金額	貸方科目	金額
本店	(給　　　　料)	70,000	(未　払　給　料)	70,000
	(前　払　家　賃)	60,000	(支　払　家　賃)	60,000

	借方科目	金額	貸方科目	金額
支店	(給　　　　料)	50,000	(未　払　給　料)	50,000
	(支　払　家　賃)	50,000	(未　払　家　賃)	50,000

POINT
●経過勘定の処理は、本店と支店のどちらの処理なのか間違えないようにしましょう。

⑹　のれんの償却

のれんは無形固定資産なので、残存価額をゼロとした定額法により償却します。

	借方科目	金額	貸方科目	金額
本店	(の　れ　ん　償　却)	120,000 *	(の　　れ　　ん)	120,000

＊　840,000円÷(10年－３年)＝120,000円

POINT
●本問はのれんが生じてから３年経過しているため、残存償却期間７年で償却します。

⑺　費用の振り替え

	借方科目	金額	貸方科目	金額
本店	(支　　　　店)	60,000	(広　告　宣　伝　費)	60,000

	借方科目	金額	貸方科目	金額
支店	(広　告　宣　伝　費)	60,000	(本　　　　店)	60,000

3．決算振替仕訳

(1) 収益の振り替え

本店

借方科目	金額	貸方科目	金額
(売上)	7,700,000	(損益)	7,791,700
(受取手数料)	48,700		
(有価証券利息)	13,000 *		
(有価証券売却益)	10,000		
(受取配当金)	20,000		

＊ 12,000円（前T/B）＋1,000円（上記2.(4)①）＝13,000円

支店

借方科目	金額	貸方科目	金額
(売上)	3,300,000	(損益)	3,301,800
(受取手数料)	1,800		

(2) 費用の振り替え

本店

借方科目	金額	貸方科目	金額
(損益)	5,958,160	(仕入)	3,701,000 *1
		(棚卸減耗損)	22,680
		(商品評価損)	19,400
		(支払家賃)	720,000 *2
		(給料)	900,000 *3
		(広告宣伝費)	259,000 *4
		(減価償却費)	160,000
		(貸倒引当金繰入)	80
		(のれん償却)	120,000
		(支払利息)	56,000

＊1 3,850,000円（前T/B）－110,000円（未処理事項(4)）＋717,000円（上記2.(1)）－756,000円（上記2.(1)）＝3,701,000円

＊2 780,000円（前T/B）－60,000円（上記2.(5)）＝720,000円

＊3 830,000円（前T/B）＋70,000円（上記2.(5)）＝900,000円

＊4 319,000円（前T/B）－60,000円（上記2.(7)）＝259,000円

支店	(損益)	3,061,750	(仕入)	1,602,000 *1
			(棚卸減耗損)	8,100
			(支払家賃)	600,000 *2
			(給料)	660,000 *3
			(広告宣伝費)	119,200 *4
			(減価償却費)	70,000
			(貸倒引当金繰入)	2,450

＊1　1,441,000円（前T/B）＋110,000円（未処理事項(4)）＋483,000円（上記2.(1)）－432,000円（上記2.(1)）＝1,602,000円

＊2　550,000円（前T/B）＋50,000円（上記2.(5)）＝600,000円

＊3　610,000円（前T/B）＋50,000円（上記2.(5)）＝660,000円

＊4　59,200円（前T/B）＋60,000円（上記2.(7)）＝119,200円

(3)　支店純利益の振り替え

本店	(支店)	240,050 *	(損益)	240,050

＊　3,301,800円（支店収益）－3,061,750円（支店費用）＝240,050円

支店	(損益)	240,050	(本店)	240,050

(4)　会社全体の当期純利益の算定

本店	(損益)	2,073,590 *	(繰越利益剰余金)	2,073,590

＊　本店の損益：7,791,700円（本店収益）－5,958,160円（本店費用）＝1,833,540円

会社全体の当期純利益：1,833,540円＋240,050円（支店純利益）＝2,073,590円

第4問のポイント

難易度 A　配点 28点　目標点 24点

(1)　本社工場会計の仕訳問題です。工場会計が独立しています。本社側の処理を意識しながら、工場側について仕訳しましょう。

(2)　工程別総合原価計算の問題です。工程によって原価の配分方法が異なる点と正常仕損費の計算がポイントです。基礎的な問題なので、完答を目指しましょう！

解答

(1)　　仕訳一組につき4点

(注) 実際の本試験では記号のみを解答してください。

	借方		貸方	
	記号	金額	記号	金額
1	(ア) 材料	2,440,000	(カ) 本社	2,440,000
2	(エ) 仕掛品 (ウ) 製造間接費	4,140,000 1,900,000	(イ) 賃金	6,040,000
3	(ウ) 製造間接費	90,000	(ア) 材料	90,000

(2)　　●数字につき配点

第1工程月末仕掛品の原料費＝ ❹ 138,000 円

第2工程月末仕掛品の前工程費＝ ❹ 680,000 円

第2工程月末仕掛品の加工費＝ ❹ 256,000 円

第2工程完成品総合原価＝ ❹ 9,288,000 円

解　説

(1)　仕訳問題

1．材料の購入

材料の購入原価は、購入代価に付随費用（材料副費）を加算して求めます。なお、素材と補修用材料をあわせて行います。

購入代価：@800円×3,000kg＋@200円×100kg＝2,420,000円
付随費用：　20,000円
購入原価：　2,440,000円

＊　この結果をもとに、材料購入時の仕訳を行います。

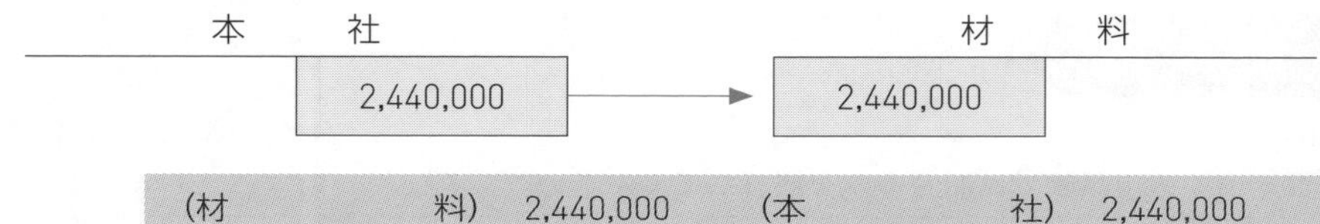

（材　　料）2,440,000　（本　　社）2,440,000

工場会計が独立していない場合には、貸方科目を現金勘定などで処理しますが、独立している場合には、本社と工場間の取引につき、本社に対する債権・債務を本社勘定で処理します。なお、本社と工場間の取引となるのは、**工場側に仕訳に必要な勘定科目が設定されていないときです**。

POINT
●買入手数料は材料副費として、材料の購入原価に算入されます。

2．労務費の計算

(1)　直接工の計算

労務費は予定総平均賃率@1,500円を用いて計算し、賃金勘定から直接労務費は仕掛品勘定へ、間接労務費は製造間接費勘定へ振り替えます。

①　直接労務費
@1,500円×2,760時間＝4,140,000円
（2,760時間：直接作業時間）

②　間接労務費
@1,500円×100時間＝150,000円
（100時間：間接作業時間）

(2)　間接工の計算

間接労務費は賃金勘定から製造間接費勘定へ振り替えます。

間 接 工 賃 金

当月支払 1,800,000円	前月未払 200,000円
当月未払 150,000円	当月消費 1,750,000円

当月消費額：1,800,000円（当月支払）－200,000円（前月未払）＋150,000円（当月未払）＝1,750,000円

⑶ **まとめ**

直接労務費：**4,140,000円**（直接工）

間接労務費：150,000円（直接工）＋1,750,000円（間接工）＝**1,900,000円**

＊　この結果をもとに、賃金消費時の仕訳を行います。

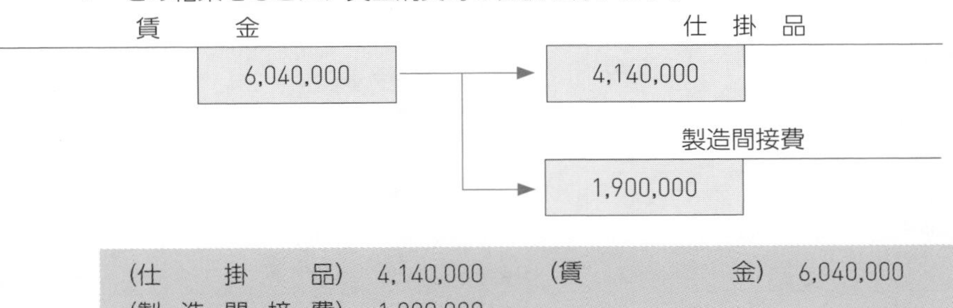

(仕　　掛　　品)	4,140,000	(賃　　　　金)	6,040,000
(製 造 間 接 費)	1,900,000		

3．経費の計上

材料の棚卸減耗損**90,000円**は、間接経費として製造間接費勘定へ振り替えます。

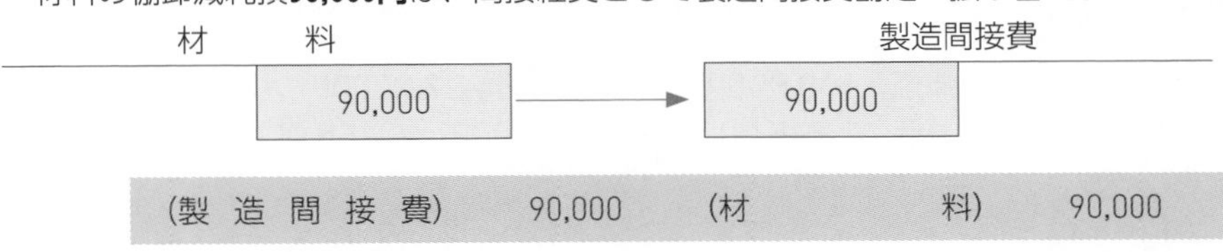

(製 造 間 接 費)	90,000	(材　　　　料)	90,000

⑵ 工程別総合原価計算

1．第1工程の計算（両者負担・平均法）

月初仕掛品原価と当月製造費用を第1工程完成品原価と月末仕掛品原価に平均法により配分します。なお、正常仕損が工程の途中で発生した場合は、完成品と月末仕掛品の両者に負担させます。

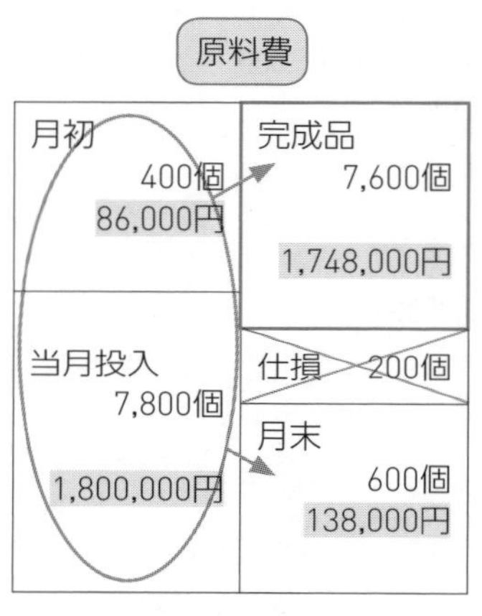

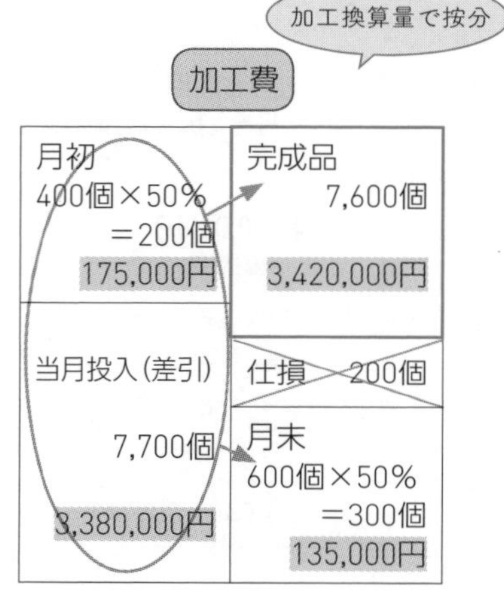

月末仕掛品原価：

$$\frac{86,000円+1,800,000円}{7,600個+600個}\times 600個=138,000円$$

月末仕掛品原価：

$$\frac{175,000円+3,380,000円}{7,600個+300個}\times 300個=135,000円$$

完成品原価：
86,000円＋1,800,000円－138,000円
＝1,748,000円

完成品原価：
175,000円＋3,380,000円－135,000円
＝3,420,000円

第1工程月末仕掛品原価：138,000円＋135,000円＝273,000円
第1工程完成品総合原価：1,748,000円＋3,420,000円＝5,168,000円

POINT

●度外視法、両者負担の場合、正常仕損量を計算上無視する（当月投入量から正常仕損量を差し引いた数量とする）ことで、正常仕損費を自動的に完成品と月末仕掛品の両者に負担させることができます。

2．第2工程の計算（完成品のみ負担・先入先出法）

月初仕掛品原価と当月製造費用を第２工程完成品原価と月末仕掛品原価に先入先出法により配分します。なお、正常仕損が工程の終点で発生した場合は、正常仕損費を完成品のみに負担させます。この場合、正常仕損品の評価額は、完成品原価から控除します。

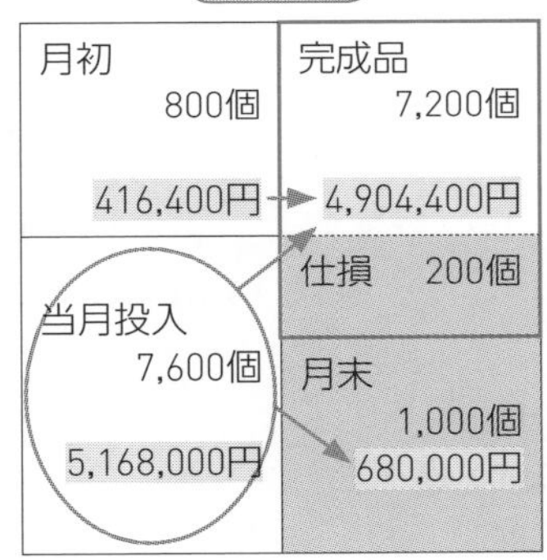

加工換算量で按分

加工費

月初
800個×75%
＝600個
241,600円

完成品
7,200個
4,593,600円

仕損　200個

当月投入(差引)
7,200個
4,608,000円

月末
1,000個×40%
＝400個
256,000円

第２工程月末仕掛品原価：

$$\frac{5,168,000円}{7,200個+200個+1,000個-800個}\times 1,000個$$

＝680,000円

第２工程月末仕掛品原価：

$$\frac{4,608,000円}{7,200個+200個+400個-600個}\times 400個$$

＝256,000円

完成品原価：
416,400円＋5,168,000円－680,000円
＝4,904,400円

完成品原価：
241,600円＋4,608,000円－256,000円
＝4,593,600円

第２工程月末仕掛品原価：680,000円＋256,000円＝936,000円

第２工程完成品総合原価：4,904,400円＋4,593,600円－210,000円＝9,288,000円
（210,000円：正常仕損品評価額）

LECTURE

仕損・減損の発生点と処理

仕損・減損はその発生点によって負担先が次のように異なります。

発生点	負担
仕損・減損の発生点＞月末仕掛品の加工進捗度	完成品のみ負担
仕損・減損の発生点≦月末仕掛品の加工進捗度	完成品と月末仕掛品の両者負担

第5問のポイント　難易度 A　配点 12点　目標点 10点

直接原価計算による損益計算書の作成問題です。与えられた資料から勘定連絡図を下書きして計算しましょう。落ち着いてひとつずつ確実に集計していきましょう。

解答

●数字につき配点

直接原価計算による損益計算書

(単位：円)

Ⅰ 売上高		10,070,000
Ⅱ 変動売上原価		
1 期首製品棚卸高	710,000	
2 当期製品変動製造原価	(**6,165,000** ❷)	
合計	(**6,875,000**)	
3 期末製品棚卸高	(**625,000**)	
差引	(**6,250,000**)	
4 原価差異	(**40,000** ❷)	(**6,290,000**)
変動製造マージン		(**3,780,000**)
Ⅲ 変動販売費		(**655,000** ❷)
貢献利益		(**3,125,000**)
Ⅳ 固定費		
1 製造固定費	(**1,374,000** ❷)	
2 固定販売費・一般管理費	(**881,000** ❷)	(**2,255,000**)
営業利益		(**870,000** ❷)

解　説

1．仕掛品勘定の整理

⑴　変動費と固定費の区別

直接原価計算を採用する場合、仕掛品勘定へ集計される製造原価は変動費のみです。そのため、まずは製造原価を変動費と固定費に区別します。

〈変動費〉	〈固定費〉
●原料費	●工場従業員給料
●直接工賃金	●保険料
●間接工賃金	●減価償却費
●電力料	●その他

⑵　原料費（直接材料費）の算定

［資料］１、３より原料費の消費額（直接材料費）を算定し、仕掛品勘定の借方に記入します。

直接材料費：480,000円（期首有高）＋3,880,000円（当期仕入高）－415,000円（期末有高）＝3,945,000円

原　　料

期首有高 480,000円	当期消費高 3,945,000円
当期仕入高 3,880,000円	期末有高 415,000円

⑶　直接工賃金（直接労務費）の算定

［資料］２、４より、直接工賃金の消費額（直接労務費）を算定し、仕掛品勘定の借方に記入します。

直接労務費：1,640,000円（当期支払高）＋205,000円（期末未払高）－220,000円（期首未払高）＝1,625,000円

直接工賃金

当期支払高 1,640,000円	期首未払高 220,000円
期末未払高 205,000円	直接労務費 1,625,000円

⑷ 変動製造間接費の算定

変動製造間接費は、予定配賦するとあるため、直接労務費を基準に予定配賦額を算定します。

製造間接費：1,625,000円×40%＝650,000円
（1,625,000円：直接労務費）

仕　掛　品

借方	貸方
期首有高 585,000円	当期完成高 6,165,000円
直接材料費 3,945,000円	
直接労務費 1,625,000円	
製造間接費 650,000円	期末有高 640,000円

資料１より

2．損益計算書の記入

⑴ 変動売上原価の算定

仕掛品勘定で算定した当期完成高に製品の期首有高と期末有高を加減して変動売上原価を求めます。また、予定変動製造間接費と実際変動製造間接費の差異を算定し、変動売上原価に賦課します。

変動売上原価（原価差異賦課前）：710,000円＋6,165,000円－625,000円
（710,000円：期首有高、6,165,000円：当期完成高、625,000円：期末有高）

＝6,250,000円

変動製造間接費実際発生額：48,000円＋510,000円－55,000円＋187,000円
（48,000円＋510,000円－55,000円：間接労務費、187,000円：電力料）

＝690,000円

配賦差異：690,000円－650,000円＝40,000円（不利差異⇒売上原価に加算）
（690,000円：実際発生額、650,000円：予定配賦額）

変動売上原価（原価差異賦課後）：6,250,000円＋40,000円＝6,290,000円

⑵ 変動販売費の算定

［資料］６より、変動販売費655,000円がわかります。

⑶ 製造固定費の算定

① 工場従業員給料

［資料］２、４より工場従業員給料の消費額を算定します。

工場従業員給料：80,000円＋720,000円－85,000円＝715,000円
（80,000円：期末未払高、720,000円：当期支払高、85,000円：期首未払高）

② 製造経費

210,000円＋264,000円＋185,000円＝659,000円
（保険料）（減価償却費）（その他）

③ 合計

①＋②＝1,374,000円

(4) 固定販売費・一般管理費の算定

406,000円＋475,000円＝881,000円
（固定販売費）（一般管理費）

損益

借方	貸方
変動売上原価 6,290,000円	売上高 10,070,000円
変動販売費 655,000円	
固定製造間接費 1,374,000円	
固定販管費 881,000円	
営業利益 870,000円	

LECTURE 直接原価計算

●直接原価計算とは製造原価を変動費と固定費に分け、変動製造原価のみを製品原価として集計し、固定製造原価は発生額を全額その期間の費用として計算する方法です。

第2回 予想問題 解答・解説

解き方

第１問から解き始め、次に比較的簡単な第３問を解き、第４問、第５問の順で解くようにしましょう。第２問のリース取引は基本的な内容なので苦手な人でも14点以上をねらえます。また、第２問で出題されている当期の支払リース料の金額は基本的な問題ですので正解しないといけない問題です。

第1問のポイント

難易度 A　配点 20点　目標点 16点

仕訳問題です。問題文を丁寧に読みとることができれば正解を導けるでしょう。ただし、４問目は、問題文の読み取りが難しく感じたかもしれません。４問以上の正解を目指しましょう。

解答

仕訳一組につき４点

(注) 実際の本試験では記号のみを解答してください。

	借方		貸方	
	記号	金額	記号	金額
1	(イ) 売掛金 (ク) 役務原価	300,000 220,000	(エ) 役務収益 (ア) 仕掛品 (ウ) 買掛金	300,000 150,000 70,000
2	(エ) 機械装置 (ウ) 構築物 (カ) 長期前払費用	2,000,000 400,000 240,000	(キ) 営業外支払手形	2,640,000
3	(ア) 商品 (ウ) 建物 (キ) 備品 (エ) のれん	800,000 1,800,000 600,000 1,300,000	(カ) 普通預金	4,500,000
4	(ア) 現金 (オ) クレジット売掛金 (ク) 支払手数料	55,000 210,000 10,000	(キ) 売上 (カ) 仮受消費税	250,000 25,000
5	(キ) 資本準備金 (エ) 利益準備金	3,000,000 2,500,000	(オ) その他資本剰余金 (カ) 繰越利益剰余金	3,000,000 2,500,000

解　説

1．役務収益・役務原価の計上

⑴　役務収益の計上

顧客へのサービス提供が完了したため**役務収益勘定（収益）**を計上します。また、支払いが翌月末とあるため、相手勘定は**売掛金勘定（資産）**とします。

(売　掛　金)	300,000	(役　務　収　益)	300,000

⑵　役務原価の計上

顧客へのサービス提供が完了したため計上していた**仕掛品勘定（資産）**を**役務原価勘定（費用）**に振り替えます。また、追加で発生した外注費は支払いが翌月25日とあるため、相手勘定は**買掛金勘定（負債）**とします。

(役　務　原　価)	220,000 *3	(仕　掛　品)	150,000 *1
		(買　掛　金)	70,000 *2

＊1　仕掛品に計上されていた諸費用
＊2　追加で発生した外注費
＊3　150,000円＋70,000円＝220,000円

2．固定資産の割賦購入

固定資産を割賦で購入したときは、取得原価と支払総額との差額が利息相当額となり、本問では問題文の指示にしたがって**資産勘定**で処理します。また、指定勘定科目の中に前払費用がないことから、**長期前払費用勘定（資産）**で処理します。また、商品以外の物品を購入するために振り出した手形は、**営業外支払手形勘定（負債）**として処理します。

(機　械　装　置)	2,000,000	(営業外支払手形)	2,640,000 *1
(構　築　物)	400,000		
(長期前払費用)	240,000 *2		

＊1　110,000円×24枚＝2,640,000円
＊2　2,640,000円（営業外支払手形）－（2,000,000円（機械装置）＋400,000円（構築物））＝240,000円

POINT

●固定資産を購入するために振り出した手形は営業外支払手形で処理します。商品売買に用いる支払手形と間違えないようにしましょう。

3．事業の譲り受け

事業の一部を譲り受けた場合は、譲り受けた事業の資産と負債を時価（公正な評価額）で引き受けます。また、譲り受けた資産・負債の評価額よりも、支払った対価の金額が高い場合には、差額を**のれん勘定（資産）**として処理します。

（商　　　　品）	800,000	（普　通　預　金）	4,500,000
（建　　　　物）	1,800,000		
（備　　　　品）	600,000		
（の　れ　ん）	1,300,000 *		

＊　譲り受けた事業の評価額：800,000円＋1,800,000円＋600,000円
＝3,200,000円
支払った対価（普通預金）：4,500,000円
のれん：4,500,000円－3,200,000円＝1,300,000円

4．クレジット売掛金と消費税

クレジットによる商品売買と消費税の処理を分けて仕訳を考えます。

(1)　現金とクレジットによる販売

商品を売り上げ、代金の支払いがクレジット・カードで行われ決済手数料（支払手数料）を計上する場合、商品代金から決済手数料を差し引いた金額を**クレジット売掛金勘定（資産）**として処理します。

（現　　　　金）	50,000 *1	（売　　　　上）	250,000
（支 払 手 数 料）	10,000 *2		
（クレジット売掛金）	190,000 *3		

＊1　55,000円÷110％＝50,000円
（55,000円：税込金額、50,000円：税抜金額）

＊2　(250,000円－50,000円)×５％＝10,000円
（250,000円－50,000円：クレジット販売代金）

＊3　200,000円－10,000円＝190,000円

POINT

●いったん問題文に与えられている税込金額を税抜金額に修正し、クレジット取引に関する支払手数料を把握します。

(2) **仮受消費税の計上**

売上に係る消費税の額を算定し、**仮受消費税勘定（負債）**として処理します。

(現　　　金)	5,000 *2	(仮 受 消 費 税)	25,000 *1
(クレジット売掛金)	20,000 *3		

＊1　250,000円×10％＝25,000円

＊2　55,000円－50,000円＝5,000円
　　（税込金額）（税抜金額）

＊3　貸借差額

5．株主資本の計数変動

準備金を減らして剰余金を増やす仕訳を行います。なお、元手を源泉とする**資本準備金勘定（純資産）**を取り崩した場合には、**その他資本剰余金勘定（純資産）**へ振り替え、もうけを源泉とする**利益準備金勘定（純資産）**を取り崩した場合には、**繰越利益剰余金勘定（純資産）**へ振り替えます。

第2問のポイント 難易度 B　配点 20点　目標点 14点

リース取引に関する出題です。本問では、リース料の支払いや減価償却費の処理を年２回行うため、普段解き慣れている方法と異なりとまどうかもしれません。資産の種類ごとに一つ一つ整理して解くのが確実な方法です。

解　答

●数字につき配点

1.

固 定 資 産 台 帳　　×19年３月31日現在

取得年月日	種類	耐用年数	期首(期中取得)取得原価	期首減価償却累計額	差引期首(期中取得)帳簿価額	当期減価償却費
リース資産						
備品						
×17.４．１	備品Ａ	５年	6,600,000	1,320,000	(❷ **5,280,000**)	(**1,320,000**)
×14.10．１	備品Ｂ	５年	6,000,000	4,200,000	(**1,800,000**)	(❷ **1,200,000**)
×15.４．１	備品Ｃ	６年	7,344,000	3,672,000	(**3,672,000**)	(❷ **1,224,000**)

2.

リース資産当期首残高	❷ **19,944,000**	円
リース債務当期首残高	❷ **10,752,000**	円
当期の支払利息	❷ **312,000**	円
当期の支払リース料	❷ **10,860,000**	円
リース資産当期末残高	❷ **19,944,000**	円
リース債務当期末残高	❷ **7,008,000**	円
当期末リース資産減価償却累計額	❷ **12,936,000**	円

解説

(1) ファイナンス・リース取引

備品A

・差引期首帳簿価額
6,600,000円－1,320,000円＝5,280,000円
・１回あたり減価償却費
6,600,000円÷（５年×２回）＝660,000円
・１回あたりリース料の支払い
リース料の支払額：7,200,000円÷（５年×２回）＝720,000円
支払利息：（7,200,000－6,600,000）円÷（５年×２回）＝60,000円
リース債務：720,000円－60,000円＝660,000円
・期首リース債務
6,600,000円－（660,000円×２回）＝5,280,000円

備品B

・差引期首帳簿価額
6,000,000円－4,200,000円＝1,800,000円
・１回あたり減価償却費
6,000,000円÷（５年×２回）＝600,000円
・１回あたりリース料の支払い
リース料の支払額：6,480,000円÷（５年×２回）＝648,000円
支払利息：（6,480,000－6,000,000）円÷（５年×２回）＝48,000円
リース債務：648,000円－48,000円＝600,000円
・期首リース債務
6,000,000円－（600,000円×７回）＝1,800,000円

備品C

・差引期首帳簿価額
7,344,000円－3,672,000円＝3,672,000円
・１回あたり減価償却費
7,344,000円÷（６年×２回）＝612,000円
・１回あたりリース料の支払い
リース料の支払額：7,920,000円÷（６年×２回）＝660,000円
支払利息：（7,920,000－7,344,000）円÷（６年×２回）＝48,000円
リース債務：660,000円－48,000円＝612,000円
・期首リース債務
7,344,000円－（612,000円×６回）＝3,672,000円

以上より、各支払日におけるリース料の支払額を利息相当分とリース債務の元本返済分に区分すると、次のようになります。

支払日	リース債務残高	リース料	支払利息	リース債務返済額	リース債務(返済後)残高
×18. 9 .30	10,752,000	2,028,000	156,000	1,872,000	8,880,000
×19. 3 .31	8,880,000	2,028,000	156,000	1,872,000	7,008,000
合計	－	4,056,000	312,000	3,744,000	－

POINT

●複数のリース契約の処理を集計する必要があります。各契約の取引開始日やリース料支払日、減価償却の回数などに注意して、正確に処理するようにしましょう。

⑵ オペレーティング・リース取引

各資産の１回あたりの支払リース料は以下のようになります。

事務所（当期支払日：９月末、３月末）

支払リース料：リース料総額30,000,000円÷(５年×２回)＝3,000,000円

車輌（当期支払日：９月末、３月末）

支払リース料：リース料総額4,320,000円÷(２年×２回)＝1,080,000円

新事務所（当期支払日：９月末、12月末、３月末）

支払リース料：リース料総額10,800,000円÷(３年×４回)＝900,000円

当期支払リース料合計：(3,000,000円×２回)＋(1,080,000円×２回)
＋(900,000円×３回)＝10,860,000円

POINT

●オペレーティング・リース取引では、通常の賃貸借取引に準じた処理を行うため、取引開始時の処理や減価償却費の計上は行わないようにしましょう。

LECTURE

ファイナンス・リース取引とオペレーティング・リース取引

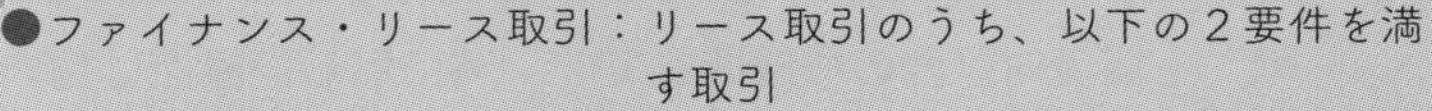

●ファイナンス・リース取引：リース取引のうち、以下の２要件を満たす取引

① 解約不能（ノンキャンセラブル）：契約期間の中途で解約することができない（実質的に解約ができないものも含む）リース取引であること

② フルペイアウト：リース物件から生じる経済的利益をほとんど全て受けることができ、かつ、リース物件の使用にかかる費用を実質的に負担すること

●オペレーティング・リース取引：ファイナンス・リース取引以外のリース取引

第3問のポイント

難易度 **A**　配点 **20点**　目標点 **16点**

貸借対照表の作成問題です。特に難しい論点は含まれていないため、ミスなく進めて高得点を目指しましょう。簡単な問題で、高得点を獲得することが合格へ直結します。

解答

●数字につき配点

貸借対照表

×5年3月31日　　　　(単位：円)

資産の部			負債の部	
I 流動資産			I 流動負債	
現金		150,000	支払手形	190,000
当座預金		❷(235,800)	買掛金	380,000
受取手形	(170,000)		(未払)費用	(5,600)❷
貸倒引当金	(3,400)	(166,600)	(未払法人税等)	(58,000)❷
売掛金	(410,000)		II 固定負債	
貸倒引当金	(8,200)	(401,800)	長期借入金	800,000
商品		❷(29,750)	退職給付引当金	(352,500)❷
II 固定資産			負債合計	(1,786,100)
建物	(4,800,000)		純資産の部	
減価償却累計額	(905,000)❷	(3,895,000)	資本金	3,800,000
備品	(600,000)		利益準備金	60,450
減価償却累計額	(292,800)❷	(307,200)	繰越利益剰余金	(330,000)❷
満期保有目的債券		❷(790,400)	純資産合計	(4,190,450)
資産合計		❷(5,976,550)	負債・純資産合計	(5,976,550)

解説

1．未処理事項［資料Ⅱ］

(1) 貸倒処理していた債権の回収（未記帳）

前期に貸倒れ処理していた売掛金を回収したときは**償却債権取立益（収益）**で処理します。

(当座預金)	6,000	(償却債権取立益)	6,000

(2) 手形の割引き（未記帳）

手形を割り引きしたときは、**受取手形（資産）**の減少として処理します。なお、割引料については、**手形売却損（費用）**として処理します。

（当座預金）	49,800＊	（受取手形）	50,000
（手形売却損）	200		

＊　貸借差額

受取手形：220,000円－50,000円＝170,000円

●売上債権の変動は下記2．(1)における貸倒引当金設定額の計算に影響するため、見やすい所に「△50,000」などとメモしておきましょう。

(3) 建物の完成（未記帳）

（建物）	1,800,000	（建設仮勘定）	1,200,000
		（当座預金）	600,000

当座預金：780,000円（前T/B）＋6,000円＋49,800円－600,000円＝235,800円

建物：3,000,000円（前T/B）＋1,800,000円＝4,800,000円

2．決算整理事項等［資料Ⅲ］

(1) 貸倒引当金の設定

（貸倒引当金繰入）	4,600＊	（貸倒引当金）	4,600

＊　期末売上債権：220,000円（前T/B受取手形）－50,000円（1.(2)）＋410,000円（前T/B売掛金）＝580,000円

貸倒引当金設定額：580,000円×２％＝11,600円
前T/B貸倒引当金残高：7,000円
（差引）繰入額：4,600円

受取手形の貸倒引当金：170,000円×２％＝3,400円
売掛金の貸倒引当金：410,000円×２％＝8,200円

(2) 売上原価の計算と期末商品の評価

(仕　　　　入)	30,000		(繰　越　商　品)	30,000
(繰　越　商　品)	31,680	*1	(仕　　　　入)	31,680
(棚　卸　減　耗　損)	180	*2	(繰　越　商　品)	180
(商　品　評　価　損)	1,750	*3	(繰　越　商　品)	1,750

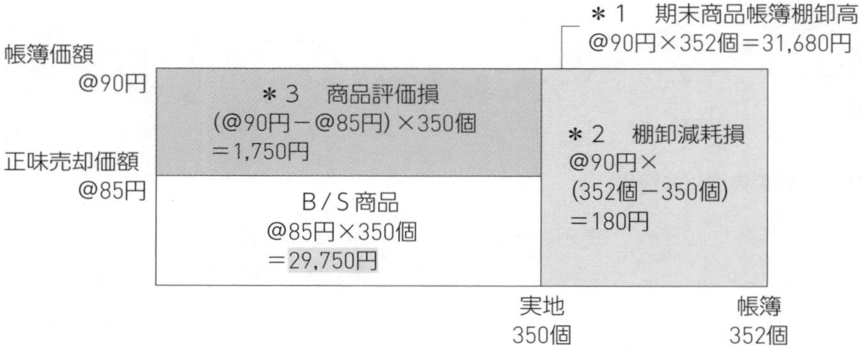

＊１　期末商品帳簿棚卸高
@90円×352個＝31,680円

帳簿価額
@90円

＊３　商品評価損
(@90円－@85円)×350個
＝1,750円

＊２　棚卸減耗損
@90円×
(352個－350個)
＝180円

正味売却価額
@85円

B／S商品
@85円×350個
＝29,750円

実地
350個

帳簿
352個

(3) 減価償却費の計上

① 建物減価償却費（定額法）

当期に取得した建物については、月割計算を行います。

(減　価　償　却　費)	105,000	*	(建物減価償却累計額)	105,000

＊　既存の建物：3,000,000円÷30年＝100,000円
新規の建物：1,800,000円÷30年×$\frac{1か月}{12か月}$＝5,000円
} 105,000円

建物減価償却累計額：800,000円（前T/B）＋105,000円＝905,000円

② 備品減価償却費（200％定率法）

200％定率法の償却率は定額法の償却率（１÷耐用年数）に200％（２倍）を掛けた償却率です。

(減　価　償　却　費)	76,800	*	(備品減価償却累計額)	76,800

＊　200％定率法償却率：１÷10年×200％＝0.2
減価償却費：(600,000円－216,000円)×0.2＝76,800円

備品減価償却累計額：216,000円（前T/B）＋76,800円＝292,800円

(4) 満期保有目的債券（償却原価法（定額法））

満期保有目的債券は、決算時に時価評価はしません。ただし、額面金額と取得価額との差額が金利の調整と認められる場合は、償却原価法（定額法）により処理します。

(満期保有目的債券)	2,400	(有価証券利息)	2,400 *

＊　800,000円－788,000円＝12,000円

$$12{,}000円 \times \frac{12か月}{60か月} = 2{,}400円$$

満期保有目的債券：788,000円（前T/B）＋2,400円＝790,400円

(5) 退職給付引当金の計上

(退職給付費用)	92,500	(退職給付引当金)	92,500

退職給付引当金：260,000円（前T/B）＋92,500円＝352,500円

(6) 借入利息の未払計上

(支払利息)	5,600 *	(未払利息)	5,600

$$＊\quad 800{,}000円 \times 1.2\% \times \frac{7か月}{12か月} = 5{,}600円$$

POINT

●貸借対照表では未払利息を「未払費用」勘定として計上します。

(7) 法人税等

(法人税、住民税及び事業税)	125,000	(仮払法人税等)	67,000
		(未払法人税等)	58,000 *

＊　貸借差額

(8) 繰越利益剰余金

貸借対照表の貸借差額から繰越利益剰余金を求めます。

繰越利益剰余金：5,976,550円（資産合計）－1,786,100円（負債合計）－3,800,000円（資本金）－60,450円（利益準備金）
＝330,000円

第4問のポイント　難易度 A　配 点 28点　目標点 20点

(1)　工業簿記の仕訳問題です。どれも基礎的な問題なので、完答を目指しましょう。本社工場会計は、工場と本社どちらの仕訳が問われているか確認してから解きましょう。

(2)　等級別総合原価計算の問題です。正常仕損が生じており、度外視法によって処理しています。資料の読み飛ばしに注意して解答しましょう。

解　答

(1)　　仕訳一組につき4点

(注) 実際の本試験では記号のみを解答してください。

	借方		貸方	
	記号	金額	記号	金額
1	(エ) 仕掛品	5,400,000	(カ) 製造間接費	5,400,000
2	(オ) 本社	1,360,000	(カ) A組製品	960,000
			(イ) B組製品	400,000
3	(ア) 仕掛品	15,000,000	(キ) 材料	15,000,000

(2)　　●数字につき配点

問1　当月の月末仕掛品原価 = ❹ 3,200,000 円

問2　当月の完成品総合原価 = ❹ 19,200,000 円

問3　等級製品Xの完成品単位原価 = ❹ 2,880 円/枚

問4　等級製品Yの完成品単位原価 = ❹ 960 円/枚

解　説

(1)　仕訳問題

1．製造間接費の予定配賦

直接作業時間にもとづいて計算した製造間接費の予定配賦額を**製造間接費勘定**から**仕掛品勘定**へ振り替えます。なお、製造間接費の予定配賦率は、年間の製造間接費予算（年間の固定製造間接費予算と年間の変動製造間接費予算の合計）を年間の予定総直接作業時間で割って求めます。

借方科目	金額	貸方科目	金額
(仕　掛　品)	5,400,000	(製 造 間 接 費)	5,400,000 *

*　予定配賦率：(24,300,000円＋36,450,000円)÷9,000時間＝@6,750円
（24,300,000円＋36,450,000円：製造間接費予算、9,000時間：予定総直接作業時間）

予定配賦額：@6,750円×800時間＝5,400,000円
（800時間：当月直接作業時間）

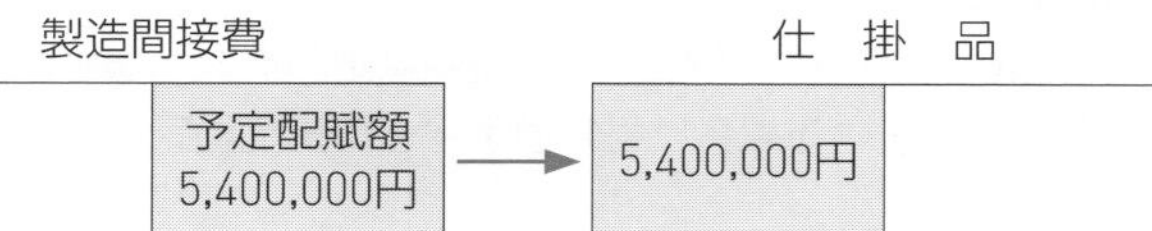

LECTURE　製造間接費の予定配賦

製造間接費を予定配賦している場合は、次の順番で計算をします。

1．製造間接費予算額÷基準操業度＝予定配賦率
2．予定配賦率×実際操業度＝予定配賦額

2．本社工場会計・組別総合原価計算

本社の指示によって工場から製品を発送したため、工場側では**各組製品勘定**の**貸方**に記入します。また、売上原価勘定は本社のみに設けてあるため、借方は**本社勘定**とします。

	借方科目	金額	貸方科目	金額
工場	(本　　社)	1,360,000	(A 組 製 品)	960,000
			(B 組 製 品)	400,000

本社では製品を販売したため、売上原価勘定の借方に記入するとともに、貸方は工場勘定とします。

	借方科目	金額	貸方科目	金額
本社	(売 上 原 価)	1,360,000	(工　　場)	1,360,000

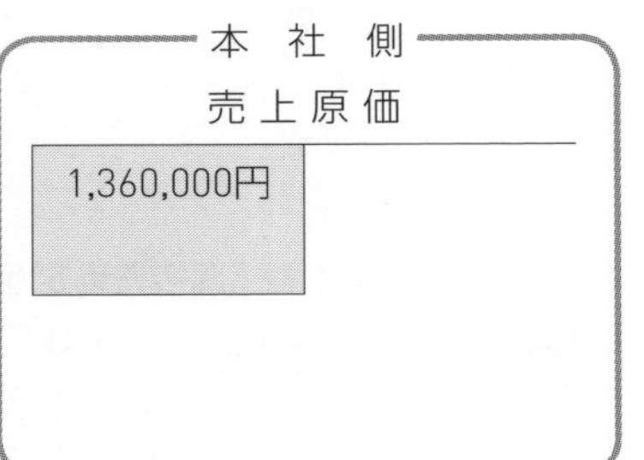

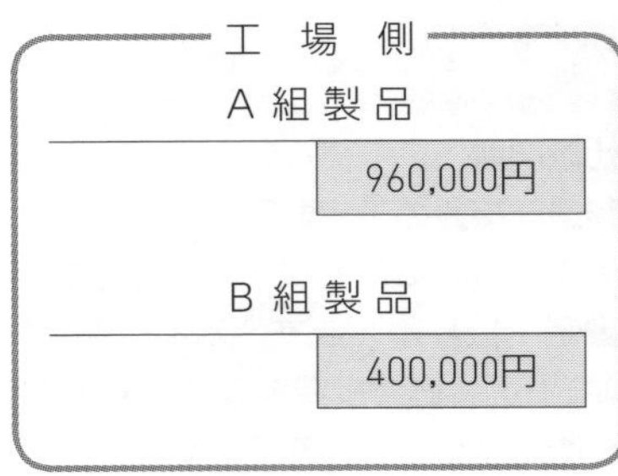

POINT

●本社と工場にまたがる取引は、本社側では工場勘定、工場側では本社勘定を用いて処理します。

3．直接材料費の消費額

直接材料費の消費高は、**材料勘定**から**仕掛品勘定**の借方へ振り替えます。なお、シングル・プランを採用している場合、材料勘定から仕掛品勘定への振替額は、**標準原価**となります。

直接材料費の当月消費額：@7,500円×2,000個＝15,000,000円

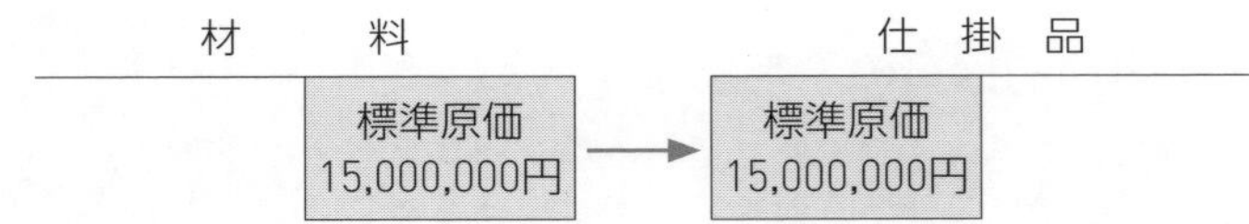

POINT

●パーシャル・プランを採用している場合には、材料勘定から仕掛品勘定への振替額は実際原価となります。

⑵　等級別総合原価計算

1．積数の算定

等価係数と完成品量にもとづいて、「積数」を求めます。

等級製品Ｘ：３〈等価係数〉×6,000枚〈完成品数量〉＝18,000

等級製品Ｙ：１〈等価係数〉×2,000枚〈完成品数量〉＝2,000

2．月末仕掛品原価と完成品総合原価の算定

月初仕掛品原価と当月製造費用を完成品原価と月末仕掛品原価に先入先出法により配分します。なお、正常仕損が工程の途中で発生した場合は、完成品と月末仕掛品の両者に仕損を負担させます。

直接材料費

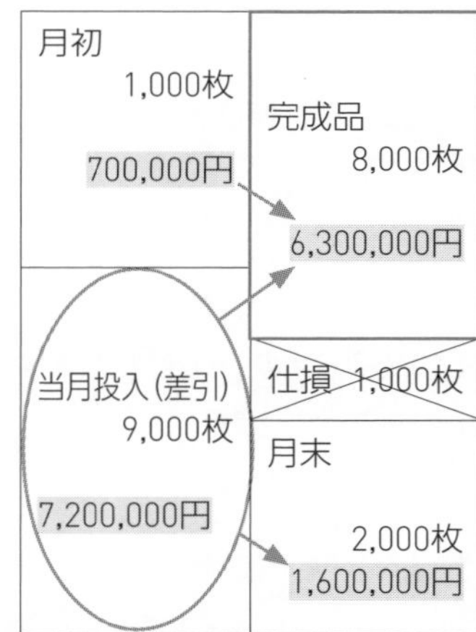

加工費

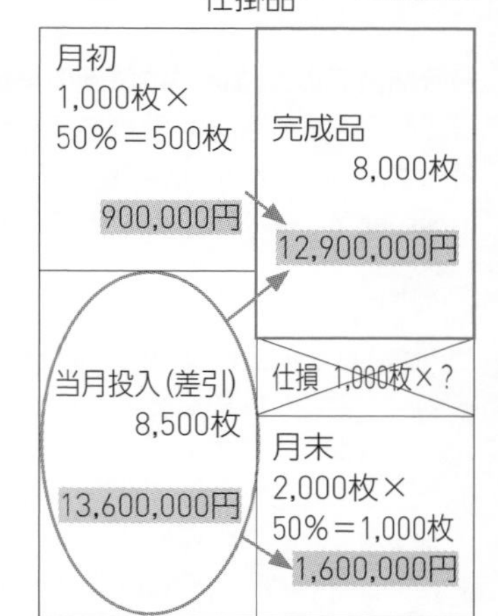

月末仕掛品原価（直接材料費）：

$$\frac{7,200,000\text{円}}{8,000\text{枚}+2,000\text{枚}-1,000\text{枚}}\times 2,000\text{枚}=1,600,000\text{円}$$

完成品原価（直接材料費）：
700,000円＋7,200,000円－1,600,000円＝6,300,000円

月末仕掛品原価（加工費）：

$$\frac{13,600,000\text{円}}{8,000\text{枚}+1,000\text{枚}-500\text{枚}}\times 1,000\text{枚}=1,600,000\text{円}$$

完成品原価（加工費）：
900,000円＋13,600,000円－1,600,000円＝12,900,000円

月末仕掛品原価（合計）：1,600,000円＋1,600,000円＝3,200,000円

完成品総合原価（合計）：6,300,000円＋12,900,000円＝19,200,000円

●度外視法（両者負担）によって仕損を処理しているので、投入量は仕損を差し引いた量で計算しましょう。

3．各等級製品の完成品総合原価の算定

完成品総合原価を等級製品Ｘと等級製品Ｙへ積数を用いて按分します。

等級製品Ｘ：$19{,}200{,}000円 \times \frac{18{,}000}{18{,}000 + 2{,}000} = 17{,}280{,}000円$

等級製品Ｙ：$19{,}200{,}000円 \times \frac{2{,}000}{18{,}000 + 2{,}000} = 1{,}920{,}000円$

4．各等級製品の完成品単位原価の算定

各等級製品の完成品総合原価を完成品量で割って完成品単位原価を求めます。

等級製品Ｘ：17,280,000円÷6,000枚＝2,880円/枚

等級製品Ｙ：1,920,000円÷2,000枚＝960円/枚

●単位原価の計算は完成品総合原価を完成品量で割って計算します。積数で割らないように注意してください。

LECTURE

仕損・減損の発生点と処理

仕損・減損はその発生点によって負担先が次のように異なります。

発生点	負担
仕損・減損の発生点＞月末仕掛品の加工進捗度	完成品のみ負担
仕損・減損の発生点≦月末仕掛品の加工進捗度	完成品と月末仕掛品の両者負担

第5問のポイント　難易度 A　配点 12点　目標点 9点

CVP分析の問題です。基本的な問題ばかりなので、満点を目指しましょう。

解　答

●数字につき配点

問1		❸ 37	%			
問2		❸ 3,000,000	円			
問3		❸ 4,000,000	円			
問4	貢献利益	2,362,500	円	営業利益	❸ 472,500	円

解　説

問1　変動費率の計算

資料に与えられた変動費の合計額を、10月の利益計画での売上高3,500,000円で割って、変動費率を求めます。

変動費（合計）：805,000円（食材費）＋420,000円（アルバイト給料）＋70,000円（その他）＝1,295,000円

変動費率：1,295,000円÷3,500,000円＝0.37＝37%

問２　損益分岐点売上高の計算

損益分岐点売上高とは、営業利益が０円となる売上高をいいます。固定費の合計額を、貢献利益率で割って求めることができます。

そこで、損益分岐点における売上高をＳ円として、直接原価計算による損益計算書を作成し損益分岐点売上高を求めます。

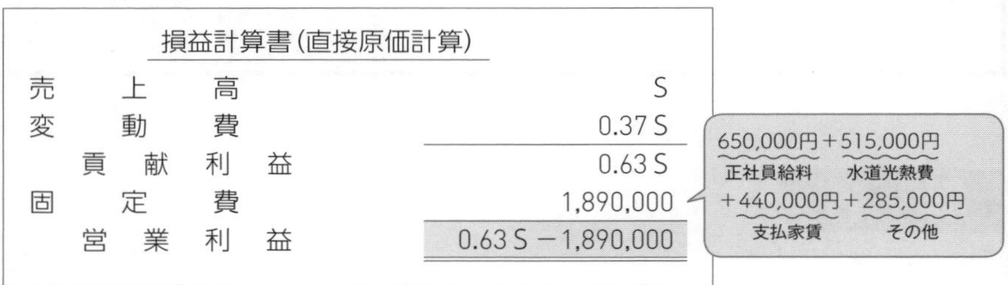

損益計算書（直接原価計算）

売上高	S
変動費	0.37 S
貢献利益	0.63 S
固定費	1,890,000
営業利益	0.63 S －1,890,000

650,000円＋515,000円
正社員給料　水道光熱費
＋440,000円＋285,000円
支払家賃　その他

損益計算書の営業利益を０とおいて、損益分岐点売上高を求めます。

0.63 S －1,890,000円＝０

0.63 S ＝1,890,000円

　S ＝3,000,000円

●答えが出たら方程式に数値を入れて検算してみましょう。

問３　目標営業利益を達成する売上高の計算

問２の式の営業利益０を、営業利益630,000円に置き換えて売上高を算定します。

0.63 S －1,890,000円＝630,000円

0.63 S ＝2,520,000円

　S ＝4,000,000円

問４　11月の利益計画における貢献利益と営業利益

⑴　貢献利益

売上高に貢献利益率をかけることで、貢献利益を求めることができます。

貢献利益：3,750,000円×0.63＝2,362,500円

⑵　営業利益

貢献利益から固定費を引くことで営業利益を求めることができます。

営業利益：2,362,500円－1,890,000円＝472,500円

MEMO

第3回 予想問題 解答・解説

解き方

第１問から解き始め、次に簡単な順に解いていくとよいでしょう。今回は、第２問⇒第３問⇒第４問⇒第５問の順番で解くようにしましょう。

第1問のポイント 難易度 A 配点 20点 目標点 16点

仕訳問題です。少し応用的な問題もありますが、全体的には基本的な問題の出題といえます。４問目は、資本金とする金額に指示があるため、読み落とさないように注意しましょう。

解答

仕訳一組につき４点

（注）実際の本試験では記号のみを解答してください。

	借方		貸方	
	記号	金額	記号	金額
1	（ウ）クレジット売掛金 （カ）支払手数料	196,000 4,000	（オ）売上	200,000
2	（キ）研究開発費	5,300,000	（ア）当座預金	5,300,000
3	（ク）固定資産圧縮損	400,000	（イ）備品	400,000
4	（ア）普通預金	2,500,000	（カ）資本金 （キ）資本準備金	2,000,000 500,000
5	（エ）仮受消費税	830,000	（イ）仮払消費税 （オ）未払消費税	360,000 470,000

解説

１．クレジット売掛金

商品の販売時に、顧客からクレジット・カードによる支払いの申し出があった場合には、通常の売掛金と区別するために**クレジット売掛金勘定（資産）の借方**に記入します。なお、クレジット払いにともなう信販会社に対する手数料の支払いは、原則として、商品の販売時に**支払手数料勘定（費用）の借方**に記入します。

(クレジット売掛金)	196,000 *2	(売　　上)	200,000
(支払手数料)	4,000 *1		

＊1　200,000円×２％＝4,000円
＊2　200,000円－4,000円＝196,000円

2．研究開発費

研究および開発に関する費用はすべて当期の費用として、**研究開発費勘定（費用）**で処理します。なお、研究開発部門で働く従業員への給料および手当や、特定の研究開発のみに使用され、ほかに転用できないような機械装置の取得原価などもすべて研究開発費となります。

3．圧縮記帳

圧縮記帳とは、国庫補助金などにより取得した有形固定資産について、その取得原価を一定額だけ減額（圧縮）し、減額（圧縮）後の帳簿価額を貸借対照表価額とする方法です。本問では、補助金相当額400,000円の**固定資産圧縮損勘定（費用）**を計上するとともに、同額を**備品勘定（資産）**の取得原価1,000,000円から直接減額します（直接減額方式）。

4．株式の発行（設立時）

問題文の指示により、**資本金勘定（純資産）**は払込金額の８割（80%）、残りを**資本準備金勘定（純資産）**とします。

(普通預金)	2,500,000	(資本金)	2,000,000 *1
		(資本準備金)	500,000 *2

＊1　(@1,000円×2,500株)×80%＝2,000,000円
＊2　(@1,000円×2,500株)－2,000,000円＝500,000円

POINT

●資本金組入額は、原則として全額を資本金として計上しますが、２分の１以上を資本金とすれば、残額を資本準備金として計上することが容認されています。

5．消費税（税抜方式）

決算にあたって、預かった消費税（仮受消費税）から支払った消費税（仮払消費税）を差し引き、納付する消費税額を**未払消費税勘定（負債）**に計上します。

第2問のポイント 難易度 A 配点 20点 目標点 16点

株主資本等変動計算書の作成に関する問題です。本問は、仕訳をていねいに行い、答案用紙の株主資本等変動計算書の各項目に適切な金額を記入することが重要です。基本的な問題であるため、焦らずに解答すれば満点をねらえる問題です。

解答

●数字につき配点

株主資本等変動計算書

自×6年4月1日　至×7年3月31日　(単位：千円)

	株主資本			
	資本金	資本剰余金		
		資本準備金	その他資本剰余金	資本剰余金合計
当期首残高	20,000	(1,600)	(500)	(2,100)
当期変動額				
剰余金の配当		(25)	(❷ △ 275)	(△ 250)
別途積立金の積立て				
新株の発行	(250)	(250)		(❷ 250)
吸収合併	(3,000)		(1,400)	(1,400)
当期純利益				
当期変動額合計	(3,250)	(❷ 275)	(1,125)	(1,400)
当期末残高	(❷ 23,250)	(1,875)	(1,625)	(3,500)

(下段へ続く)

（上段から続く）

	株主資本				
	利益剰余金				株主資本合計
	利益準備金	その他利益剰余金		利益剰余金合計	
		別途積立金	繰越利益剰余金		
当期首残高	400	（ 220 ）	（ 1,200 ）	（ 1,820 ）	（❷ 23,920 ）
当期変動額					
剰余金の配当	（ 75 ）		（❷ △ 825 ）	（ △ 750 ）	（ △1,000 ）
別途積立金の積立て		（ 80 ）	（ △ 80 ）	—	—
新株の発行					（ 500 ）
吸収合併					（ 4,400 ）
当期純利益			（ 980 ）	（ 980 ）	（ 980 ）
当期変動額合計	（❷ 75 ）	（ 80 ）	（ 75 ）	（❷ 230 ）	（ 4,880 ）
当期末残高	（ 475 ）	（❷ 300 ）	（ 1,275 ）	（ 2,050 ）	（❷ 28,800 ）

解説

（仕訳の単位：千円）

株主資本等変動計算書の記載方法は、純資産の期首残高を基礎として、期中の変動額を加算または減算し、期末残高を記入します。

POINT

●株主資本等変動計算書は、貸借対照表の純資産の部の一会計期間における変動額のうち、主として、株主に帰属する部分である株主資本の各項目の変動事由を報告するために作成する財務諸表です。

1．当期首残高

資本金と利益準備金については、記入済みです。［資料］ 1より、×6年３月31日現在における純資産の残高を、資本金と利益準備金以外の当期首残高として記入しましょう。

POINT

●答案用紙に記入するさいには、金額の単位に注意しましょう。

2．当期変動額

(1) 剰余金の配当

株主総会で確定した配当の内容にもとづき仕訳します。

(その他資本剰余金)	275	(未払配当金)	1,000 *1
(繰越利益剰余金)	825	(資本準備金)	25 *2
		(利益準備金)	75 *3

＊1　@5円×50,000株＝250千円（その他資本剰余金を財源）
@15円×50,000株＝750千円（繰越利益剰余金を財源）
250千円＋750千円＝1,000千円

＊2　$250千円\times\frac{1}{10}+750千円\times\frac{1}{10}=100千円$
$20,000千円\times\frac{1}{4}-(1,600千円+400千円)=3,000千円$
｝小さい方：100千円

$100千円\times\frac{250千円}{250千円+750千円}=25千円$

＊3　$100千円\times\frac{750千円}{250千円+750千円}=75千円$

●繰越利益剰余金を財源とした配当のほかに、その他資本剰余金を財源とした配当を行う点にも注意してください。

(2) 別途積立金の積み立て

別途積立金を積み立てた場合は、繰越利益剰余金から別途積立金へ振り替えます。

(繰越利益剰余金)	80	(別途積立金)	80

(3) 株式を発行したとき（増資時・容認処理）

問題文より、「会社法が定める最低限度額を資本金とした。」とのことから、払込金額のうち、2分の1は資本金、残額は資本準備金として処理します。

(当座預金)	500 *1	(資本金)	250 *2
		(資本準備金)	250 *2

＊1　@500円×1,000株＝500千円

＊2　$500千円\times\frac{1}{2}=250千円$（資本金および資本準備金）

(4) 吸収合併

吸収合併は、合併会社が被合併会社の資産および負債を引き継ぎます。引き継ぎにあたり資産および負債は、「時価」などを基準とした公正な評価額とします。なお、問題文の指示により、新株の発行にともなう純資産（株主資本）の増加額のうち資本金を差し引いた残額は、その他資本剰余金とします。

(諸　資　産)	9,000	(諸　負　債)	5,000
(の　れ　ん)	400 *2	(資　本　金)	3,000
		(その他資本剰余金)	1,400 *1

＊1　(@550円×8,000株)−3,000千円＝1,400千円
　　　増加資本

＊2　(@550円×8,000株)−(9,000千円−5,000千円)＝400千円
　　　増加資本　　　　　　　受入純資産

(5) 当期純利益の振り替え

当期純利益980千円を繰越利益剰余金に振り替えます。

(損　　益)	980	(繰越利益剰余金)	980

3．当期末残高

各勘定の当期変動額合計を計算してから、当期首残高と合算することで、当期末残高を求めます。

LECTURE **株主資本等変動計算書**

1．当期首残高を記入する。
2．当期中に変動した純資産の項目を、その原因にもとづいて記入する。
3．項目ごとに、当期変動額の合計を記入する。
4．当期首残高に当期変動額合計を合算し、当期末残高を記入する。

第3問のポイント　難易度 A　配点 20点　目標点 16点

精算表の作成に関する問題です。
比較的、オーソドックスな論点の多い問題となりますので、落ち着いて解きましょう。

解　答

●数字につき配点

精　算　表

日商株式会社　　×7年3月31日　　(単位：円)

勘定科目	残高試算表		修正記入		損益計算書		貸借対照表	
	借方	貸方	借方	貸方	借方	貸方	借方	貸方
当座預金	210,000		20,000				230,000	
受取手形	80,000			20,000			60,000 ❷	
売掛金	130,000			9,000			121,000	
繰越商品	41,000		39,600	41,000			38,142 ❷	
				480				
				978				
仮払消費税	165,200			165,200				
建物	3,000,000						3,000,000	
備品	400,000						400,000	
のれん	144,000			24,000			120,000	
支払手形		63,000						63,000
買掛金		120,000						120,000
仮受消費税		169,600	169,600					
借入金		800,000						800,000
退職給付引当金		380,000		35,000				415,000 ❷
貸倒引当金		9,200	7,000	1,420				3,620 ❷
建物減価償却累計額		490,000		82,500				572,500
備品減価償却累計額		144,000		51,200				195,200
資本金		1,500,000						1,500,000
利益準備金		150,000						150,000
繰越利益剰余金		48,820						48,820
売上		2,120,000				2,120,000		
仕入	1,150,000		41,000	39,600	1,151,400 ❷			
給料	660,000				660,000			
保険料	4,920			2,460	2,460			
支払利息	9,500		1,800		11,300			
	5,994,620	5,994,620						
貸倒損失			2,000		2,000 ❷			
貸倒引当金繰入			1,420		1,420			
棚卸減耗損			480		480			
商品評価損			978		978			
(未払消費税)				4,400				4,400 ❷
減価償却費			133,700		133,700 ❷			
(のれん)償却			24,000		24,000 ❷			
(未払)利息				1,800				1,800
退職給付費用			35,000		35,000			
(前払)保険料			2,460				2,460	
当期純(利益)					97,262			97,262 ❷
			479,038	479,038	2,120,000	2,120,000	3,971,602	3,971,602

解　説

[決算整理事項その他]

⑴　当座預金の修正

(当　座　預　金)	20,000	(受　取　手　形)	20,000

⑵　売掛金の貸倒れ

前期以前に発生した売掛金が貸し倒れた場合は貸倒引当金を取り崩し、当期中に発生した売掛金が貸し倒れた場合は、**貸倒損失（費用）**で処理します。

(貸 倒 引 当 金)	7,000	(売　　掛　　金)	9,000
(貸　倒　損　失)	2,000		

⑶　貸倒引当金の設定（差額補充法）

(貸倒引当金繰入)	1,420	(貸 倒 引 当 金)	1,420

貸倒引当金の設定にあたって、⑴⑵を考慮します。

貸 倒 引 当 金：(80,000円〔受取手形〕－20,000円〔⑴〕＋130,000円〔売掛金〕－9,000円〔⑵〕)×２％＝3,620円

貸倒引当金繰入：3,620円〔貸倒引当金〕－(9,200円〔試算表欄〕－7,000円〔⑵〕)＝1,420円

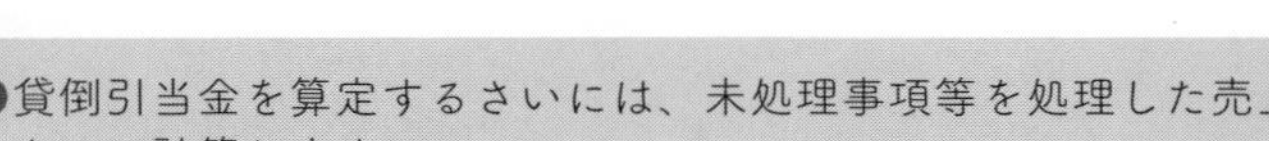

POINT

●貸倒引当金を算定するさいには、未処理事項等を処理した売上債権をもとに計算します。

⑷　売上原価の計算と期末商品の評価

①　売上原価の計算

(仕　　　　　入)	41,000	(繰　越　商　品)	41,000
(繰　越　商　品)	39,600 *1	(仕　　　　　入)	39,600

②　棚卸減耗損の計上

(棚 卸 減 耗 損)	480 *2	(繰　越　商　品)	480

③　商品評価損の計上

(商 品 評 価 損)	978 *3	(繰　越　商　品)	978

期末商品の評価にあたっては、商品の種類ごとに次のようなボックス図を書いて計算します。

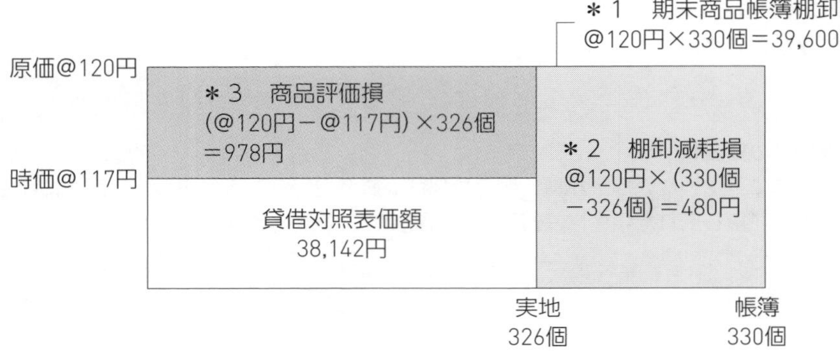

（注）「正味売却価額」を時価としています。

(5) 消費税の処理（税抜方式）

決算にあたり、仮払消費税と仮受消費税を相殺し、未払消費税を計上します。

(仮受消費税)	169,600	(仮払消費税)	165,200
		(未払消費税)	4,400

(6) 減価償却費の計上

(減価償却費)	133,700	(建物減価償却累計額)	82,500
		(備品減価償却累計額)	51,200

① 建物（定額法）

新規の建物：900,000円÷30年×$\frac{5か月}{12か月}$＝12,500円

既存の建物：(3,000,000円－900,000円)÷30年＝70,000円

（以上合計）82,500円

② 備品（定率法）

(400,000円－144,000円)×20％＝51,200円

(7) のれんの償却

(のれん償却)	24,000	(のれん)	24,000

のれんは×2年4月1日に取得したものなので、すでに4年分の償却が行われていることがわかります。したがって、決算整理前の残高を残り6年で償却します。

当期償却額：144,000円÷(10年－4年)＝24,000円

⑻　費用の未払い（未払費用の計上）

(支　払　利　息)	1,800	(未　払　利　息)	1,800

未払利息：300,000円×1.8％×$\frac{4か月}{12か月}$＝1,800円

⑼　退職給付引当金の設定

(退職給付費用)	35,000	(退職給付引当金)	35,000

⑽　費用の前払い（前払費用の計上）

残高試算表欄の保険料のうち、次期の費用とすべき６か月分を前払保険料として処理します。

(前払保険料)	2,460	(保　険　料)	2,460

前払保険料：4,920円×$\frac{6か月}{12か月}$＝2,460円

第4問のポイント　難易度 A　配点 28点　目標点 22点

(1)　工業簿記の仕訳問題です。工程別総合原価計算の仕訳は解きなれていないと使用する勘定科目に戸惑うかもしれません。とはいえ、基本の流れは単純総合原価計算と同じなので、しっかり解けるようにしましょう。

(2)　部門別原価計算の手続きを問う問題です。補助部門費の予定配賦に少し戸惑うかと思いますが、補助部門は１つしかなく資料も少ないので、８割以上獲得できるようにしましょう。

解　答

(1)　仕訳一組につき４点

(注) 実際の本試験では記号のみを解答してください。

	借方		貸方	
	記号	金額	記号	金額
1	(キ) 材料消費価格差異	18,500	(ウ) 材料	18,500
2	(カ) 仕掛品 (キ) 製造間接費	800,000 1,420,000	(ウ) 賃金・給料	2,220,000
3	(エ) 第1工程仕掛品 (キ) 第2工程仕掛品	960,000 525,000	(カ) 賃金・給料	1,485,000

(2)　●数字につき配点

問1　修繕部費　❹ 4,000 円/時間

問2　第一製造部費　❸ 4,140,000 円

第二製造部費　❸ 3,440,000 円

問3　修繕部費配賦差異　❸ 6,200 円（(借方差異)・貸方差異）
いずれかを○で囲むこと

問4　第一製造部費配賦差異　❸ 25,000 円（(借方差異)・貸方差異）
いずれかを○で囲むこと

解　説

(1)　**仕訳問題**

1．材料消費価格差異の計上

材料費の予定配賦額に比べて材料費の実際消費額の方が多いため、材料消費価格差異は借方差異（不利差異）となります。したがって、材料勘定から**材料消費価格差異勘定**の**借方**に振り替えます。

実際消費額：@590円×150kg＋@620円×(1,200kg－200kg)＝708,500円
予定配賦額：@600円×(150kg＋1,200kg－200kg)＝690,000円
材料消費価格差異：予定配賦額690,000円－実際消費額708,500円
＝△18,500円（借方差異・不利差異）

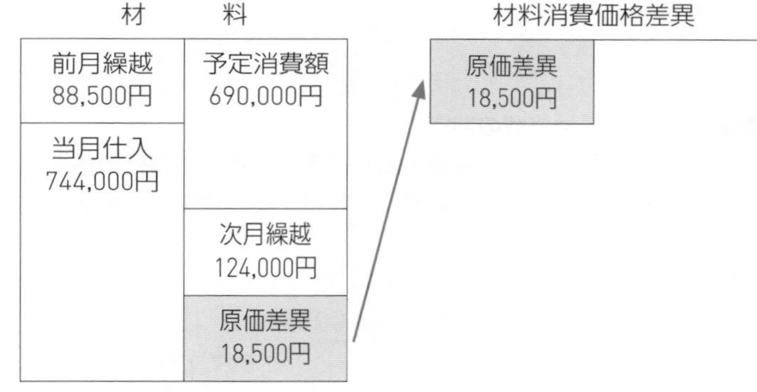

2．労務費の消費

直接工の賃金のうち直接作業賃金（直接労務費）は**賃金・給料勘定**から**仕掛品勘定**へ、間接作業賃金（間接労務費）は**賃金・給料勘定**から**製造間接費勘定**へ振り替えます。また、間接工賃金（間接労務費）は、**賃金・給料勘定**から**製造間接費勘定**へ振り替えます。

（仕　掛　品）	800,000 *1	（賃金・給与）	2,220,000
（製造間接費）	1,420,000 *2		

＊1　直接作業賃金（直接労務費）：@2,000円×400時間＝800,000円
＊2　間接作業賃金（間接労務費）：@2,000円×10時間＝20,000円
間接工賃金（間接労務費）：1,500,000円－350,000円＋250,000円
＝1,400,000円
間接労務費合計：20,000円＋1,400,000円＝1,420,000円

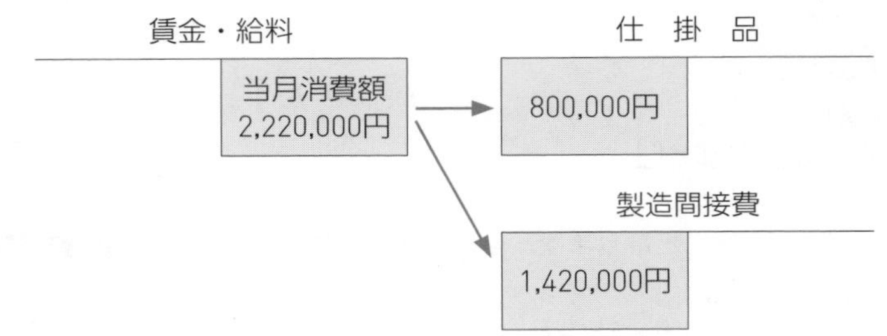

POINT
●直接工の間接作業に対する賃金は、間接労務費である点に注意しましょう。

3．工程別総合原価計算・労務費の消費

第１工程で消費された労務費は、**賃金・給料勘定**から**第１工程仕掛品勘定**へ振り替えます。また、第２工程で消費された労務費は、**賃金・給料勘定**から**第２工程仕掛品勘定**へ振り替えます。

第１工程分：@1,200円×800時間＝960,000円
第２工程分：@3,500円×150時間＝525,000円

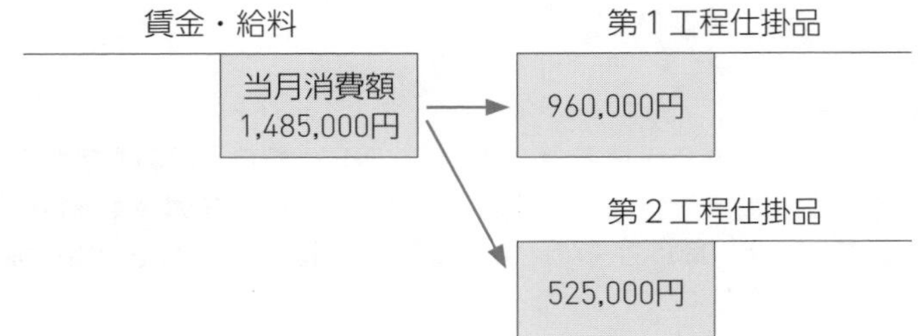

⑵ 部門別原価計算

1．修繕部費の予定配賦率

年間予算にもとづく修繕部費を年間予定修繕時間の合計で割って修繕部費の予定配賦率を求めます。

修繕部費の予定配賦率：$\dfrac{5,600,000円}{600時間+800時間}$＝4,000円/時間

2．第一製造部費と第二製造部費の予定配賦率

①　補助部門費予算額の各製造部門への配賦

補助部門費予算額を製造部門に配賦します。

第一製造部への配賦額：@4,000円×600時間＝2,400,000円
第二製造部への配賦額：@4,000円×800時間＝3,200,000円

②　補助部門費予算額配賦後の製造部門費年間予算額

第一製造部費：45,600,000円＋2,400,000円＝48,000,000円
第二製造部費：36,800,000円＋3,200,000円＝40,000,000円

年間予算部門別配賦表　(単位：円)

費　　目	合　　計	製 造 部 門		補 助 部 門
		第一製造部	第二製造部	修 繕 部
部　門　費	88,000,000	45,600,000	36,800,000	5,600,000
修 繕 部 費	5,600,000	2,400,000	3,200,000	
製 造 部 門 費	88,000,000	48,000,000	40,000,000	

③　各製造部門費の予定配賦率

各製造部門ごとに補助部門費予算額配賦後の年間製造部門費予算額を年間予定機械稼働時間で割って、予定配賦率を求めます。

第一製造部の予定配賦率：$\dfrac{48,000,000円}{8,000時間}$＝6,000円/時間

第二製造部の予定配賦率：$\dfrac{40,000,000円}{20,000時間}$＝2,000円/時間

3．当月の各製造部門費の予定配賦額

各製造部門の予定配賦率に当月の実際機械稼働時間を掛けて、予定配賦額を求めます。

第一製造部費の予定配賦額：6,000円/時間×690時間＝4,140,000円
第二製造部費の予定配賦額：2,000円/時間×1,720時間＝3,440,000円

4．当月の修繕部費の配賦差異

当月の修繕部費の予定配賦額と当月の実際修繕部費の差額で差異を把握します。

当月の修繕部費の予定配賦額：4,000円/時間×（52時間＋72時間）＝496,000円

当月の実際修繕部費：502,200円

修繕部費の配賦差異：予定配賦額496,000円－実際発生額502,200円

＝△6,200円（借方差異）

POINT

●答案用紙に借方差異、貸方差異に関する解答方法の指示が記載されています。指示された方法以外の解答方法は、不正解となりますので、必ず指示を確認しましょう。

5．当月の第一製造部費の配賦差異

当月の第一製造部費の予定配賦額と当月の実際第一製造部費（補助部門費予定配賦後）の差額で差異を把握します。

当月の第一製造部費の予定配賦額：6,000円/時間×690時間＝4,140,000円

当月の実際第一製造部費：3,957,000円＋4,000円/時間×52時間＝4,165,000円

第一製造部費の配賦差異：予定配賦額4,140,000円－実際発生額4,165,000円

＝△25,000円（借方差異）

POINT

●問題文に、補助部門費は予定配賦する旨の指示があるため、当月の実際第一製造部費を計算するさいの補助部門費の配賦額は、修繕部費の予定配賦率に当月の実際修繕時間をかけて求めます。

第5問のポイント

難易度 B　配点 12点　目標点 9点

標準原価計算の差異分析の問題です。問1は、基礎的な問題ですので点を取りこぼさないようにしましょう。問2については、見慣れない指示がありますので、やや難しいでしょう。

解答

●数字につき配点

問1

❸	290,000 円（有利差異・(不利差異)）

（有利差異・不利差異）のいずれかを○で囲みなさい。

問2

❸	予算差異	90,000 円（有利差異・(不利差異)）
❸	能率差異	50,000 円（有利差異・(不利差異)）
❸	操業度差異	150,000 円（有利差異・(不利差異)）

（有利差異・不利差異）のいずれかを○で囲みなさい。

解説

●製造間接費差異の把握・分析

1．固定製造間接費の標準配賦率（固定費率）の算定

固定費率：$\frac{\text{月間固定製造間接費予算1,500,000円}}{\text{月間正常直接作業時間1,000時間}}$＝1,500円/時間

POINT
●資料はすべて月間（1か月あたり）の数値で与えられています。そのため、月間基準操業度は月間正常直接作業時間1,000時間です。

2．変動製造間接費の標準配賦率（変動費率）の算定

製造間接費標準配賦率が4,000円/時間ですから、固定製造間接費の標準配賦率（固定費率）との差額から、変動製造間接費の標準配賦率（変動費率）を計算できます。

変動費率：4,000円/時間（標準配賦率）－1,500円/時間（固定費率）＝2,500円/時間

3．製造間接費差異の分析

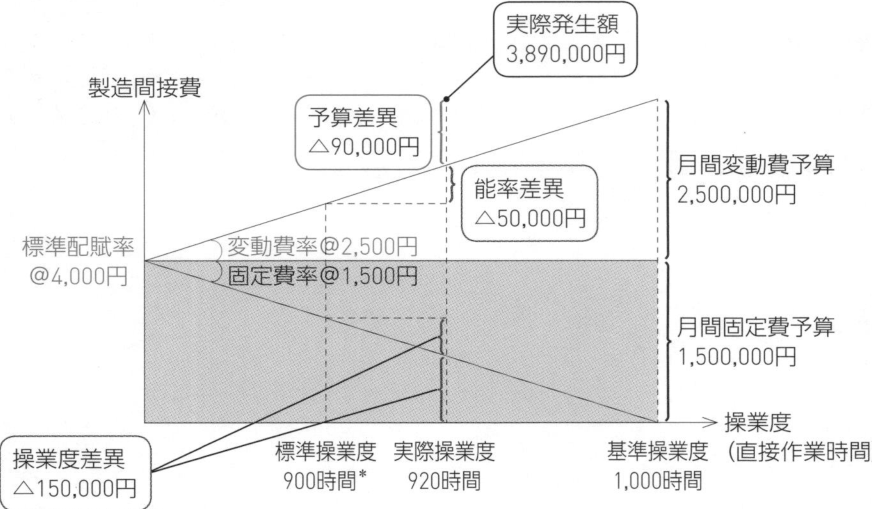

＊　標準操業度：0.6時間/個×1,500個＝900時間

製造間接費総差異：

$$(\underbrace{4{,}000\text{円/時間}}_{\text{標準配賦率}}\times\underbrace{900\text{時間}}_{\text{標準操業度}})-\underbrace{3{,}890{,}000\text{円}}_{\text{実際発生額}}=\triangle 290{,}000\text{円（不利）}$$

予算差異：

$$(\underbrace{2{,}500\text{円/時間}}_{\text{変動費率}}\times\underbrace{920\text{時間}}_{\text{実際操業度}}+\underbrace{1{,}500{,}000\text{円}}_{\text{固定費予算}})-\underbrace{3{,}890{,}000\text{円}}_{\text{実際発生額}}$$

$$=\triangle 90{,}000\text{円（不利）}$$

能率差異（変動費のみからなるものとする）：

$$\underbrace{2{,}500\text{円/時間}}_{\text{変動費率}}\times(\underbrace{900\text{時間}}_{\text{標準操業度}}-\underbrace{920\text{時間}}_{\text{実際操業度}})=\triangle 50{,}000\text{円（不利）}$$

操業度差異：

$$\underbrace{1{,}500\text{円/時間}}_{\text{固定費率}}\times\{(\underbrace{900\text{時間}}_{\text{標準操業度}}-\underbrace{920\text{時間}}_{\text{実際操業度}})+(\underbrace{920\text{時間}}_{\text{実際操業度}}-\underbrace{1{,}000\text{時間}}_{\text{基準操業度}})\}$$

$$=\triangle 150{,}000\text{円（不利）}$$

POINT

●能率差異については、標準配賦率から算定する方法のほか、変動費部分のみから算定する方法があります。その場合、操業度差異は固定費部分の能率差異と実際操業度を用いて算定する操業度差異を合計した金額になります。

LECTURE

製造間接費の差異分析（能率差異を変動費のみで計算する場合）

製造間接費差異（総差異）＝標準製造間接費－実際発生額

- ●予算差異＝予算許容額－実際発生額
- ●操業度差異＝固定費率×{（標準操業度－実際操業度）＋（実際操業度－基準操業度）}
- ●能率差異（変動費部分のみ）＝変動費率×（標準操業度－実際操業度）

第4回 予想問題 解答・解説

解き方

オーソドックスに進めるなら、第１問⇒第２問⇒第４問⇒第５問⇒第３問の順番で解くことになりますが、標準的な出題内容であるため、比較的ボリュームがある第３問以外は、特に順番にこだわる必要はないでしょう。

第1問のポイント

難易度 A　配点 20点　目標点 16点

仕訳問題です。応用論点も多少含まれていますが、総じて基本的な内容です。問題文を丁寧に読み、５題中４題の正解を目指しましょう。

解答

仕訳一組につき各４点

（注）実際の本試験では記号のみを解答してください。

	借方		貸方	
	記号	金額	記号	金額
1	（カ）現金	989,620	（ウ）売買目的有価証券	988,000
			（ア）有価証券売却益	1,000
			（イ）有価証券利息	620
2	（エ）備品	1,440,000	（イ）営業外支払手形	1,500,000
	（オ）支払利息	60,000		
3	（イ）商品保証引当金	36,000	（キ）商品保証引当金戻入	36,000
	（オ）商品保証引当金繰入	185,000	（イ）商品保証引当金	185,000
4	（カ）為替差損益	80,000	（オ）買掛金	80,000
5	（ア）当座預金	100,000,000	（イ）資本金	50,000,000
			（エ）資本準備金	50,000,000
	（ク）創立費	300,000	（ウ）現金	300,000

解　説

1．売買目的有価証券の売却

(1) 有価証券の売却

売買目的で保有していた有価証券を売却したときは、**売買目的有価証券勘定（資産）の減少**として処理します。また、売却代金と売却した有価証券の帳簿価額との差額は、**有価証券売却益勘定（または有価証券売却損勘定）**として処理します。

(現　　　　金)	989,000 *1	(売買目的有価証券)	988,000 *2
		(有価証券売却益)	1,000 *3

＊1　売却代金：$1{,}000{,}000円 \times \dfrac{@98.90円}{@100円} = 989{,}000円$

＊2　帳簿価額：$1{,}000{,}000円 \times \dfrac{@98.80円}{@100円} = 988{,}000円$

＊3　売却損益：989,000円－988,000円＝1,000円

（売却代金＞帳簿価額⇒売却益）

POINT

●裸相場とは、利息を含まない有価証券自体の価額のことです。

(2) 端数利息の受け取り

売買目的有価証券を売却したときに、買主から端数利息を受けとった場合には、**有価証券利息勘定（収益）**として処理します。なお、端数利息の金額は、**前回の利払日の翌日（10月1日）から売却日（12月1日）**までの利息を日割りで計算します。

(現　　　　金)	620	(有価証券利息)	620 *

＊　前回の利払日の翌日から売却日までの日数：31日（10月）＋30日（11月）＋1日（12月）＝62日

端数利息：$1{,}000{,}000円 \times 0.365\% \times \dfrac{62日}{365日} = 620円$

(3) 解答の仕訳

(1)と(2)を合算した仕訳が解答の仕訳となります。

(現　　　　金)	989,620	(売買目的有価証券)	988,000
		(有価証券売却益)	1,000
		(有価証券利息)	620

2．固定資産の割賦購入

固定資産を割賦で購入したときは、現金購入価額（現金正価）を取得原価として処理します。そして、取得原価と支払総額との差額は利息相当額として**支払利息勘定（費用）**として処理します。なお、商品以外の物品を購入するために振り出した手形は**営業外支払手形勘定（負債）**で処理します。

（備　　　　品）	1,440,000	（営業外支払手形）	1,500,000 *1
（支　払　利　息）	60,000 *2		

＊1　150,000円×10枚＝1,500,000円（支払総額）

＊2　1,500,000円（支払総額）－1,440,000円（取得原価）＝60,000円

POINT

●利息相当額については、購入時に資産（前払利息）計上で処理する方法と購入時に費用（支払利息）計上で処理する方法がありますが、本問では指定勘定科目に資産（前払利息）がないため、費用（支払利息）計上する方法で解答すると判断します。

3．商品保証引当金の設定

問題文に「洗替法により引当金を設定する」とあるため、前年度の商品保証引当金の残高を全額取り崩して、残高をゼロにします。その後、当年度の商品保証引当金の設定額を全額繰り入れます。

①　前年度分の取り崩し

前年度に設定した商品保証引当金の残高を全額取り崩すさいには、**商品保証引当金勘定（負債）の減少**として処理するとともに、相手勘定を**商品保証引当金戻入勘定（収益）**として処理します。

（商品保証引当金）	36,000	（商品保証引当金戻入）	36,000

②　当年度分の設定

当期に設定した引当金を全額、**商品保証引当金勘定（負債）の増加**として処理するとともに、相手勘定を**商品保証引当金繰入勘定（費用）**として処理します。

（商品保証引当金繰入）	185,000 *	（商品保証引当金）	185,000

＊　18,500,000円（当期売上高）×１％＝185,000円

4．外貨建取引（為替予約）

外貨建取引を行った後に買掛金について為替予約を行っているため、外貨建の買掛金を取引発生時の為替相場（7月1日の直物為替相場）から先物為替相場（予約レート）で換算替えします。なお、振当処理を適用している換算差額は**為替差損益勘定**として当期の損益とします。

借方	金額	貸方	金額
(為替差損益)	80,000 *	(買掛金)	80,000

＊　取引発生時の買掛金：40,000ドル（外貨建買掛金）×108円/ドル（取引発生時の直物為替相場）＝4,320,000円

為替予約後の買掛金：40,000ドル×110円/ドル（先物為替相場）＝4,400,000円

為替差損益：4,400,000円－4,320,000円＝80,000円（買掛金の増加）

POINT

●取引発生時に108円/ドルで換算していた買掛金を予約レート110円/ドルに換算替えします。なお、予約時の直物為替相場は、為替予約の処理においては使用しない資料となります。

5．株式の発行と創立費

⑴　株式の発行

問題文の指示により、払込金額を**当座預金勘定（資産）の増加**とするとともに、払込金額の最低限度額（払込金額の２分の１）を**資本金勘定（純資産）の増加**、残額（残りの２分の１）を**資本準備金勘定（純資産）の増加**として処理します。

借方	金額	貸方	金額
(当座預金)	100,000,000 *1	(資本金)	50,000,000 *2
		(資本準備金)	50,000,000 *3

＊1　払込金額：@40,000円×2,500株＝100,000,000円

＊2　資本金：100,000,000円×$\frac{1}{2}$＝50,000,000円

＊3　資本準備金：100,000,000円－50,000,000円＝50,000,000円

POINT

●資本金組入額について、「会社法の原則額を組み入れる」と指示されている場合には、全額を資本金とします。本問のように「会社法で認める最低限度額」という旨の指示があるときは、払込金額の２分の１を資本金とし、残りの２分の１を資本準備金とします。

⑵　創立費の支払い

設立準備のために発起人が立て替えた諸費用などの、会社の設立に要した費用は、**創立費勘定（費用）**として処理します。

POINT

●会社設立後（増資時）に株式を発行したさいにかかった費用は、株式交付費（費用）として処理します。設立時なのか設立後（増資時）なのかで処理が異なるので注意しましょう。

第2問のポイント 難易度 A 配点 20点 目標点 14点

現金と当座預金に関する問題です。問１は当座預金勘定調整表が企業残高基準法で問われています。加算・減算に注意する必要があります。
問２は現金・当座預金に関する決算整理仕訳などが問われています。見慣れない取引も含まれているため、問題文をしっかり読んで内容を把握しましょう。

解答

●数字につき配点

問１

当座預金勘定調整表

（３月31日現在）　　　　（単位：円）

当座預金帳簿残高			（ 3,070,000 ❷ ）
（加算）	［ ⑴ ］	（ 200,000 ）	
	［ ⑴ ］	（ 150,000 ）	（ 350,000 ❷ ）
（減算）	［ ⑵ ］	（ 500,000 ）	
	［ ⑶ ］	（ 14,000 ）	
	［ ⑷ ］	（ 120,000 ）	（ 634,000 ❷ ）
当座預金銀行残高			（ 2,786,000 ❷ ）

問2

(注) 実際の本試験では記号のみを解答してください。

[資料Ⅰ] に関する仕訳

番号	借方 記号	借方 金額	貸方 記号	貸方 金額	
(2)	(キ) 不渡手形	500,000	(イ) 当座預金	500,000	❷
(3)	(コ) 通信費	14,000	(イ) 当座預金	14,000	❷
(4)	(ア) 現金	120,000	(イ) 当座預金	120,000	❷

[資料Ⅱ] に関する仕訳

番号	借方 記号	借方 金額	貸方 記号	貸方 金額	
(1)	(ア) 現金	95,000	(サ) 為替差損益	95,000	❷
(2)	(エ) 仮払金	100,000	(ア) 現金	100,000	❷
(4)	(ア) 現金 (カ) 仮払法人税等	8,000 2,000	(シ) 受取配当金	10,000	❷

解説

1. [資料Ⅰ] 当座預金に関する処理

(1) 未取付小切手

銀行に小切手（No.1002、No.1003）が呈示されていないため、未取付小切手に該当します。未取付小切手は、**銀行側の減算項目**です。この問題では企業残高基準法で記入するので、企業側の加算になります。なお、企業側では仕訳は不要です。

POINT

●小切手の金額は、当座預金出納帳の3月28日と3月30日の引出欄から読み取ります。

⑵　企業側の誤記入…問２［資料Ⅰ］に関する仕訳⑵

①　誤った仕訳

［資料Ⅰ］の当座預金出納帳の３月31日の欄（下から２行目）に受取手形取立（２通）と記入されていることから、企業では受取手形２通分の手形代金1,400,000円が当座預金口座へ入金されたものとして処理しています。したがって、不渡りとなった手形代金500,000円も**当座預金（資産）の増加**として処理されていると判断します。

(当座預金)	500,000	(受取手形)	500,000

②　正しい仕訳

入金処理された２通の受取手形のうち１通は不渡りとなったので、本来は**不渡手形（資産）の増加**として処理しなければなりません。

(不渡手形)	500,000	(受取手形)	500,000

③　訂正仕訳（①の逆仕訳＋②）

誤って増やしてしまった当座預金を減らすとともに、不渡手形を増やします。

(不渡手形)	500,000	(当座預金)	500,000

⑶　企業側に連絡未通知…問２［資料Ⅰ］に関する仕訳⑶

当座預金出納帳に取引の記入がないことから、企業側に３月31日における電話料金の自動引き落としの連絡がきていない（連絡未通知）と判断します。したがって、電話料金について、**通信費（費用）**として処理するとともに、**当座預金**を減らします。

(通信費)	14,000	(当座預金)	14,000

⑷　企業側の誤記入（未渡小切手）…問２［資料Ⅰ］に関する仕訳⑷

①　誤った仕訳

［資料Ⅰ］の当座預金出納帳の３月31日の欄（一番下の行）に小切手入金と記入されていることから、企業では小切手代金120,000円が当座預金口座へ入金されたものとして処理しています。

(当座預金)	120,000	(現金)	120,000

②　正しい仕訳

実際には、小切手120,000円は金庫に保管されたままであり、当座預金口座へ入金していないので、本来は企業側の処理は必要ありません。

（仕　訳　な　し）

③　訂正仕訳（①の逆仕訳）

小切手の当座預金口座への入金処理を取り消すために、誤った仕訳の逆仕訳を行います。

（現　　　　　金）	120,000	（当　座　預　金）	120,000

POINT

●修正仕訳が必要な項目は、誤記入、（企業への）連絡未通知、未渡小切手の３項目です。

2．当座預金勘定調整表（企業残高基準法）…問１

答案用紙の当座預金勘定調整表（銀行勘定調整表）は、当座預金帳簿残高からスタートして当座預金銀行残高をゴールとしているため、企業残高基準法です。しかし、この場合でもいったん両者区分調整法で作成する方がよいです。

当座預金勘定調整表　（単位：円）

当座預金帳簿残高	3,070,000	当座預金銀行残高	2,786,000
（減算）		（減算）	
⑵企業側誤記入	500,000	⑴未取付小切手	200,000
⑶連絡未通知	14,000	⑴未取付小切手	150,000
⑷企業側誤記入	120,000		
	2,436,000	一致	2,436,000

調整後の残高が一致したら、この表から企業残高基準法の処理を考えます。企業の帳簿残高3,070,000円からスタートして、修正事項を加減算し、銀行残高2,786,000円になればゴールという流れになります。

スタート！　当座預金勘定調整表　ゴール！

当座預金帳簿残高	3,070,000	当座預金銀行残高	2,786,000
（減算）		（減算）	
⑵企業側誤記入	500,000	⑴未取付小切手	200,000
⑶連絡未通知　−	14,000	⑴未取付小切手　＋	150,000
⑷企業側誤記入	120,000		
	2,436,000	→	2,436,000

当座預金銀行残高：3,070,000円－500,000円－14,000円－120,000円
＋150,000円＋200,000円＝2,786,000円

●当座預金帳簿残高からスタートする場合、銀行側の調整は逆算することになるので、減算項目は加算することになる点に注意しましょう。

3．［資料Ⅱ］現金に関する処理

⑴ 外国通貨の換算替え…問2［資料Ⅱ］に関する仕訳⑴

外国通貨は、決算において決算日（3月31日）の為替レートで換算替えします。なお、換算替え前と換算替え後の差額は、為替差損益として処理します。

（現　　　　金）	95,000	（為 替 差 損 益）	95,000 ＊

＊　米国ドル紙幣残高：100ドル札×50枚＋50ドル札×90枚（金庫内実査表より）＝9,500ドル

期末残高（円換算後）：9,500ドル×110円/ドル（3月31日の為替レート）＝1,045,000円

為替差損益：1,045,000円－950,000円（金庫内実査表より）＝95,000円（現金の増加）

⑵ 仮払金の計上（旅費概算額、未処理）…問2［資料Ⅱ］に関する仕訳⑵

仮払いの処理は未処理となっています。なお、3月31日時点で従業員が出張から戻っていないため仮払金の精算は行う必要はありません。そこで、未処理となっている仮払いの処理だけ行います。

（仮　払　金）	100,000	（現　　　　金）	100,000 ＊

＊　金庫内実査表（出張旅費仮払い額の従業員からの受取書）より

⑶ 小切手入金処理の取消

上記1．［資料Ⅰ］当座預金に関する処理⑷で処理済みです。

⑷ 受取配当金の計上…問2［資料Ⅱ］に関する仕訳⑷

配当金領収証を受け取ったときは、**受取配当金（収益）の増加**として処理します。なお、受取配当金の金額については、源泉所得税を控除した残額である配当金の入金額8,000円（金庫内実査表・12月決算会社の配当金領収証より判明）を源泉所得税控除前の金額に割り戻して求めます。

受取配当金：8,000円÷(100%－20%)＝10,000円

●源泉所得税は配当金の20％なので、源泉所得税を控除した残りである入金額は配当金の80％となります。したがって、入金額を80％で割り戻せば受取配当金の金額を求めることができます。

また、源泉所得税は法人税の仮払いと考えて、**仮払法人税等（資産）の増加**として処理します。

仮払法人税等：10,000円×20％＝2,000円

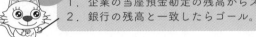

借方科目	金額	貸方科目	金額
(現　　　　　金)	8,000	(受 取 配 当 金)	10,000
(仮 払 法 人 税 等)	2,000		

LECTURE

銀行勘定調整表（企業残高基準法）

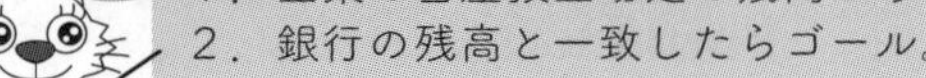

1．企業の当座預金勘定の残高からスタートし、加減算する。
2．銀行の残高と一致したらゴール。

第3問のポイント 難易度 A 配点 20点 目標点 16点

貸借対照表の作成問題です。貸借対照表の形式に少し戸惑うかと思いますが、問われている処理は基本的なものばかりです。本問は２級における税効果会計を網羅しているため、できなかった方は税効果会計の内容を確認しておきましょう。

解答

●数字につき配点

貸借対照表

株式会社鹿児島商会　20×9年３月31日　（単位：円）

資産の部		
Ⅰ 流動資産		
現金及び預金		(6,272,000)
売掛金	(9,220,000)	
貸倒引当金	(92,200)	(9,127,800 ❷)
(商品)		(8,500,000 ❷)
未収入金		(1,540,000)
流動資産合計		(25,439,800)
Ⅱ 固定資産		
建物	15,000,000	
減価償却累計額	(5,500,000)	(9,500,000 ❷)
備品	7,200,000	
減価償却累計額	(1,200,000)	(6,000,000)
(投資有価証券)		(7,700,000 ❷)
長期貸付金	3,000,000	
貸倒引当金	(450,000)	(2,550,000 ❷)
固定資産合計		(25,750,000)
資産合計		(51,189,800)
負債の部		
Ⅰ 流動負債		
買掛金		7,736,000
未払法人税等		(1,334,000 ❷)
未払消費税		(1,520,000 ❷)
流動負債合計		(10,590,000)
Ⅱ 固定負債		
(繰延税金負債)		(12,500 ❷)
固定負債合計		(12,500)
負債合計		(10,602,500)

純　資　産　の　部

Ⅰ 株　主　資　本	
資　本　金	30,000,000
繰越利益剰余金	(**9,987,300** ❷)
株主資本合計	(**39,987,300**)
Ⅱ 評価・換算差額等	
その他有価証券評価差額金	(**600,000** ❷)
評価・換算差額等合計	(**600,000**)
純資産合計	(**40,587,300**)
負債純資産合計	(**51,189,800**)

解　説

1．［資料2］決算にあたっての修正事項

(1) 保険金の確定

保険金は金額が確定し入金されることが決定しただけなので**未収入金（資産）の増加**とするとともに、**火災未決算の減少**として処理します。保険金の金額が火災未決算の金額よりも少ないときは、差額を**火災損失（費用）**として処理します。

(未　収　入　金)	1,540,000	(火 災 未 決 算)	3,600,000
(火　災　損　失)	2,060,000 *		

＊　1,540,000円－3,600,000円＝△2,060,000円

未収入金：1,540,000円

POINT

●火災未決算への振り替えは処理済みです。そのため、焼失した資産の減額などの処理は改めて行う必要はありません。

(2) 売掛金の回収（未処理）

(現　金　預　金)	740,000	(売　掛　金)	740,000

現金及び預金：5,532,000円（前T/B）＋740,000円＝6,272,000円

売　掛　金：9,960,000円（前T/B）－740,000円＝9,220,000円

●上記(2)の売上債権の変動は貸倒引当金設定額の計算に影響するため、見やすい所に「△740,000」などとメモしておきましょう。

2．［資料3］決算整理事項等

(1) 売上原価の計算と期末商品の評価

(仕　　　　入)	8,400,000	(繰　越　商　品)	8,400,000
(繰　越　商　品)	8,900,000	(仕　　　　入)	8,900,000
(商 品 評 価 損)	170,000	(繰　越　商　品)	170,000
(棚 卸 減 耗 損)	230,000	(繰　越　商　品)	230,000
(仕　　　　入)	170,000	(商 品 評 価 損)	170,000
(仕　　　　入)	230,000	(棚 卸 減 耗 損)	230,000

商　品：8,900,000円－170,000円－230,000円＝8,500,000円
期末商品帳簿棚卸高

●商品評価損と棚卸減耗損について、売上原価に算入する指示があるため、仕入勘定への振り替えに関する仕訳をしています。しかし、解答要求事項は貸借対照表であり、売上原価の算定は必要ないため、実際に解答するさいには省略してもかまいません。

(2) 貸倒引当金（売上債権）

問題文の指示により、貸倒引当金については税効果会計の処理は行いません。そのため、期末の貸倒引当金の設定だけ行います。

(貸倒引当金繰入)	80,200 ＊	(貸 倒 引 当 金)	80,200

＊ 期末売上債権：9,960,000円－740,000円＝9,220,000円
前T/B売掛金　1.(2)未処理事項

貸倒引当金設定額：9,220,000円×$\frac{10}{1,000}$＝ 92,200円
前T/B貸倒引当金残高： 12,000円
（差引）繰入額： 80,200円

⑶ 減価償却費の計上

固定資産の減価償却を行います。なお、備品については税効果会計の処理も行う必要があります。

① 建物（定額法）

（減価償却費）	500,000 *	（建物減価償却累計額）	500,000

＊ 15,000,000円÷30年＝500,000円

建物減価償却累計額：5,000,000円（前T/B）＋500,000円＝5,500,000円

② 備品（定額法）

i 減価償却費

（減価償却費）	1,200,000 *	（備品減価償却累計額）	1,200,000

＊ 7,200,000円÷６年＝1,200,000円

ii 税効果会計

会計上の減価償却費が税務上認められる減価償却費の金額（減価償却費損金算入限度額）を超えている場合、会計上の金額と税務上の金額に差異**（将来減算一時差異）**が生じます。この将来減算一時差異に法定実効税率を掛けた金額を**繰延税金資産（資産）の増加**とし、相手科目を**法人税等調整額**として処理します。

（繰延税金資産）	75,000 *	（法人税等調整額）	75,000

＊ 税務上の償却限度額：7,200,000円÷８年（税務上の法定耐用年数）＝900,000円

減価償却費損金算入限度超過額（将来減算一時差異）：1,200,000円（上記⑶② i）－900,000円＝300,000円

繰延税金資産の増加額：300,000円×25%（法定実効税率）＝75,000円

⑷ 消費税（税抜方式）

決算において、仮受消費税と仮払消費税の金額を相殺します。相殺差額は、貸方差額なら**未払消費税（負債）の増加**として処理します。

（仮受消費税）	9,100,000	（仮払消費税）	7,580,000
		（未払消費税）	1,520,000 *

＊ 9,100,000円－7,580,000円＝1,520,000円（貸方差額・未払消費税）

⑸ 貸倒引当金（長期貸付金）

期末の貸倒引当金の設定を行います。なお、長期貸付金に関する貸倒引当金については、税効果会計の処理も行う必要があります。

① 貸倒引当金の設定

（貸倒引当金繰入）	450,000	（貸　倒　引　当　金）	450,000 *

＊　3,000,000円×15％＝450,000円

●長期貸付金は当期に生じたものなので、貸倒引当金の設定は当期末が初めてになります。したがって、貸倒引当金の設定額の全額を繰り入れます。

② 税効果会計

会計上の貸倒引当金繰入額が税務上認められる貸倒引当金繰入額を超えている場合、会計上の金額と税務上の金額に差異（将来減算一時差異）が生じます。この将来減算一時差異に法定実効税率を掛けた金額を**繰延税金資産（資産）の増加**とし、相手科目を**法人税等調整額**として処理します。

（繰延税金資産）	112,500 *	（法人税等調整額）	112,500

＊　税務上の貸倒引当金繰入限度額：０円
貸倒引当金繰入の損金算入限度超過額：450,000円（上記⑸①）－０円＝450,000円

繰延税金資産の増加額：450,000円×25％（法定実効税率）＝112,500円

●貸倒引当金繰入について「損金算入が全額とも認められなかった」とあるので、税務上の貸倒引当金繰入限度額は０円となります。

⑹ その他有価証券

① 期首再振替（未処理）

未処理となっていた再振替仕訳を行います。

ⅰ　前期末の処理

その他有価証券は、期末において帳簿価額を時価に評価替えします。なお、その他有価証券の評価差額は損益とはせずに、**その他有価証券評価差額金（純資産）**で処理します。また、税効果会計を適用するさいには、評価差額に法定実効

税率を掛けた金額を**繰延税金資産**（評価差損の場合）とし、その金額を控除した残額を**その他有価証券評価差額金**とします。

(繰延税金資産)	25,000 *1	(その他有価証券)	100,000 *2
(その他有価証券評価差額金)	75,000 *1		

＊1　前T/Bより

＊2　借方合計

ii　再振替仕訳

(その他有価証券)	100,000	(繰延税金資産)	25,000
		(その他有価証券評価差額金)	75,000

②　期末時価評価

税効果会計を適用するさいには、評価差額に法定実効税率を掛けた金額を**繰延税金負債**（評価差益の場合）とし、その金額を控除した残額を**その他有価証券評価差額金**とします。

(その他有価証券)	800,000 *1	(繰延税金負債)	200,000 *2
		(その他有価証券評価差額金)	600,000 *3

＊1　7,700,000円－(6,800,000円＋100,000円)＝800,000円
　　（7,700,000円：期末時価、6,800,000円＋100,000円：洗替処理後の帳簿価額(取得原価)）

＊2　800,000円×25%＝200,000円
　　（25%：法定実効税率）

＊3　800,000円－200,000円＝600,000円

投資有価証券：6,900,000円＋800,000円＝7,700,000円
　　（6,900,000円：洗替処理後の帳簿価額(取得原価)）

POINT

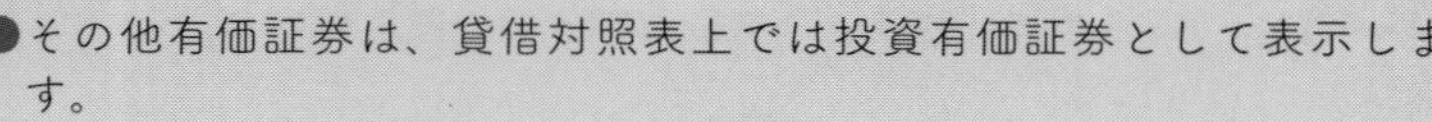

●その他有価証券は、貸借対照表上では投資有価証券として表示します。

(7)　法人税等

(法人税、住民税及び事業税)	2,054,000	(仮払法人税等)	720,000
		(未払法人税等)	1,334,000 *

＊　2,054,000円－720,000円＝1,334,000円

⑻ 繰延税金資産と繰延税金負債の相殺

繰延税金資産と繰延税金負債を相殺して純額を貸借対照表に表示します。

(繰延税金負債)	187,500	(繰延税金資産)	187,500 *

＊ 繰延税金資産の残高（相殺前）：

25,000円（前T/B）－25,000円（上記⑹①ii）＋75,000円（上記⑶②ii）＋112,500円（上記⑸②）＝187,500円

繰延税金負債：200,000円（上記⑹②）－187,500円＝12,500円

⑼ 繰越利益剰余金

貸借対照表の貸借差額から繰越利益剰余金を求めます。

繰越利益剰余金：51,189,800円（借方項目）－41,202,500円（繰越利益剰余金以外の貸方項目）＝9,987,300円

第4問のポイント　難易度 A　配点 28点　目標点 20点

(1)　工業簿記の仕訳問題です。全体的に簡単な仕訳となっています。なお、本社工場会計は、工場側の仕訳が問われています。工場側の仕訳で機械装置減価償却累計額を使用してしまわないように注意しましょう。

(2)　部門別個別原価計算の一連の手続きを問う問題です。製造間接費の部門別計算の流れを理解できているかが問われています。基本的な問題ですから、8割以上をねらいましょう。

解　答

(1)　　仕訳一組につき4点

(注) 実際の本試験では記号のみを解答してください。

	借方 記号	借方 金額	貸方 記号	貸方 金額
1	(エ) 賃金・給料	640,000	(キ) 現金	640,000
2	(オ) 製造間接費	300,000	(イ) 本社	300,000
3	(エ) A等級製品	660,000	(オ) 仕掛品	2,200,000
	(キ) B等級製品	1,540,000		

(2)　　●数字につき配点

月次予算部門別配賦表　(単位：円)

費目	合計	製造部門 組立部門	製造部門 切削部門	補助部門 修繕部門	補助部門 工場事務部門	補助部門 材料倉庫部門
部門費	4,320,000	1,310,000	1,220,000	450,000	440,000	900,000
修繕部門費		❹ 270,000	180,000			
工場事務部門費		❹ 220,000	220,000			
材料倉庫部門費		❹ 600,000	300,000			
製造部門費	4,320,000	❹ 2,400,000	1,920,000			

解　説

⑴　仕訳問題

1．賃金・給料の支払い

従業員の賃金・給料を支払ったときは、**賃金・給料勘定**の**借方**に記入します。なお、賃金・給料の支払いは現金で行っているため、**現金勘定**の**貸方**に記入します。

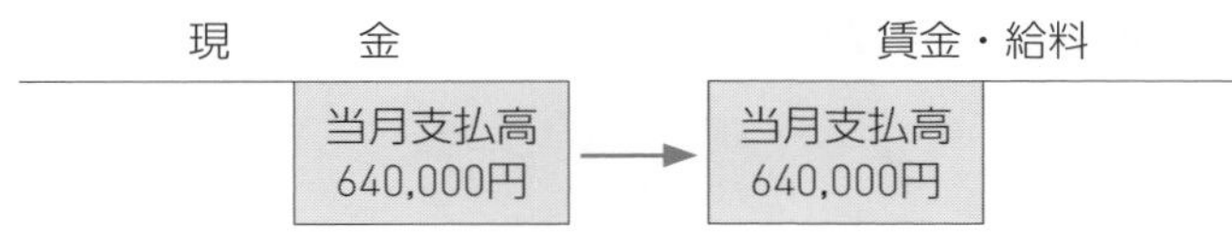

2．本社工場会計（減価償却）

機械装置減価償却費の年間見積額のうち、当月分を間接経費として**製造間接費勘定**の**借方**に計上します。なお、**機械装置減価償却累計額勘定**は、本社の勘定として設定されているため、本社側で記録します。したがって、本社側で機械装置減価償却累計額の増加とするとともに、相手勘定を**工場**として処理します。

本社	（工　　　　場）	300,000	（機械装置減価償却累計額）	300,000 ＊

工場の機械装置にかかる減価償却費なので、工場側では**製造間接費**の増加とするとともに、相手勘定を**本社**として処理します。

工場	（製 造 間 接 費）	300,000 ＊	（本　　　　社）	300,000

＊　当月の減価償却費：3,600,000円÷12か月＝300,000円

本　社　側

機械装置減価償却累計額

借方	貸方
	300,000円

工　場　側

製造間接費

借方	貸方
300,000円	

●工場側の仕訳において、使用できる勘定科目以外の勘定科目を使いたいときは、本社勘定で処理するというルールがあります。

3．等級別総合原価計算

等級製品が完成したときは、**仕掛品勘定**から**各等級製品勘定**の**借方**に振り替えます。なお、各等級製品の製造原価は、積数にもとづいて総合原価を各等級製品に按分します。

① 積数の算定

A等級製品の積数：200個×３＝600

B等級製品の積数：700個×２＝1,400

② 総合原価の按分

A等級製品：$2,200,000円\times\frac{600}{600+1,400}$＝660,000円

B等級製品：$2,200,000円\times\frac{1,400}{600+1,400}$＝1,540,000円

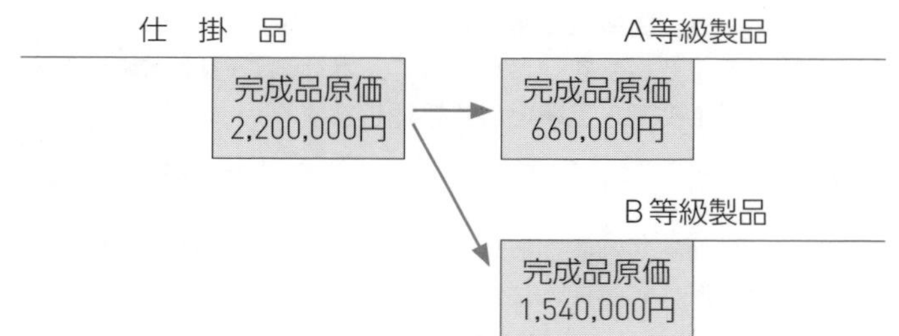

⑵ 部門別個別原価計算

予算データをもとに、補助部門費を直接配賦法により各製造部門へ配賦していきます。直接配賦法は、補助部門間の用役の授受を無視して配賦する方法です。

① 修繕部門費の配賦

修繕部門費を組立部門と切削部門へ、修繕時間を基準にして配賦します。

修繕部門費の予定配賦率：$\frac{450,000円(修繕部門費)}{75時間+50時間}$＝3,600円/時間

組立部門への配賦額：3,600円/時間×75時間＝270,000円

切削部門への配賦額：3,600円/時間×50時間＝180,000円

POINT

●補助部門費の配賦方法は直接配賦法なので、工場事務部門と材料倉庫部門への配賦は無視します。

月次予算部門別配賦表 (単位：円)

費目	合計	製造部門		補助部門		
		組立部門	切削部門	修繕部門	工場事務部門	材料倉庫部門
部門費	4,320,000	1,310,000	1,220,000	450,000	440,000	900,000
修繕部門費		270,000	180,000			

② 工場事務部門費の配賦

工場事務部門費を組立部門と切削部門へ従業員数を基準にして配賦します。

工場事務部門費の予定配賦率：$\frac{440{,}000\text{円}(\text{工場事務部門費})}{50\text{人}+50\text{人}}$＝4,400円/人

組立部門への配賦額：4,400円/人×50人＝220,000円

切削部門への配賦額：4,400円/人×50人＝220,000円

POINT
●補助部門費の配賦方法は直接配賦法なので、修繕部門と材料倉庫部門への配賦は無視します。

月次予算部門別配賦表 (単位：円)

費目	合計	製造部門		補助部門		
		組立部門	切削部門	修繕部門	工場事務部門	材料倉庫部門
部門費	4,320,000	1,310,000	1,220,000	450,000	440,000	900,000
修繕部門費		270,000	180,000			
工場事務部門費		220,000	220,000			

③ 材料倉庫部門費の配賦

材料倉庫部門費を組立部門と切削部門へ材料運搬回数を基準にして配賦します。

材料倉庫部門費の予定配賦率：$\frac{900{,}000\text{円}(\text{材料倉庫部門費})}{120\text{回}+60\text{回}}$＝5,000円/回

組立部門への配賦額：5,000円/回×120回＝600,000円

切削部門への配賦額：5,000円/回×60回＝300,000円

POINT
●補助部門費の配賦方法は直接配賦法なので、修繕部門への配賦は無視します。

月次予算部門別配賦表　(単位：円)

費目	合計	製造部門		補助部門		
		組立部門	切削部門	修繕部門	工場事務部門	材料倉庫部門
部門費	4,320,000	1,310,000	1,220,000	450,000	440,000	900,000
修繕部門費		270,000	180,000			
工場事務部門費		220,000	220,000			
材料倉庫部門費		600,000	300,000			
製造部門費	4,320,000	2,400,000	1,920,000			

組立部門費の予算額：1,310,000円＋270,000円＋220,000円＋600,000円
＝2,400,000円

切削部門費の予算額：1,220,000円＋180,000円＋220,000円＋300,000円
＝1,920,000円

第5問のポイント 難易度 A 配点 12点 目標点 10点

標準原価計算の問題です。標準原価計算の差異分析としては基本的な内容なので、高得点をねらいましょう。差異分析はボックス図やシュラッター図を描いて慎重に解くようにしましょう。

解答

●数字につき配点

問1 ❷ 2,400,000 円

問2

(1)	価格差異	92,600	円（(有利)・不利）❷
	数量差異	52,000	円（有利・(不利)）❷
(2)	予算差異	14,000	円（有利・(不利)）❷
	能率差異	30,000	円（有利・(不利)）❷
	操業度差異	22,000	円（(有利)・不利）❷

解　説

1．予算生産量にもとづく製品Xの標準原価（予算原価）…問1

製品Xの原価標準に予算生産量をかけて予算生産量にもとづく標準原価（予算原価）を計算します。

予算生産量（製品X）の標準原価：1,200円/個（原価標準）×2,000個（予算生産量）＝**2,400,000円**

2．製品Yの原価差異の計算・分析…問2

(1) 原料費差異の分析

原料費差異を価格差異と数量差異に分析します。なお、標準消費量は、実際生産量に単位あたりの標準消費量をかけて求めます。

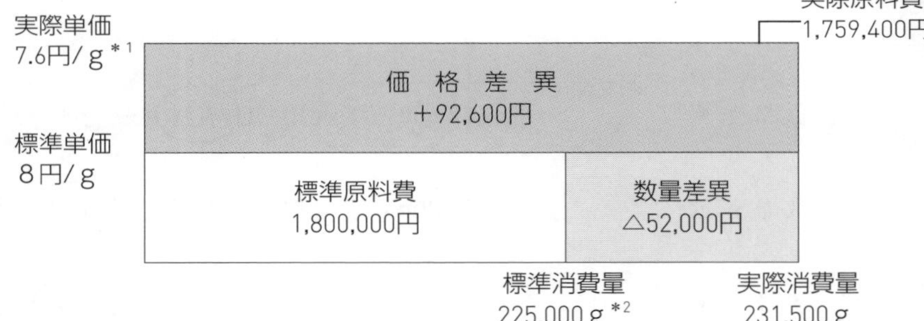

＊1　1,759,400円（実際原料費）÷231,500g（実際消費量）＝7.6円/g

＊2　1,500個（実際生産量）×150g（単位あたりの標準消費量）＝225,000g

価格差異：(8円/g－7.6円/g)×231,500g＝**＋92,600円（有利差異）**
数量差異：(225,000g－231,500g)×8円/g＝**△52,000円（不利差異）**

(2) 加工費差異の分析

加工費差異を予算差異、能率差異、操業度差異に分析します。なお、基準操業度は、固定加工費を固定費率で割って求めます。また、能率差異は変動費と固定費の両方からなるという指示より標準配賦率にもとづいて能率差異を算定します。

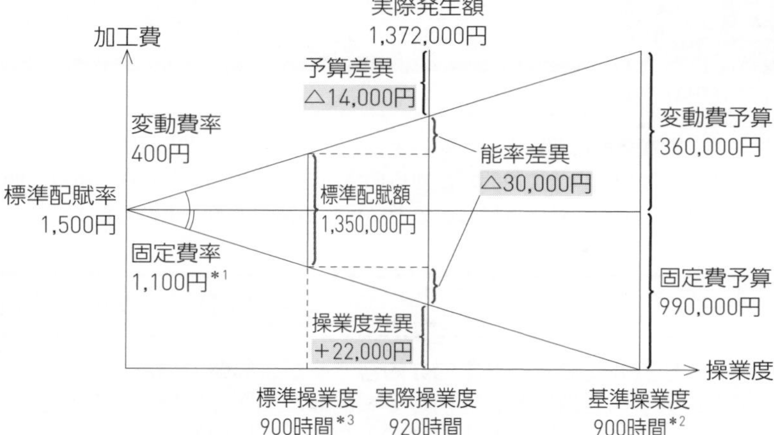

＊1　1,500円/時間（標準配賦率）－400円/時間（変動費率）＝1,100円/時間

＊2　990,000円（固定費予算）÷1,100円/時間（固定費率）＝900時間

＊3　1,500個（実際生産量）×0.6時間（単位あたりの標準直接作業時間）＝900時間

予算差異：(400円/時間×920時間＋990,000円)（予算許容額）－1,372,000円（実際発生額）＝△14,000円(不利)

能率差異：1,500円/時間（標準配賦率）×(900時間（標準操業度）－920時間（実際操業度）)＝△30,000円（不利）

操業度差異：1,100円/時間（固定費率）×(920時間（実際操業度）－900時間（基準操業度）)＝＋22,000円（有利）

POINT

●有利差異と不利差異の解答方法に注意しましょう。本問では、該当する方を丸で囲む形式でしたが、不要な方を二重線で消す形式のときもあります。

LECTURE

製造間接費の差異分析

製造間接費差異(総差異)＝標準製造間接費－実際発生額

・予算差異＝予算許容額－実際発生額

※　予算許容額：変動費率×実際操業度＋固定費予算

・能率差異＝標準配賦率×(標準操業度－実際操業度)

・操業度差異＝固定費率×(実際操業度－基準操業度)

第5回 予想問題 解答・解説

解き方

基本的には、第１問から順に解いていきましょう。ただし、第２問の有価証券に関する一連の取引や第３問は想定以上に時間がかかる場合があります。その時は、解答時間を意識して、さきに工業簿記から解きはじめるといった対策をとるとよいでしょう。

第1問のポイント

難易度 A　配点 20点　目標点 16点

仕訳問題です。基本的な内容ですが、問題の指示が多く、注意すべき指示と、無視してもさほど問題ない指示が混在しています。問題文を丁寧に読みつつ、処理内容を的確に判断しましょう。

解答

仕訳一組につき４点

（注）実際の本試験では記号のみを解答してください。

	借方		貸方	
	記号	金額	記号	金額
1	（エ）研究開発費	870,000	（オ）当座預金 （ウ）普通預金	570,000 300,000
2	（キ）貸倒引当金 （オ）貸倒損失	320,000 280,000	（ア）売掛金	600,000
3	（イ）備品 （カ）固定資産圧縮損	3,600,000 1,800,000	（ア）当座預金 （イ）備品	3,600,000 1,800,000
4	（キ）買掛金	800,000	（オ）電子記録債権	800,000
5	（エ）別途積立金 （ウ）繰越利益剰余金	18,000,000 21,000,000	（ウ）繰越利益剰余金 （イ）未払配当金 （オ）利益準備金	18,000,000 20,000,000 1,000,000

別解 ３は次の仕訳でもよい。

借方記号	金額	貸方記号	金額
（イ）備品 （カ）固定資産圧縮損	1,800,000 1,800,000	（ア）当座預金	3,600,000

５は次の仕訳でもよい。

借方記号	金額	貸方記号	金額
（エ）別途積立金 （ウ）繰越利益剰余金	18,000,000 3,000,000	（イ）未払配当金 （オ）利益準備金	20,000,000 1,000,000

解　説

1．研究開発費

研究や開発に関する費用は、すべて**研究開発費勘定（費用）**として処理します。備品の取得であっても備品勘定（資産）の増加としては処理しません。

研究開発費：500,000円＋70,000円＋300,000円＝870,000円

POINT

●研究開発に従事している従業員の給料や特定の研究開発にのみ使用する目的で購入した固定資産に対する支出のように、研究開発目的のみにかかった支出はすべて研究開発費（費用）として処理します。給料勘定や備品勘定ではない点に注意しましょう。

2．貸倒れ

売掛金が貸し倒れたときは、**売掛金勘定（資産）の減少**とするとともに、相手勘定を以下のように処理します。

⑴　前期以前に発生した売掛金

前期以前に発生した売掛金の貸倒れは、前期末に計上した貸倒引当金勘定を取り崩します。なお、残高が不足する場合には超過額を**貸倒損失勘定（費用）**として処理します。

借方科目	金額	貸方科目	金額
(貸倒引当金)	320,000	(売　掛　金)	400,000
(貸　倒　損　失)	80,000 *		

＊　400,000円－320,000円＝80,000円

⑵　当期に発生した売掛金

当期に発生した売掛金の貸倒れは、全額**貸倒損失勘定（費用）**として処理します。

借方科目	金額	貸方科目	金額
(貸　倒　損　失)	200,000	(売　掛　金)	200,000

POINT

●問題文の「設定金額は適切と認められる」は、貸倒引当金の設定額に問題はなく、過年度の処理の修正は必要ないことを強調しています（つまり、通常どおり処理すれば良いということです）。

3．備品の取得と圧縮記帳

⑴ 国庫補助金を受け取ったとき（処理済み）

国庫補助金を受け取ったときは、**国庫補助金受贈益勘定（収益）の増加**として処理します。

（現金預金）	1,800,000	（国庫補助金受贈益）	1,800,000

⑵ 備品の購入

（備品）	3,600,000 *	（当座預金）	3,600,000

＊ @144,000円×25台＝3,600,000円

⑶ 圧縮記帳

圧縮記帳（直接減額方式）をしたときは、対象の固定資産（本問では備品）の帳簿価額を直接減額するため、圧縮額分だけ**備品勘定（資産）の減少**として処理します。また、借方は**固定資産圧縮損勘定（費用）**として処理します。

（固定資産圧縮損）	1,800,000	（備品）	1,800,000

4．電子記録債権

電子記録債権を譲渡して買掛金の支払いに充てているので**、電子記録債権勘定（資産）の減少**とするとともに、**買掛金勘定（負債）を減少**させます。

5．剰余金の配当と処分

⑴ 別途積立金の繰越利益剰余金への振り替え

別途積立金を取り崩したときは、**別途積立金勘定（純資産）の減少**として処理します。また、繰越利益剰余金へ振り替えているため、**繰越利益剰余金勘定（純資産）の増加**として処理します。

（別途積立金）	18,000,000	（繰越利益剰余金）	18,000,000

(2) 剰余金の配当

繰越利益剰余金から配当したときは、**繰越利益剰余金勘定（純資産）の減少**として処理します。また、繰越利益剰余金から配当した場合、利益準備金を積み立てる必要があります。利益準備金の積立額は、配当金の10分の１と資本金の４分の１から配当時の資本準備金と利益準備金を差し引いた金額のうちいずれか**低い方**を積み立てます。

(繰越利益剰余金)	21,000,000	(未払配当金)	20,000,000 *1
		(利益準備金)	1,000,000 *2

＊1　株主配当金：@100円×200,000株＝20,000,000円

＊2　①　積立可能額

$$\underbrace{200{,}000{,}000円}_{資本金}\times\frac{1}{4}-(\underbrace{40{,}000{,}000円}_{資本準備金}+\underbrace{9{,}000{,}000円}_{利益準備金})=1{,}000{,}000円$$

②　積立限度額

$$\underbrace{20{,}000{,}000円}_{株主配当金}\times\frac{1}{10}=2{,}000{,}000円$$

③　利益準備金の積立額

①<②　∴1,000,000円

第2問のポイント　難易度 A　配点 20点　目標点 16点

有価証券に関する総合問題です。有価証券利息についても勘定記入が求められている点に注意しながら、一つ一つの取引を丁寧に仕訳しましょう。

解答

●数字につき配点

問1

（注）実際の本試験では記号のみを解答してください。

売買目的有価証券

配点	日付			摘要	借方	日付			摘要	貸方	配点
❷	29	2	1	(ア)当座預金	294,000	29	10	1	(ア)当座預金	98,000	
❷		12	31	有価証券評価益	1,600		12	31	(ク)次期繰越	197,600	❷
					295,600					295,600	

満期保有目的債券

配点	日付			摘要	借方	日付			摘要	貸方	配点
❷	29	4	1	(ア)当座預金	591,000	29	12	31	(ク)次期繰越	592,350	❷
❷		12	31	(オ)有価証券利息	1,350						
					592,350					592,350	

有価証券利息

配点	日付			摘要	借方	日付			摘要	貸方	配点
	29	2	1	(ア)当座預金	100	29	6	30	(ア)当座預金	600	
❷		12	31	(カ)損益	5,050		10	1	(ア)当座預金	100	❷
							12	31	当座預金	400	
								〃	未収有価証券利息	2,700	❷
								〃	(ウ)満期保有目的債券	1,350	
					5,150					5,150	

問2

有価証券売却（　益　）	¥　600 ❷

解　説

×29年度における有価証券の取引を以下のように、日付順に仕訳し、売買目的有価証券勘定、満期保有目的債券勘定および有価証券利息勘定に転記していきます。

1．2月1日：売買目的有価証券（国債）の取得

借方	金額	貸方	金額
(売買目的有価証券)	294,000	(当　座　預　金)	294,100
(有 価 証 券 利 息)	100		

$$取得原価：300,000円\times\frac{@98.00円}{@100円}=294,000円$$

$$有価証券利息（端数利息）：300,000円\times年0.4\%\times\frac{1か月}{12か月}=100円$$

●有価証券利息は収益なので、通常は貸方に記入しますが、端数利息を支払ったときは借方に計上します。

2．4月1日：満期保有目的債券（社債）の取得

借方	金額	貸方	金額
(満期保有目的債券)	591,000	(当　座　預　金)	591,000

$$取得原価：600,000円\times\frac{@98.50円}{@100円}=591,000円$$

3．6月30日：売買目的有価証券（国債）の利払日

借方	金額	貸方	金額
(当　座　預　金)	600	(有 価 証 券 利 息)	600

$$有価証券利息：300,000円\times年0.4\%\times\frac{6か月}{12か月}=600円$$

4．10月1日：売買目的有価証券（国債）の一部売却

借方	金額	貸方	金額
(当　座　預　金)	98,700	(売買目的有価証券)	98,000
		(有価証券売却益)	600
		(有 価 証 券 利 息)	100

$$帳簿価額：100,000円\times\frac{@98.00円}{@100円}=98,000円$$

$$\text{有価証券売却損(益)：}100,000\text{円}\times\frac{@98.60\text{円}-@98.00\text{円}}{@100\text{円}}$$

$$=+600\text{円(売却益)}$$ **【問２の解答】**

$$\text{有価証券利息(端数利息)：}100,000\text{円}\times\text{年}0.4\%\times\frac{3\text{か月}}{12\text{か月}}=100\text{円}$$

ここで、保有する売買目的有価証券（国債）の額面総額が**200,000円**（＝300,000円－売却分100,000円）になっていることに注意してください。

5．12月31日：売買目的有価証券（国債）の利払日

(当座預金)	400	(有価証券利息)	400

$$\text{有価証券利息：}200,000\text{円}\times\text{年}0.4\%\times\frac{6\text{か月}}{12\text{か月}}=400\text{円}$$

6．12月31日：決算整理

⑴　売買目的有価証券（国債）

時価へ評価替えします。

(売買目的有価証券)	1,600	(有価証券評価益)	1,600

$$\text{有価証券評価損(益)：}200,000\text{円}\times\frac{@98.80\text{円}-@98.00\text{円}}{@100\text{円}}$$

$$=+1,600\text{円（評価益）}$$

⑵　満期保有目的債券（社債）

①　未収有価証券利息の計上

利払日≠決算日の場合、当期に経過した未収分（４月１日～12月31日）の有価証券利息を計上します。

(未収有価証券利息)	2,700	(有価証券利息)	2,700

$$\text{未収有価証券利息：}600,000\text{円}\times\text{年}0.6\%\times\frac{9\text{か月}}{12\text{か月}}=2,700\text{円}$$

②　償却原価法（定額法）

当期に経過した分（４月１日～12月31日）について償却原価法を適用します。

(満期保有目的債券)	1,350	(有価証券利息)	1,350

$$\text{償却原価法（定額法）：}600,000\text{円}\times\frac{@100\text{円}-@98.50\text{円}}{@100\text{円}}\times\frac{9\text{か月}}{60\text{か月}^{*}}$$

$$=1,350\text{円}$$

＊　x29年４月１日～x34年３月31日

POINT

●調整額は金利相当のため、相手科目は有価証券利息となります。
問題を解くにあたっては、月数を誤らないよう下書きを工夫しましょう。

LECTURE

償却原価法（定額法）

当期における満期保有目的債券の帳簿価額の調整額

$$=（額面金額-取得価額）\times \frac{当期の経過月数}{取得日から満期日までの月数}$$

7．12月31日：決算振替と帳簿の締め切り

有価証券利息勘定の残高を損益勘定へ振り替えた後、有価証券利息勘定を締め切ります。

（有 価 証 券 利 息）	5,050	（損　　益）	5,050

有価証券利息勘定の残高：△100円（2/1）＋600円（6/30）＋100円（10/1）＋400円（12/31）＋2,700円（決算整理）＋1,350円（決算整理）＝**5,050円**

売買目的有価証券勘定と満期保有目的債券勘定は、摘要欄に「次期繰越」と記入（繰越記入）をし、締め切ります。

売買目的有価証券勘定の次期繰越額：294,000円（2/1）－98,000円（10/1）＋1,600円（決算整理）＝**197,600円**

満期保有目的債券勘定の次期繰越額：591,000円（4/1）＋1,350円（決算整理）＝**592,350円**

LECTURE 有価証券の期末評価

有価証券の区分	期末における評価
売買目的有価証券	時価評価
満期保有目的債券	時価による評価替えなし ただし、額面金額と取得価額の差額が金利の調整と認められるときには償却原価法による評価
子会社株式・関連会社株式	時価評価による評価替えなし
その他有価証券	時価評価

第3問のポイント

難易度 B　配点 20点　目標点 14点

損益計算書の作成問題です。まず、未処理事項を処理してから、決算整理仕訳を行いましょう。損益項目だけに着目して解答するのが速く解くコツです。問題文をよく読み着実に点数を積み重ねていきましょう。

解答

●数字につき配点

損益計算書
自×7年4月1日　至×8年3月31日

(単位：円)

Ⅰ 売上高		(2,704,000)
Ⅱ 売上原価		
1 商品期首棚卸高	(268,800)	
2 当期商品仕入高	(1,476,000)	
合計	(1,744,800)	
3 商品期末棚卸高	(470,400)	
差引	(1,274,400)	
4 棚卸減耗損	(8,000)	
5 (**商品評価損**)	(23,200)	(1,305,600) ❷
売上総利益		(1,398,400)
Ⅲ 販売費及び一般管理費		
1 給料	(568,000)	
2 退職給付費用	(51,200) ❷	
3 貸倒引当金繰入	(69,800) ❷	
4 減価償却費	(118,200) ❷	
5 保険料	(36,000) ❷	
6 雑費	(7,200)	(850,400)
営業利益		(548,000)
Ⅳ 営業外収益		
1 受取家賃	(115,200)	
2 受取利息	(6,000)	
3 有価証券評価益	(14,400)	
4 受取配当金	(6,400)	(142,000)
Ⅴ 営業外費用		
1 支払利息	(6,400) ❷	
2 貸倒引当金繰入	(12,000)	
3 為替差損	(800) ❷	
4 棚卸減耗損	(3,200) ❷	(22,400)
経常利益		(667,600)
Ⅵ 特別損失		
1 固定資産売却損		(5,200)
税引前当期純利益		(662,400)
法人税、住民税及び事業税	(272,040)	
法人税等調整額	(△ 7,080)	(264,960) ❷
当期純利益		(397,440) ❷

解　説

決算整理事項等の仕訳は以下のようになります。

1．為替予約（振当処理、取引発生後）

取引発生後に為替予約を付したときは、為替予約の設定対象である外貨建債権債務を為替予約時の先物為替相場で換算替えします。これにともなう換算差額はすべて為替差損益とします。

(為替差損益)	800 *	(買掛金)	800

＊　(101円－100円)×800ドル＝800円（買掛金の増加）
　　101円：為替予約時の先物為替相場　100円：取引時の直物為替相場

2．貸倒引当金

⑴　売上債権

(貸倒引当金繰入)	69,800 *	(貸倒引当金)	69,800

＊　一括評価設定額：(374,800円＋555,200円－160,000円)×２％＝15,400円
　　374,800円：前T/B受取手形　555,200円：前T/B売掛金　160,000円：個別評価分

　　個別評価設定額：160,000円×40%　＝64,000円
　　設定額合計：　79,400円
　　貸倒引当金残高：　9,600円
　　貸倒引当金繰入（販売費及び一般管理費）：　69,800円

⑵　営業外債権（貸付金）

(貸倒引当金繰入)	12,000 *	(貸倒引当金)	12,000

＊　貸倒引当金繰入（営業外費用）：400,000円×３％＝12,000円

POINT

●損益計算書上、売上債権に関する貸倒引当金繰入は「販売費及び一般管理費」に、貸付金などの営業外債権に関する貸倒引当金繰入は「営業外費用」に計上します。

3．売上原価の計算と期末商品の評価

(仕　　　　入)	268,800		(繰　越　商　品)	268,800
(繰　越　商　品)	470,400	*1	(仕　　　　入)	470,400
(棚 卸 減 耗 損)	11,200	*2	(繰　越　商　品)	11,200
(商 品 評 価 損)	23,200	*3	(繰　越　商　品)	23,200
(仕　　　　入)	8,000		(棚 卸 減 耗 損)	8,000
(仕　　　　入)	23,200		(商 品 評 価 損)	23,200

＊1　期末商品帳簿棚卸高：240,000円＋230,400円＝470,400円

＊2　棚卸減耗損：8,000円（売上原価）＋3,200円（営業外費用）＝11,200円

＊3　商品評価損：23,200円（商品Ｙは正味売却価額@672円＞原価@640円のため、商品評価損の計上はありません）

〈商品Ｘ〉

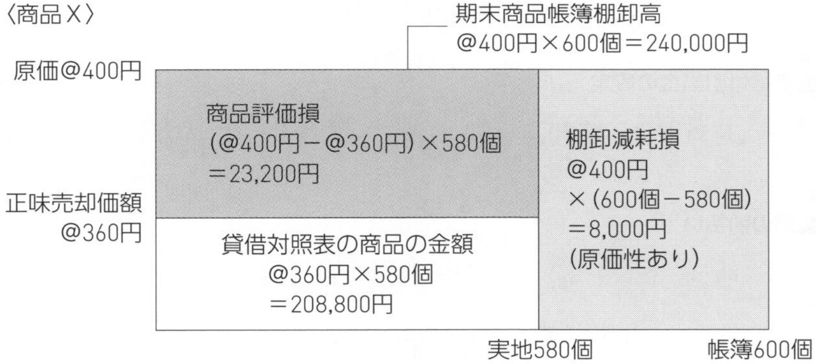

期末商品帳簿棚卸高
@400円×600個＝240,000円

原価@400円

商品評価損
(@400円－@360円)×580個
＝23,200円

正味売却価額
@360円

貸借対照表の商品の金額
@360円×580個
＝208,800円

棚卸減耗損
@400円
×(600個－580個)
＝8,000円
(原価性あり)

実地580個　帳簿600個

〈商品Ｙ〉

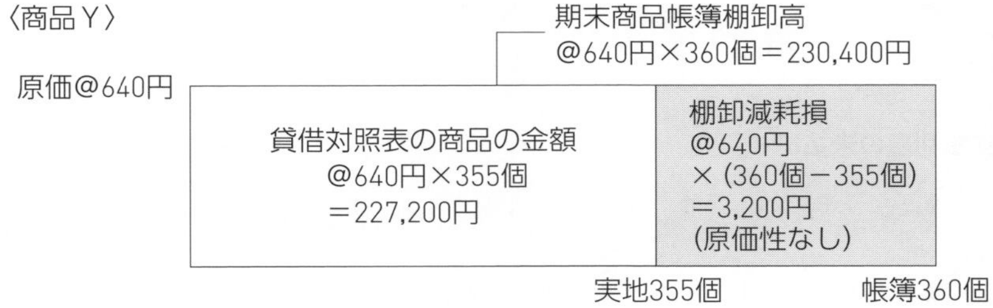

期末商品帳簿棚卸高
@640円×360個＝230,400円

原価@640円

貸借対照表の商品の金額
@640円×355個
＝227,200円

棚卸減耗損
@640円
×(360個－355個)
＝3,200円
(原価性なし)

実地355個　帳簿360個

POINT

●原価性のある商品Ｘの棚卸減耗損は売上原価の内訳科目とし、原価性のない商品Ｙの棚卸減耗損は営業外費用とします。

4．売買目的有価証券の期末評価

(売買目的有価証券)	14,400	(有価証券評価損益)	14,400 *

＊　220,000円（時価）－205,600円（前T/B）＝14,400円

5．減価償却

(減価償却費)	118,200	(建物減価償却累計額)	43,200 *1
		(備品減価償却累計額)	75,000 *2

＊1　1,440,000円×0.9÷30年＝43,200円

＊2　200％定率法（耐用年数８年）の償却率：１÷８年×200％＝0.25

(400,000円－100,000円)×0.25＝75,000円

減価償却費：43,200円＋75,000円＝118,200円

6．退職給付引当金の設定

(退職給付費用)	51,200	(退職給付引当金)	51,200

7．費用の前払い

(前払保険料)	24,000 *	(保険料)	24,000

＊　$60,000円\times\frac{8か月}{20か月}=24,000円$

保険料：60,000円（前T/B）－24,000円＝36,000円

8．支払利息の未払い

(支払利息)	6,400 *	(未払利息)	6,400

＊　$320,000円\times 3\%\times\frac{8か月}{12か月}=6,400円$

9．法人税、住民税及び事業税の計上

借方	金額	貸方	金額
(法人税、住民税及び事業税)	272,040 *1	(仮払法人税等)	105,600
		(未払法人税等)	166,440 *2

＊1　680,100円×40％＝272,040円

＊2　貸借差額

10．税効果会計

将来減算一時差異の増加分17,700円（＝197,700円－180,000円）に法定実効税率を掛けた金額だけ繰延税金資産を追加計上します。なお、相手勘定は法人税等調整額とします。

借方	金額	貸方	金額
(繰延税金資産)	7,080 *	(法人税等調整額)	7,080

＊　(197,700円－180,000円)×40％＝7,080円

第4問のポイント 難易度 A 配点 28点 目標点 22点

(1) 工業簿記の仕訳問題です。全体的に簡単な仕訳となっています。なお、シングル・プランの場合、仕掛品勘定への直接労務費の振替額は、標準原価となる点に注意しましょう。

(2) 組別総合原価計算の問題です。組別総合原価計算表の作成だけではなく、月次損益計算書の作成も問われています。資料の数量データがわかりにくいため、これを整理して計算する必要があります。

解答

(1) 仕訳一組につき4点

(注) 実際の本試験では記号のみを解答してください。

	借方 記号	借方 金額	貸方 記号	貸方 金額
1	(ウ) 材料	3,150,000	(イ) 買掛金 (ア) 当座預金	3,075,000 75,000
2	(キ) 原価差異	75,000	(オ) 第1製造部門費	75,000
3	(キ) 仕掛品	15,390,000	(エ) 賃金・給料	15,390,000

(2) ●数字につき配点

組別総合原価計算表 (単位：円)

	A製品		B製品	
	直接材料費	加工費	直接材料費	加工費
月初仕掛品原価	—	—	—	—
当月製造費用	1,404,000	❷ 780,000	1,085,000	❷ 532,800
合計	1,404,000	780,000	1,085,000	532,800
月末仕掛品原価	—	—	❷ 70,000	❷ 10,800
完成品総合原価	1,404,000	780,000	❷ 1,015,000	❷ 522,000

月次損益計算書(一部)　　(単位：円)

売上高		(10,400,000)
売上原価		
月初製品棚卸高	(332,000)	
当月製品製造原価	(3,721,000)	
小計	(4,053,000)	
月末製品棚卸高	(❷ 285,000)	(3,768,000)
売上総利益		(❷ 6,632,000)

解　説

(1) 仕訳問題

1．材料の購入

材料を購入した場合は、購入原価により記録します。なお、材料の購入原価には、購入代価（材料主費）の他に付随費用（材料副費）が含まれます。

購入原価：購入代価3,075,000円（@246円×12,500kg）＋付随費用75,000円
＝3,150,000円

POINT

●購入原価は、購入代価に付随費用を加えた金額となります。

2．部門別個別原価計算・原価差異の計上

第１製造部門費の予定配賦額に比べて第１製造部門費の実際発生額の方が多いため、原価差異は借方差異（不利差異）となります。したがって、**第１製造部門費勘定**から**原価差異勘定**の借方に振り替えます。

原価差異：第１製造部門費の予定配賦額250,000円* －第１製造部門費の実際発生額325,000円＝△75,000円（借方差異・不利差異）

＊　@500円×（300時間＋200時間）＝250,000円
　　　　　　　#001　　　#002

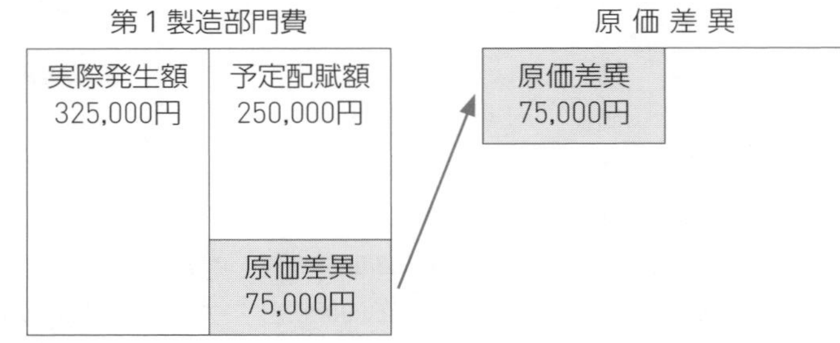

POINT
●借方差異（不利差異）の場合と、貸方差異（有利差異）の場合で、それぞれ仕訳科目の貸借に注意しましょう。

3．直接労務費の消費額

シングル・プランを採用している場合、各原価要素の勘定から**仕掛品勘定**への振替額は、標準原価となります。なお、直接労務費の当月投入量は加工換算量を考慮した数量となります。

当月投入量（加工換算量）：1,000個＋400個×60％－200個×50％＝1,140個
直接労務費の当月消費額：@13,500円×1,140個＝15,390,000円

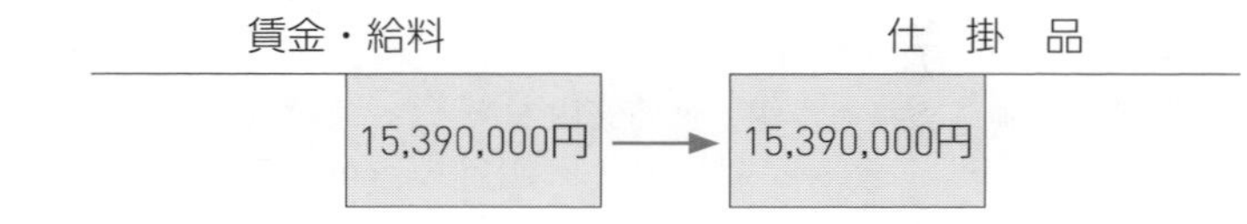

POINT
●シングル・プランを採用している場合、各原価要素の勘定は、標準原価で記入されていることに注意しましょう。

⑵ 組別総合原価計算

組別計算を行っているので、まず加工費を各組に実際配賦してから製品別（組別）に計算します。

1．加工費の配賦

① 実際配賦率の算定

当月の加工費を当月の機械稼働時間の合計で割って、実際配賦率を算定します。

実際配賦率：1,312,800円÷(16,250時間＋11,100時間)＝@48円

② 各製品への配賦

問題文の指示より、機械稼働時間を配賦基準として、各組に加工費を配賦します。

Ａ製品：@48円×16,250時間＝780,000円

Ｂ製品：@48円×11,100時間＝532,800円

2．Ａ製品の計算

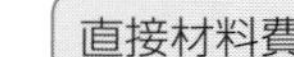

Ａ仕掛品

当月投入 52,000本 1,404,000円 →	完成品 52,000本 1,404,000円

完成品原価（直接材料費）：1,404,000円

加工費

Ａ仕掛品

当月投入 52,000本 780,000円 →	完成品 52,000本 780,000円

完成品原価（加工費）：780,000円

Ａ製品完成品総合原価：1,404,000円＋780,000円＝2,184,000円

組別総合原価計算表　（単位：円）

	Ａ 製 品		Ｂ 製 品	
	直接材料費	加 工 費	直接材料費	加 工 費
月初仕掛品原価	－	－	－	－
当月製造費用	1,404,000	**780,000**	1,085,000	
合 計	1,404,000	**780,000**	1,085,000	
月末仕掛品原価	－	－		
完成品総合原価	1,404,000	**780,000**		

●A製品については、月初仕掛品と月末仕掛品が存在しないため、当月投入額がそのまま完成品原価となります。

3．B製品の計算

直接材料費

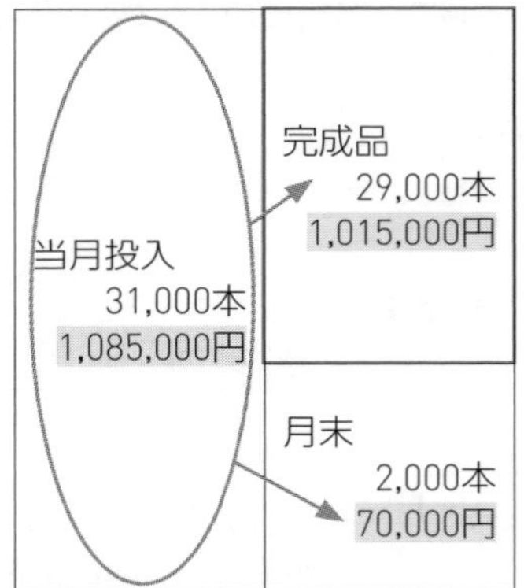

月末仕掛品原価（直接材料費）：

$$\frac{1,085,000円}{31,000本} \times 2,000本$$

＝70,000円

完成品原価（直接材料費）：
1,085,000円－70,000円
＝1,015,000円

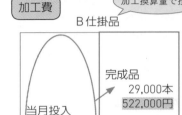

加工費　　加工換算量で按分

B仕掛品

当月投入
29,600本
532,800円

完成品
29,000本
522,000円

月末
2,000本×30%
＝600本
10,800円

月末仕掛品原価（加工費）：

$$\frac{532,800円}{29,600本} \times 600本$$

＝10,800円

完成品原価（加工費）：
532,800円－10,800円
＝522,000円

B製品完成品総合原価：1,015,000円＋522,000円＝1,537,000円
B製品月末仕掛品原価：70,000円＋10,800円＝80,800円

POINT

●「原価投入額を完成品と月末仕掛品に配分する方法」の指定はありませんが、B製品については月初仕掛品が存在しないため、当月投入額を数量（加工換算量）で完成品と月末仕掛品に按分します。

組別総合原価計算表　　　　　　　　(単位：円)

	A 製 品		B 製 品	
	直接材料費	加 工 費	直接材料費	加 工 費
月初仕掛品原価	―	―	―	―
当月製造費用	1,404,000	**780,000**	1,085,000	**532,800**
合 計	1,404,000	**780,000**	1,085,000	**532,800**
月末仕掛品原価	―	―	**70,000**	**10,800**
完成品総合原価	1,404,000	**780,000**	**1,015,000**	**522,000**

4．月次損益計算書の作成

① 売上高の算定

A製品とB製品の売上高を合算して月次損益計算書に記入します。

A製品売上高：@120円×54,000本＝6,480,000円

B製品売上高：@140円×28,000本＝3,920,000円

月次損益計算書・売上高：6,480,000円＋3,920,000円＝10,400,000円

② 月初製品棚卸高の算定

A製品とB製品の月初製品原価を合算して月次損益計算書に記入します。

A製品月初製品原価：220,000円

B製品月初製品原価：112,000円

月次損益計算書・月初製品棚卸高：220,000円＋112,000円＝332,000円

③ 当月製品製造原価の算定

A製品とB製品の完成品総合原価を合算して月次損益計算書に記入します。

A製品完成品総合原価：2,184,000円

B製品完成品総合原価：1,537,000円

月次損益計算書・当月製品製造原価：2,184,000円＋1,537,000円＝3,721,000円

④ 月末製品棚卸高（先入先出法）

A製品とB製品の月末製品原価を計算し、合算して月次損益計算書に記入します。

A製品

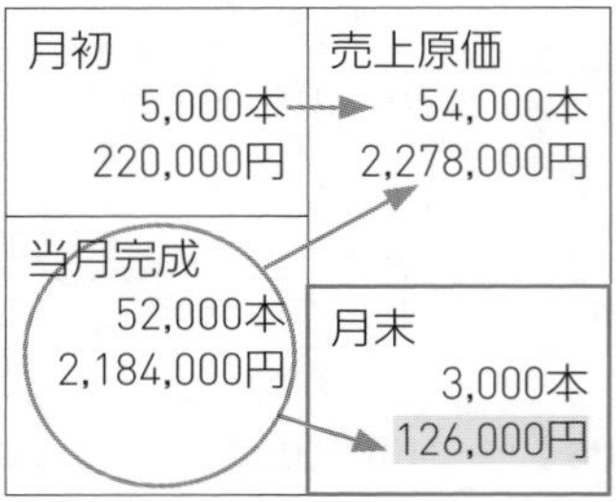

月初 5,000本 220,000円	売上原価 54,000本 2,278,000円
当月完成 52,000本 2,184,000円	月末 3,000本 126,000円

B製品

月初 2,000本 112,000円	売上原価 28,000本 1,490,000円
当月完成 29,000本 1,537,000円	月末 3,000本 159,000円

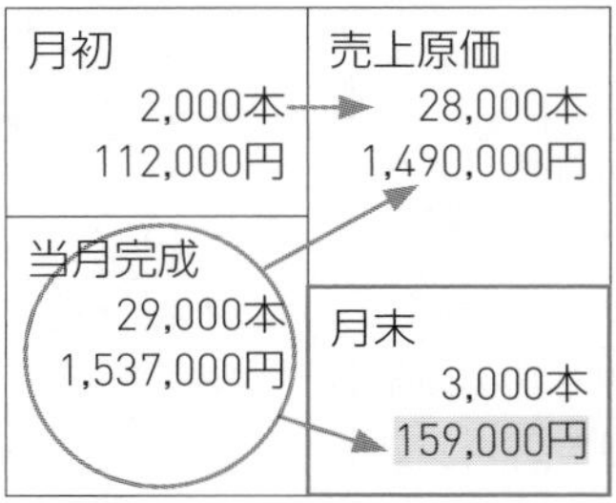

A製品月末製品原価：$2,184,000円\times\frac{3,000本}{52,000本}=126,000円$

B製品月末製品原価：$1,537,000円\times\frac{3,000本}{29,000本}=159,000円$

月次損益計算書・月末製品棚卸高：126,000円＋159,000円＝285,000円

POINT

●月末仕掛品原価と月末製品棚卸高を間違えないように注意しましょう。

月次損益計算書・売上原価：332,000円＋3,721,000円－285,000円
＝3,768,000円

月次損益計算書・売上総利益：10,400,000円－3,768,000円＝6,632,000円

第5問のポイント

難易度 A　配点 12点　目標点 10点

直接原価計算の損益計算書を作成し、CVP分析まで行う問題です。変動費と固定費に分解された総原価を、全部原価計算と直接原価計算の違いに気をつけて集計できるかが"カギ"になります。このような問題では、一つの計算ミスが大きな失点につながるので注意してください。

解　答

●数字につき配点

問1

直接原価計算による損益計算書　(単位：円)

売　上　高	(1,120,000)
変動売上原価	(644,000)
変動製造マージン	(❷ 476,000)
変動販売費	(84,000)
貢献利益	(❷ 392,000)
製造固定費	(❷ 168,000)
固定販売費および一般管理費	(119,000)
営業利益	(❷ 105,000)

問2　当期の損益分岐点の売上高＝ ❷ 820,000 円

問3　営業利益140,000円を達成するための売上高＝ ❷ 1,220,000 円

解説

1．直接原価計算による損益計算書

直接原価計算とは製品の原価を変動費（変動製造原価）だけで計算する方法です。したがって、製品原価を計算するときは、変動費だけで計算します。

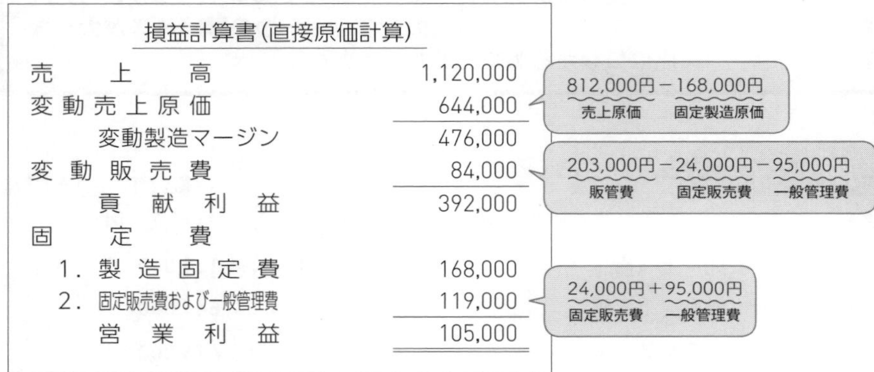

損益計算書（直接原価計算）

売上高	1,120,000
変動売上原価	644,000
変動製造マージン	476,000
変動販売費	84,000
貢献利益	392,000
固定費	
1．製造固定費	168,000
2．固定販売費および一般管理費	119,000
営業利益	105,000

2．ＣＶＰ分析

ＣＶＰ分析では総原価（製造原価および販売費・一般管理費）を分析の対象とすることから、製造原価および販売費・一般管理費は合算して変動費と固定費とに分けます。

(1)　損益分岐点売上高

損益分岐点における売上高をＳ円とおいて直接原価計算による損益計算書を作成し、損益分岐点（営業利益が０となる点）の売上高を求めます。

POINT

●ここでは販売単価が与えられているため、「販売数量をＸ個とおいて計算する方法」でも計算できます。

損益計算書（直接原価計算）

Ⅰ 売上高	S
Ⅱ 変動費	0.65 S
貢献利益	0.35 S
Ⅲ 固定費	287,000
営業利益	0.35 S －287,000

（644,000円（変動売上原価）＋84,000円（変動販売費））÷1,120,000円（売上高）

168,000円（固定製造原価）＋119,000円（固定販管費）

0.35 S －287,000＝0
0.35 S ＝287,000
S ＝287,000÷0.35
∴　S ＝820,000円

⑵　目標営業利益達成売上高

⑴で作成した損益計算書をもとにして、営業利益を140,000円にするために必要な売上高を算定します。

0.35 S －287,000＝140,000
0.35 S ＝140,000＋287,000
0.35 S ＝427,000
S ＝427,000÷0.35
∴　S ＝1,220,000円

LECTURE

固変分解

直接原価計算やCVP分析の問題では、変動費と固定費をわけて考えることが重要です。それぞれの数値が本問と違い与えられていない場合には、高低点法などを用いて自分で求める必要があります。忘れている人はしっかりと復習しておきましょう。

第6回 予想問題 解答・解説

解き方

第1問の仕訳問題の各問いは、問題文をしっかり読み込む必要がある、やや難しい問題です。ただし、そのほかの大問に関しては、やさしい問題か標準的な問題です。そのため、第1問でわからない仕訳は後回しにして第2問、第3問、第4問、第5問を解いて点数を稼ぐようにしましょう。

第1問のポイント

難易度 B　配点 20点　目標点 12点

仕訳問題です。問題文の指示が複雑で、しっかり読み込まなければならない問題が多く出題されています。問題文を丁寧に読みつつ、処理内容を的確に判断しましょう。第1問については、5問中2、3問正解できれば十分です。

解答

仕訳一組につき4点

（注）実際の本試験では記号のみを解答してください。

	借方		貸方	
	記号	金額	記号	金額
1	（ウ）リース債務	1,440,000	（キ）普通預金	1,440,000
	（オ）リース資産減価償却累計額	2,160,000	（ア）リース資産	3,600,000
	（ク）固定資産除却損	1,440,000		
2	（ア）長期前払費用	2,700,000	（オ）普通預金	2,700,000
	（イ）広告宣伝費	75,000	（ア）長期前払費用	75,000
3	（オ）退職給付引当金	27,000,000	（ウ）当座預金	23,000,000
			（カ）預り金	4,000,000
4	（オ）売掛金	54,100,000	（エ）売上	54,100,000
5	（ア）ソフトウェア	25,000,000	（イ）ソフトウェア仮勘定	30,800,000
	（カ）固定資産除却損	5,800,000		

別解 2は次の仕訳でもよい。

借方記号	金額	貸方記号	金額
（ア）長期前払費用	2,625,000	（オ）普通預金	2,700,000
（イ）広告宣伝費	75,000		

5は次の仕訳でもよい。

借方記号	金額	貸方記号	金額
（ア）ソフトウェア	30,800,000	（イ）ソフトウェア仮勘定	30,800,000
（カ）固定資産除却損	5,800,000	（ア）ソフトウェア	5,800,000

解　説

1．リース取引

契約解除にあたり×4年４月以後のリース料を一括で支払う処理とリース資産の返却（除却）の処理をあわせて行うという問題です。

POINT
●解答を導くにあたりリース契約解除時までの仕訳もあわせて解説します。

(1)　リース契約時（×1年４月１日）

ファイナンス・リース取引を利子込み法で処理しているため、利息相当額を含んだリース料総額で**リース資産勘定（資産）**を計上するとともに、**リース債務勘定（負債）**を計上します。

（リース資産）	3,600,000	（リース債務）	3,600,000 *

＊　60,000円×12か月×５年＝3,600,000円
（60,000円：月額リース料）

(2)　支払済みのリース料（×1年４月から×4年３月）

利子込み法において、リース料を支払ったときは、支払ったリース料の分だけ**リース債務勘定（負債）の減少**として処理します。

（リース債務）	2,160,000 *	（普通預金など）	2,160,000

＊　60,000円×12か月×３年＝2,160,000円

POINT
●解説の便宜上、過去３年間のリース料の支払いをまとめています。
なお、未払いのリース料は×4年４月以後のものと問題文にあることから×4年３月31日支払分のリース料は支払済みと判断します。

(3)　計上済みの減価償却費（×1年４月１日から×4年３月31日）

リース資産の計上価額をもとに、リース期間を耐用年数、残存価額をゼロとして減価償却を行います。

（減価償却費）	2,160,000 *	（リース資産減価償却累計額）	2,160,000

＊　3,600,000円÷５年×３年＝2,160,000円

POINT

●解説の便宜上、過去３年間の減価償却費をまとめています。
なお、×4年３月31日までの減価償却費は計上済みと問題文にあることから、リース資産減価償却累計額は３年分の金額と判断できます。

⑷　契約解除後の未払リース料の支払い

×4年４月以後（残り２年分）のリース債務に関する支払いを一括で行います。

(リ ー ス 債 務)	1,440,000 *	(普 通 預 金)	1,440,000

＊　3,600,000円（上記⑴より）－2,160,000円（上記⑵より）＝1,440,000円

⑸　リース資産の除却

リース契約を中途解約したときは、**リース資産の取得原価と減価償却累計額を減らす**処理をします。なお、リース資産の帳簿価額1,440,000円（＝3,600,000円－2,160,000円）は**固定資産除却損勘定（費用）**として処理します。

(リース資産減価償却累計額)	2,160,000 *1	(リ ー ス 資 産)	3,600,000
(固定資産除却損)	1,440,000 *2		

＊１　計上済みの減価償却累計額（上記⑶より）
＊２　貸借差額

２．広告宣伝費の前払い

問題文の指示どおりに、まず支払総額を資産に計上します。なお、３年分の広告料金を前払いしているため**長期前払費用勘定（資産）**で処理します。その後、当月分の費用計上を行うために１か月分だけ長期前払費用勘定から**広告宣伝費勘定（費用）**へ振り替えます。

(長 期 前 払 費 用)	2,700,000	(普 通 預 金)	2,700,000
(広 告 宣 伝 費)	75,000 *	(長 期 前 払 費 用)	75,000

＊　$2{,}700{,}000円 \times \frac{1か月}{36か月} = 75{,}000円$

POINT

●支払った段階で長期前払費用を計上している点、および月次決算のように１か月単位で費用の計上を行っている点に注意しましょう。なお、（長期）前払費用の長短分類は決算日に行うことができます。

3．退職給付引当金

従業員の退職金を一時金として支払ったときは、**退職給付引当金勘定（負債）**を取り崩します。なお、退職金の支払いにあたり、源泉所得税を控除したときは、**預り金勘定（負債）の増加**として処理します。

●退職給付の積立方法には、会社内部で積み立てる内部積立方式と、年金制度などを利用して企業外部で積み立てる外部積立方式があります。本問では内部積立方式で積み立てた旨の記載がありますが、問題を解くにあたっては特に考慮する必要はありません。

4．外貨建取引（為替予約）

本問では、取引発生時までに為替予約を行っているため、対象となる300,000ドルについては先物為替相場107円/ドルで換算します。

なお、為替予約を付していない残り200,000ドルの換算には原則どおり輸出時の為替相場110円/ドルを使います。

為替予約分：300,000ドル×107円/ドル＝32,100,000円
上記以外：(500,000ドル－300,000ドル)×110円/ドル＝22,000,000円
売上高（売掛金）の金額：32,100,000円＋22,000,000円＝54,100,000円

●500,000ドルすべてに為替予約が付されているわけではない点に注意しましょう。

5．社内利用目的のソフトウェア

問題文の記述どおり、ソフトウェアが完成し、使用を開始したため、**ソフトウェア仮勘定（資産）**から**ソフトウェア勘定（資産）**へ振り替えます。なお、支払った金額のうち作り直し対象となった部分の費用5,800,000円については、資産性がないものとして除却処理した旨の指示があるので、**固定資産除却損勘定（費用）**として処理します。

第2問のポイント　難易度 A　配点 20点　目標点 16点

連結精算表の作成問題です。連結第２年度が問われているため、開始仕訳に少し時間がかかる問題でした。また、土地の売却にともなう債権債務が諸資産・諸負債に含まれている点に注意が必要です。全体的には、平易な問題ですので８割以上を獲得できるようにしましょう。

解答

●数字につき配点

（単位：円）

科目	個別財務諸表		連結修正仕訳		連結財務諸表
	P社	S社	借方	貸方	
貸借対照表					
諸資産	32,000,000	30,000,000		6,000,000	56,000,000
売掛金	22,400,000	19,200,000		2,400,000	39,200,000
商品	12,800,000	7,200,000		300,000	19,700,000 ❷
S社株式	16,000,000	—		16,000,000	—
のれん	—	—	144,000	16,000	128,000 ❷
土地	12,000,000	6,000,000		2,000,000	16,000,000 ❷
資産合計	95,200,000	62,400,000	144,000	26,716,000	131,028,000
諸負債	(25,200,000)	(24,800,000)	6,000,000		(44,000,000) ❷
買掛金	(8,000,000)	(6,000,000)	2,400,000		(11,600,000) ❷
資本金	(32,000,000)	(16,000,000)	16,000,000		(32,000,000)
資本剰余金	(6,000,000)	(3,200,000)	3,200,000		(6,000,000)
利益剰余金	(24,000,000)	(12,400,000)	8,016,000	14,600,000	(24,788,000) ❷
			200,000		
			17,996,000		
非支配株主持分	—	—		11,360,000	(12,640,000) ❷
				1,280,000	
負債・純資産合計	(95,200,000)	(62,400,000)	53,812,000	27,240,000	(131,028,000)
損益計算書					
売上高	(99,200,000)	(57,600,000)	14,400,000		(142,400,000)
売上原価	68,800,000	46,400,000	300,000	14,400,000	100,900,000 ❷
				200,000	
販売費及び一般管理費	20,640,000	6,880,000			27,520,000
のれん償却	—	—	16,000		16,000
営業外収益	(6,432,000)	(3,232,000)			(9,664,000)
営業外費用	3,872,000	2,752,000			6,624,000
土地売却益	(2,000,000)	—	2,000,000		—
法人税等	5,020,000	1,600,000			6,620,000
当期純利益	(9,300,000)	(3,200,000)	16,716,000	14,600,000	(10,384,000)
非支配株主に帰属する当期純利益			1,280,000		1,280,000 ❷
親会社株主に帰属する当期純利益			17,996,000	14,600,000	(9,104,000) ❷

解　説

連結精算表（連結貸借対照表と連結損益計算書）の作成問題です。問われているのは連結第２年度（×5年４月１日から×6年３月31日）の連結精算表です。

１．開始仕訳（×5年３月31日までの連結修正仕訳）

⑴　支配獲得日（×4年３月31日）の連結修正仕訳（投資と資本の相殺消去）

支配獲得時のＳ社の純資産（［資料］２）にもとづいて、投資と資本の相殺消去を行います。Ｓ社の純資産（資本）とＳ社株式（投資）を相殺消去します。なお、Ｓ社の資本のうち非支配株主持分40％（＝100％－60％）については、非支配株主持分（純資産）の増加として処理します。また、借方差額については、のれん（資産）の増加として処理します。

（資本金）	16,000,000	（Ｓ社株式）	16,000,000
（資本剰余金）	3,200,000	（非支配株主持分）	10,560,000 *1
（利益剰余金）	7,200,000		
（のれん）	160,000 *2		

＊1　（16,000,000円＋3,200,000円＋7,200,000円）×（100％－60％）
　　　Ｓ社資本　　　非支配株主持分

＝10,560,000円

＊2　貸借差額

●Ｓ社株式16,000,000円（親会社の投資）と子会社の純資産のうち親会社に帰属する部分15,840,000円（＝{16,000,000円＋3,200,000円＋7,200,000円}×60％）の金額が異なるため、のれん160,000円が生じます。

●本問では連結株主資本等変動計算書が問われていないため、純資産項目は株主資本等変動計算書の科目（〇〇当期首残高・〇〇当期変動額）ではなく、貸借対照表の科目で示します。

(2) のれんの償却

投資と資本の相殺消去によって、のれんが生じた場合、定額法によって償却します。本問では問題文の指示により10年間にわたって償却します。

(のれん償却)(★)	16,000 *	(のれん)	16,000

＊　160,000円÷10年＝16,000円

(3) 子会社の当期純利益の振り替え

S社の当期純利益のうち、非支配株主に帰属する部分を非支配株主持分に振り替えます。ただし、この期間のS社当期純利益の金額が資料中に与えられていないため、差引計算によって求めます。

(非支配株主に帰属する当期純利益)(★)	800,000 *	(非支配株主持分)	800,000

＊　(9,200,000円－7,200,000円)×(100%－60%)＝800,000円
　　9,200,000円：×5年3月31日 利益剰余金
　　7,200,000円：×4年3月31日 利益剰余金
　　100%－60%：非支配株主持分

〈連結精算表への記入〉

過年度の取引なので、損益項目（★）は「利益剰余金」欄に集計します。

科目	個別財務諸表		連結修正仕訳		連結財務諸表
	P社	S社	借方	貸方	
貸借対照表					
S社株式	16,000,000	—		**16,000,000**	—
のれん	—	—	**144,000**＊1		
資本金	(32,000,000)	(16,000,000)	**16,000,000**		(**32,000,000**)
資本剰余金	(6,000,000)	(3,200,000)	**3,200,000**		(**6,000,000**)
利益剰余金	(24,000,000)	(12,400,000)	**8,016,000**＊2		( )
非支配株主持分	—	—		**11,360,000**＊3	( )

＊1　のれん：160,000円－16,000円＝144,000円
　　160,000円：上記1.(1)　16,000円：上記1.(2)

＊2　利益剰余金：7,200,000円＋16,000円＋800,000円＝8,016,000円
　　7,200,000円：上記1.(1)　16,000円：上記1.(2)　800,000円：上記1.(3)

＊3　非支配株主持分：10,560,000円＋800,000円＝11,360,000円
　　10,560,000円：上記1.(1)　800,000円：上記1.(3)

POINT

●連結精算表の連結修正仕訳欄は、基本的に採点されないため、利益剰余金などを純額で記入しても問題ありません。本問は、精算表の行が足りない所があるので、必要に応じて合算して記入しています。
●連結精算表の個別財務諸表欄と連結財務諸表欄は借方貸方に分かれていないため、集計するさいは注意が必要です。

2．×6年３月期に行う連結修正仕訳…当期の処理

(1)　のれんの償却

(のれん償却)	16,000 *	(の　れ　ん)	16,000

＊　160,000円÷10年＝16,000円

(2)　子会社の当期純利益の振り替え

(非支配株主に帰属する当期純利益)	1,280,000 *	(非支配株主持分)	1,280,000

＊　3,200,000円×(100％－60％)＝1,280,000円

〈連結精算表への記入〉

科　目	個別財務諸表		連結修正仕訳		連結財務諸表
	P　社	S　社	借　方	貸　方	
貸借対照表					
の　れ　ん	—	—	144,000	**16,000**	**128,000**
非支配株主持分	—	—		11,360,000	(　**12,640,000**)
				1,280,000	
損益計算書					
のれん償却	—	—	**16,000**		**16,000**
非支配株主に帰属する当期純利益			**1,280,000**		**1,280,000**

POINT

●非支配株主に帰属する当期純利益の場合、非支配株主にとっては利益の増加ですが、親会社にとっては、取り分が減るため利益の減少となります。したがって、連結損益計算書上は、当期純利益の控除項目（借方項目）として扱います。

⑶　売上高と売上原価の相殺消去

親子会社間の売上高と売上原価を相殺消去します。

(売　上　高)	14,400,000	(売　上　原　価)	14,400,000

⑷　S社の期首棚卸資産に含まれる未実現利益の消去（ダウン・ストリーム）

①　前期末の仕訳の引き継ぎ

期首商品に含まれる未実現利益については、前期末に行った連結修正仕訳を再度行います。前期末商品に含まれる未実現利益を消去するために、売上原価を増やすとともに商品を減らします。ただし、売上原価は利益剰余金とします。

(利益剰余金) 売上原価	200,000 *	(商　品)	200,000

$$* \quad 1{,}200{,}000円 \times \frac{0.2}{1+0.2} = 200{,}000円$$

②　実現仕訳

期首商品は当期にすべて販売されたと考え、売上原価を修正します。

(商　品)	200,000	(売　上　原　価)	200,000

③　まとめ（①+②）

(利益剰余金)	200,000	(売　上　原　価)	200,000

⑸　S社の期末棚卸資産に含まれる未実現利益の消去（ダウン・ストリーム）

期末商品に含まれる未実現利益を消去するために、売上原価を増やすとともに商品を減らします。

(売　上　原　価)	300,000 *	(商　品)	300,000

$$* \quad 1{,}800{,}000円 \times \frac{0.2}{1+0.2} = 300{,}000円$$

〈連結精算表への記入〉

科目	個別財務諸表		連結修正仕訳		連結財務諸表
	P社	S社	借方	貸方	
貸借対照表					
商品	12,800,000	7,200,000		**300,000**	**19,700,000**
利益剰余金	(24,000,000)	(12,400,000)	8,016,000		(　　　)
			200,000		
損益計算書					
売上高	(99,200,000)	(57,600,000)	**14,400,000**		(**142,400,000**)
売上原価	68,800,000	46,400,000	**300,000**	**14,400,000**	**100,900,000**
				200,000	

(6)　売掛金と買掛金の相殺消去

親子会社間の売掛金と買掛金の期末残高を相殺消去します。

(買　掛　金)　2,400,000　(売　掛　金)　2,400,000

〈連結精算表への記入〉

科目	個別財務諸表		連結修正仕訳		連結財務諸表
	P社	S社	借方	貸方	
貸借対照表					
売掛金	22,400,000	19,200,000		**2,400,000**	**39,200,000**
買掛金	(8,000,000)	(6,000,000)	**2,400,000**		(**11,600,000**)

(7)　土地に含まれる未実現利益の消去（ダウン・ストリーム）

親子会社間で土地4,000,000円を6,000,000円で売買したため、2,000,000円の未実現利益が生じています。そのため、P社の土地売却益2,000,000円とS社の土地2,000,000円を相殺消去します。

(土地売却益)　2,000,000 *　(土　　地)　2,000,000

＊　6,000,000円（売却価額）－4,000,000円（帳簿価額）＝2,000,000円

(8)　未収入金（諸資産）と未払金（諸負債）の相殺消去

土地の売却代金は後日受け払いであるため、土地を売却したときには未収入金と未払金で処理されています。当期末において、決済されていないため相殺消去します。なお、本問では諸資産・諸負債に含まれているため、諸資産・諸負債を相殺消去します。

(諸　負　債（未払金）)　6,000,000　(諸　資　産（未収入金）)　6,000,000

〈連結精算表への記入〉

科目	個別財務諸表		連結修正仕訳		連結財務諸表
	P社	S社	借方	貸方	
貸借対照表					
諸資産	32,000,000	30,000,000		**6,000,000**	**56,000,000**
土地	12,000,000	6,000,000		**2,000,000**	**16,000,000**
諸負債	(25,200,000)	(24,800,000)	**6,000,000**		**(44,000,000)**
損益計算書					
土地売却益	(2,000,000)	—	**2,000,000**		—

3．連結財務諸表欄の作成

通常、連結損益計算書→連結株主資本等変動計算書→連結貸借対照表の順に記入しますが、本問は連結株主資本等変動計算書がないので、純資産項目は連結損益計算書→連結貸借対照表の順に記入します。

〈連結損益計算書欄への記入〉

① 「当期純利益」「親会社株主に帰属する当期純利益」以外の記入

「当期純利益」「親会社株主に帰属する当期純利益」以外の金額については、個別財務諸表の合計金額に連結修正仕訳欄の金額を加減して、連結財務諸表欄に記入します。

科目	個別財務諸表		連結修正仕訳		連結財務諸表
	P社	S社	借方	貸方	
損益計算書					
売上高	(99,200,000)	(57,600,000)	14,400,000		(142,400,000)
売上原価	68,800,000	46,400,000	300,000	14,400,000	100,900,000
				200,000	
販売費及び一般管理費	20,640,000	6,880,000			27,520,000
のれん償却	—	—	16,000		16,000
営業外収益	(6,432,000)	(3,232,000)			(9,664,000)
営業外費用	3,872,000	2,752,000			6,624,000
土地売却益	(2,000,000)	—	2,000,000		—
法人税等	5,020,000	1,600,000			6,620,000
当期純利益	(9,300,000)	(3,200,000)			(　　　)
非支配株主に帰属する当期純利益			1,280,000		1,280,000
親会社株主に帰属する当期純利益					(　　　)

② 「当期純利益」「親会社株主に帰属する当期純利益」の行を記入

科目	個別財務諸表		連結修正仕訳		連結財務諸表
	P社	S社	借方	貸方	
損益計算書					
当期純利益	(9,300,000)	(3,200,000)	**16,716,000**	**14,600,000**	(**10,384,000**)
非支配株主に帰属する当期純利益			1,280,000		1,280,000
親会社株主に帰属する当期純利益			**17,996,000**	**14,600,000**	(**9,104,000**)

また、P/L「親会社株主に帰属する当期純利益」の連結修正仕訳欄の金額（★）を連結B/Sの利益剰余金の行へ移記します。

科目	個別財務諸表		連結修正仕訳		連結財務諸表
	P社	S社	借方	貸方	
貸借対照表					
利益剰余金	(24,000,000)	(12,400,000)	8,016,000	**14,600,000**	(**24,788,000**)
			200,000		
			17,996,000		
損益計算書					
当期純利益	(9,300,000)	(3,200,000)	16,716,000	14,600,000	(10,384,000)
非支配株主に帰属する当期純利益			1,280,000		1,280,000
親会社株主に帰属する当期純利益			★17,996,000	14,600,000	(9,104,000)

POINT

●利益剰余金には、連結第2年度の連結修正仕訳で生じた損益項目を加減する必要がある点に注意しましょう。

第3問のポイント 難易度 B 配点 20点 目標点 14点

損益計算書の作成と貸借対照表の表示科目に関する問題です。損益計算書については、当期純利益まで確実に求めるのは難しいですが、個々の仕訳は基本的なものが多いです。解答可能な箇所から埋めて部分点を確保しましょう。

解答

●数字につき配点

損益計算書

自20×8年4月1日　至20×9年3月31日　(単位：千円)

Ⅰ 売上高		(4,090,000)
Ⅱ 売上原価		(❷ 2,836,700)
売上総利益		(1,253,300)
Ⅲ 販売費及び一般管理費		
1 販売費	(❷ 679,500)	
2 減価償却費	(❷ 24,000)	
3 退職給付費用	(❷ 180,000)	
4 貸倒引当金繰入	(❷ 6,700)	(890,200)
営業利益		(363,100)
Ⅳ 営業外収益		
1 受取利息・配当金	1,300	
2 有価証券利息	(160)	
3 製品保証引当金戻入	(❷ 1,700)	(3,160)
Ⅴ 営業外費用		
1 支払利息		16,400
当期純利益		(❷ 349,860)

貸借対照表に表示される項目

(単位：千円)

①	仕掛品	❷	80,000
②	投資有価証券	❷	9,840
③	買掛金	❷	1,050,000

解　説

３月中の取引および決算整理仕訳を行います。

1．３月製造活動

借方科目	金額	貸方科目	金額
(材　　　料)	120,000	(買　掛　金)	120,000
(仕　掛　品)	90,000	(材　　　料)	115,000
(製造間接費)	25,000		
(賃　　　金)	100,000	(現 金 預 金)	100,000
(仕　掛　品)	100,000	(賃　　　金)	100,000
(仕　掛　品)	110,000	(製造間接費)	110,000
(製造間接費)	41,000	(現 金 預 金)	41,000
(製　　　品)	280,000	(仕　掛　品)	280,000
(売 上 原 価)	260,000	(製　　　品)	260,000
(売　掛　金)	350,000	(売　　　上)	350,000

原価差異は、〔資料２〕１.の問題文よりそれぞれの月で売上原価に賦課します。

借方科目	金額	貸方科目	金額
(製造間接費配賦差異)	2,100 *	(製造間接費)	2,100
(売 上 原 価)	2,100	(製造間接費配賦差異)	2,100

＊製造間接費実際発生額：25,000千円＋41,000千円＋500千円
＋15,000千円＋30,000千円＋600千円
＝112,100千円
製造間接費配賦差異：予定配賦額110,000千円－実際発生額112,100千円
＝△2,100千円（不利差異）

2．買掛金及び売掛金

借方科目	金額	貸方科目	金額
(買　掛　金)	185,000	(現 金 預 金)	185,000
(現 金 預 金)	300,000	(売　掛　金)	300,000

3．販売費

借方科目	金額	貸方科目	金額
(販　売　費)	51,500	(現 金 預 金)	51,500

4．期末棚卸資産の算定

(1) 材料

(棚 卸 減 耗 損)	500 *	(材 料)	500
(製 造 間 接 費)	500	(棚 卸 減 耗 損)	500

＊ 帳簿棚卸高：49,500千円＋120,000千円－115,000千円＝54,500千円
棚卸減耗損：帳簿棚卸高54,500千円－実地棚卸高54,000千円＝500千円

(2) 製品

(棚 卸 減 耗 損)	600 *	(製 品)	600
(売 上 原 価)	600	(棚 卸 減 耗 損)	600

＊ 帳簿棚卸高：30,000千円＋280,000千円－260,000千円＝50,000千円
棚卸減耗損：帳簿棚卸高50,000千円－実地棚卸高49,400千円＝600千円

5．減価償却費

(減 価 償 却 費)	17,000	(建物減価償却累計額)	5,000
		(機械装置減価償却累計額)	12,000
(製 造 間 接 費)	15,000 *	(減 価 償 却 費)	15,000

＊ 製造用の減価償却費は、全て製造原価に振替

6．貸倒引当金の設定

(貸倒引当金繰入)	6,700 *	(貸 倒 引 当 金)	6,700

＊ (1,380,000千円＋350,000千円－300,000千円)×１％
－7,600千円(決算整理前貸倒引当金残高)＝6,700千円

POINT

●本問では、貸倒引当金の設定にあたり、決算整理前の売掛金の金額に未処理事項の仕訳で生じた金額を調整する必要があります。集計漏れに注意するようにしましょう。

7．退職給付引当金

⑴ 製造活動に携わる従業員にかかわる費用

問題文より、年度見積額の12分の１を費用計上し、さらに年度見積額より多かった費用を計上します。

借方	金額	貸方	金額
(製造間接費)	30,000	(退職給付引当金)	30,000
(製造間接費)	600	(退職給付引当金)	600

⑵ それ以外の従業員にかかわる費用

問題文より、年度見積額の12分の１を費用計上します。

借方	金額	貸方	金額
(退職給付費用)	15,000	(退職給付引当金)	15,000

8．製品保証引当金

残高試算表の「製品保証引当金」勘定残高を戻し入れ、〔資料２〕８.の問題文より製品保証引当金を繰り入れます。損益計算書には、問題文に記載されている通り、「製品保証引当金戻入」と「製品保証引当金繰入」を相殺して計上します。

借方	金額	貸方	金額
(製品保証引当金)	29,700	(製品保証引当金戻入)	29,700
(製品保証引当金繰入)	28,000	(製品保証引当金)	28,000

9．有価証券

⑴ Ａ社社債

借方	金額	貸方	金額
(投資有価証券)	9,800	(有価証券)	9,800

・利払日

借方	金額	貸方	金額
(普通預金)	60 *	(有価証券利息)	60

＊ $10{,}000\text{千円} \times 1.2\% \times \dfrac{6\text{か月}}{12\text{か月}} = 60\text{千円}$

・償却原価法

借方	金額	貸方	金額
(投資有価証券)	40 *	(有価証券利息)	40

＊ $(10{,}000\text{千円} - 9{,}800\text{千円}) \times \dfrac{12\text{か月}}{60\text{か月}} = 40\text{千円}$

⑵ Ｂ社株式

借方	金額	貸方	金額
(関係会社株式)	11,800	(有価証券)	11,800

LECTURE

損益計算書の利益区分

●営業利益：営業利益は、その企業の主たる営業活動から生じた損益を示します。
営業利益＝売上総利益－販売費及び一般管理費

●経常利益：経常利益は、営業利益にその企業の主たる営業活動以外から生じた損益を加減した企業の経常的な収益力を示します。
経常利益＝営業利益＋営業外収益－営業外費用

経常利益に特別損益を加減した税引前当期純利益から、法人税、住民税及び事業税を控除すると当期純利益が算出されます。

第4問のポイント　難易度 A　配点 28点　目標点 22点

(1) 工業簿記の仕訳問題です。材料副費の予定配賦がやや難しい論点ですが、本番で出題されたときには確実に正解しないといけない問題です。

(2) 単純総合原価計算の問題です。先入先出法と平均法における減損を完成品のみ負担とする場合と両者負担の場合が問われています。何度も解きなおし解答時間の短縮に努めましょう。

解　答

(1)　仕訳一組につき4点

(注) 実際の本試験では記号のみを解答してください。

	借方		貸方	
	記号	金額	記号	金額
1	(ウ) 材料	1,837,000	(オ) 買掛金	1,670,000
			(キ) 材料副費	167,000
2	(キ) 製品	770,000	(エ) 仕掛品	770,000
3	(オ) 本社	5,500,000	(ウ) 仕掛品	5,500,000

(2)　●数字につき配点

問1　原価投入額合計を完成品原価と月末仕掛品原価とに配分する方法として先入先出法を用いている場合。

	月末仕掛品原価	完成品原価
正常減損が工程の終点で発生した場合	❷ 2,463,300 円	❷ 30,267,600 円
正常減損が工程の途中で発生した場合	❷ 2,606,100 円	❷ 30,124,800 円

問2　原価投入額合計を完成品原価と月末仕掛品原価とに配分する方法として平均法を用いている場合。

	月末仕掛品原価	完成品原価
正常減損が工程の終点で発生した場合	❷ 2,708,100 円	❷ 30,022,800 円
正常減損が工程の途中で発生した場合	❷ 2,850,900 円	❷ 29,880,000 円

解　説

(1) 仕訳問題

1．材料の購入

材料を購入したときは、材料の取得原価を**材料勘定**の借方に記入します。材料の取得原価は購入代価に材料副費を加算した金額となります。なお、材料副費を予定配賦するときには予定配賦額を**材料副費勘定**の貸方に記入します。

借方科目	金額	貸方科目	金額
(材　　　料)	1,837,000 *2	(買　掛　金)	1,670,000
		(材 料 副 費)	167,000 *1

＊1　購入代価合計：@800円×1,500個＋@400円×800個＋150,000円＝1,670,000円

　　材 料 副 費：1,670,000円×10%＝167,000円

＊2　購入原価合計：1,670,000円＋167,000円＝1,837,000円

POINT

●材料副費は、材料の取得原価に含める点と予定配賦する場合は、貸方に材料副費勘定を使用する点に注意しましょう。

2．完成品原価の計上

当月に完成した製品X（製造指図書＃001）の原価を**仕掛品勘定**から**製品勘定**へ振り替えます。

製品X（製造指図書＃001）：月初仕掛品原価70,000円＋当月製造費用700,000円＝770,000円

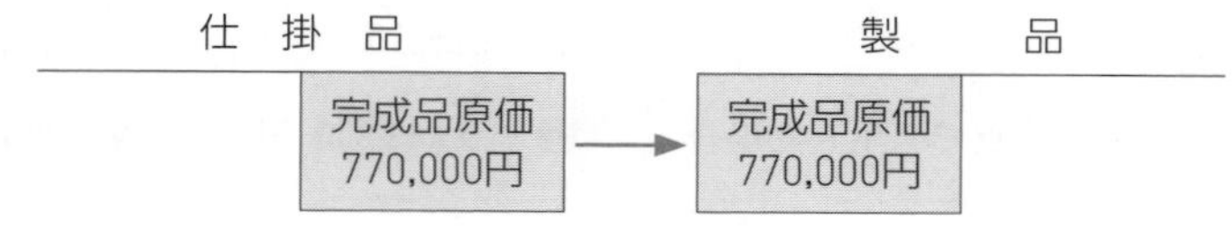

POINT

●当月に完成した製品Xのみ製品勘定へ振り替えます。製品Yは未完成なので仕掛品勘定で次月へ繰り越します。

3．本社工場会計・完成品の本社への搬送

完成した製品を本社へ移したときには、工場側では完成品原価を**本社勘定**の借方に記入するとともに、**仕掛品勘定**の貸方に記入します。なお、本社側では、完成品原価を製品勘定の借方に記入するとともに、工場勘定の貸方に記入します。

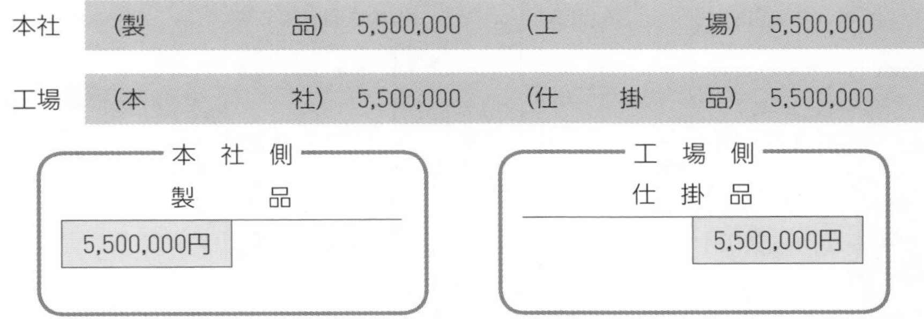

本社　（製　品）5,500,000　（工　場）5,500,000
工場　（本　社）5,500,000　（仕　掛　品）5,500,000
本　社　側
製　品
5,500,000円
工　場　側
仕　掛　品
5,500,000円

(2)　単純総合原価計算

問１では、原価投入額合計を完成品原価と月末仕掛品原価とに配分する方法として先入先出法を用いている場合が、問２では平均法を用いている場合が問われています。

問１　原価配分方法として先入先出法を用いている場合

１．正常減損が工程の終点で発生した場合

原料費と加工費について、月初仕掛品原価と当月製造費用を完成品原価と月末仕掛品原価に先入先出法により配分します。なお、正常減損が工程の終点で発生した場合は、正常減損費を完成品のみに負担させます。

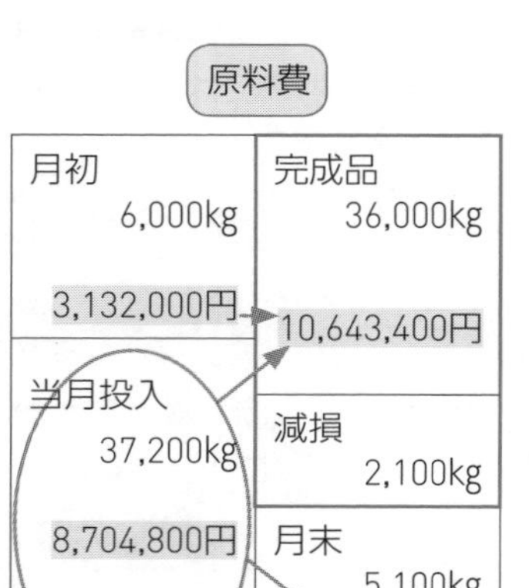

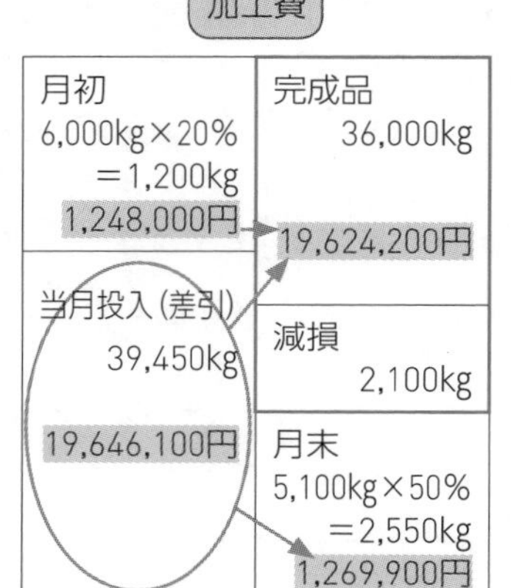

月末仕掛品原価：

$$\frac{8{,}704{,}800円}{36{,}000kg+2{,}100kg+5{,}100kg-6{,}000kg}\times 5{,}100kg$$

＝1,193,400円

月末仕掛品原価：

$$\frac{19{,}646{,}100円}{36{,}000kg+2{,}100kg+2{,}550kg-1{,}200kg}\times 2{,}550kg$$

＝1,269,900円

完成品原価：
3,132,000円＋8,704,800円－1,193,400円
＝10,643,400円

完成品原価：
1,248,000円＋19,646,100円－1,269,900円
＝19,624,200円

月末仕掛品原価：1,193,400円＋1,269,900円＝2,463,300円

完成品原価：10,643,400円＋19,624,200円＝30,267,600円

2．正常減損が工程の途中で発生した場合

正常減損が工程の途中で発生した場合は、完成品と月末仕掛品の両方が負担することになります。

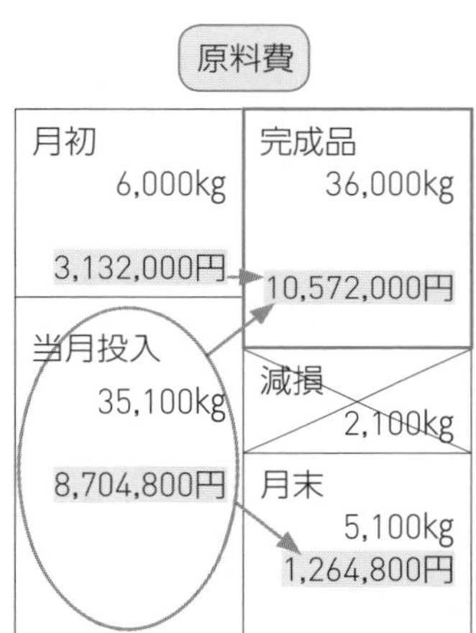

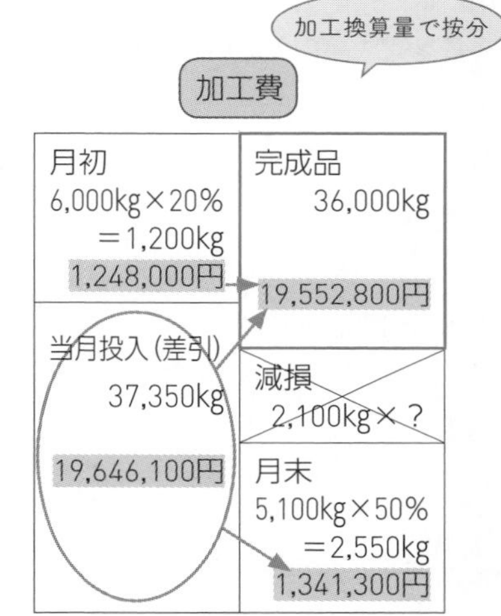

月末仕掛品原価：

$$\frac{8{,}704{,}800円}{36{,}000kg+5{,}100kg-6{,}000kg}\times 5{,}100kg$$

＝1,264,800円

月末仕掛品原価：

$$\frac{19{,}646{,}100円}{36{,}000kg+2{,}550kg-1{,}200kg}\times 2{,}550kg$$

＝1,341,300円

完成品原価：
3,132,000円＋8,704,800円－1,264,800円
＝10,572,000円

完成品原価：
1,248,000円＋19,646,100円－1,341,300円
＝19,552,800円

月末仕掛品原価：1,264,800円＋1,341,300円＝2,606,100円
完成品原価：10,572,000円＋19,552,800円＝30,124,800円

問2　原価配分方法として平均法を用いている場合

1．正常減損が工程の終点で発生した場合

原料費と加工費について、月初仕掛品原価と当月製造費用を完成品原価と月末仕掛品原価に平均法により配分します。なお、正常減損が工程の終点で発生した場合は、正常減損費を完成品のみに負担させます。

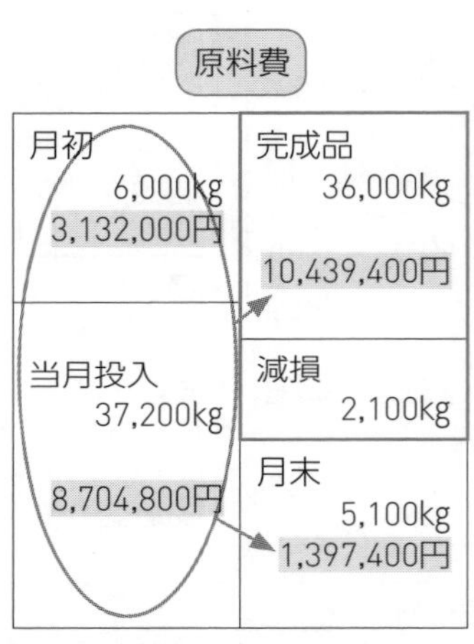

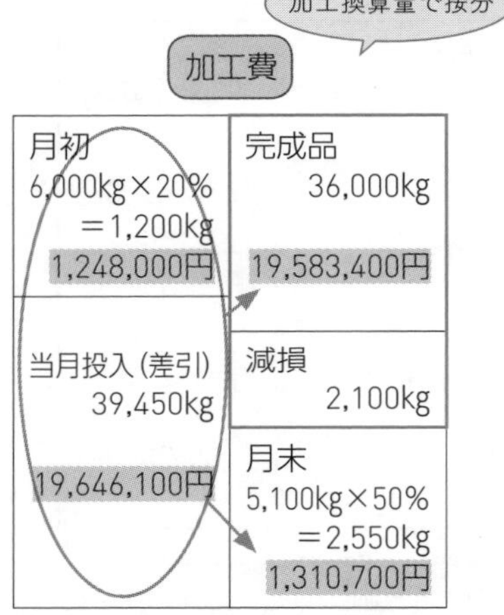

月末仕掛品原価：

$$\frac{3,132,000円+8,704,800円}{36,000kg+2,100kg+5,100kg}\times 5,100kg$$

＝1,397,400円

月末仕掛品原価：

$$\frac{1,248,000円+19,646,100円}{36,000kg+2,100kg+2,550kg}\times 2,550kg$$

＝1,310,700円

完成品原価：
3,132,000円＋8,704,800円－1,397,400円
＝10,439,400円

完成品原価：
1,248,000円＋19,646,100円－1,310,700円
＝19,583,400円

月末仕掛品原価：1,397,400円＋1,310,700円＝2,708,100円
完成品原価：10,439,400円＋19,583,400円＝30,022,800円

2．正常減損が工程の途中で発生した場合

正常減損が工程の途中で発生した場合は、完成品と月末仕掛品の両方が負担することになります。

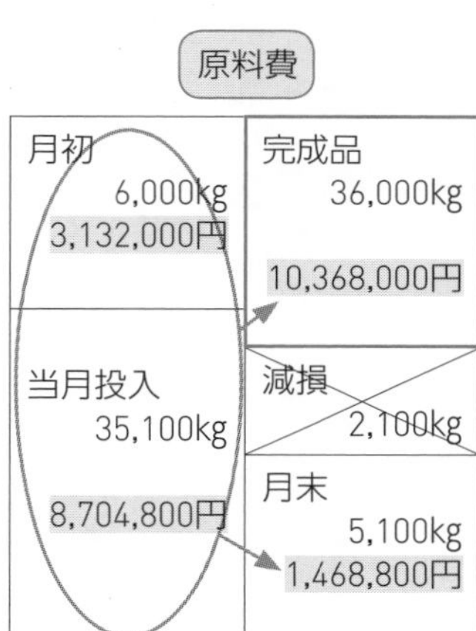

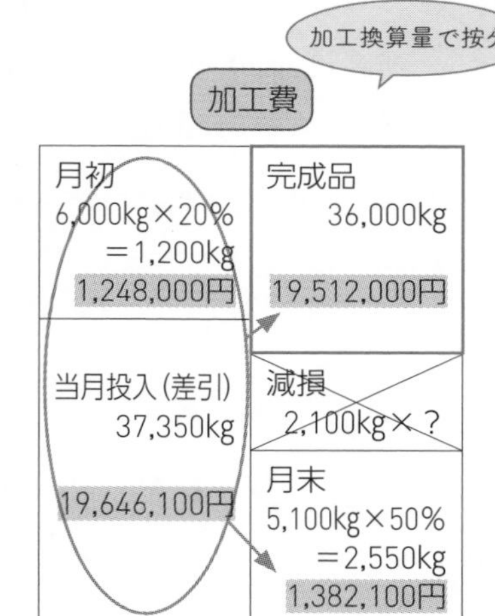

月末仕掛品原価：
$$\frac{3,132,000\text{円}+8,704,800\text{円}}{36,000\text{kg}+5,100\text{kg}}\times 5,100\text{kg}$$
＝1,468,800円

月末仕掛品原価：
$$\frac{1,248,000\text{円}+19,646,100\text{円}}{36,000\text{kg}+2,550\text{kg}}\times 2,550\text{kg}$$
＝1,382,100円

完成品原価：
3,132,000円＋8,704,800円－1,468,800円
＝10,368,000円

完成品原価：
1,248,000円＋19,646,100円－1,382,100円
＝19,512,000円

月末仕掛品原価：1,468,800円＋1,382,100円＝2,850,900円
完成品原価：10,368,000円＋19,512,000円＝29,880,000円

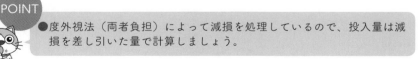

POINT
●度外視法（両者負担）によって減損を処理しているので、投入量は減損を差し引いた量で計算しましょう。

LECTURE

仕損・減損の発生点と処理

仕損・減損はその発生点によって負担先が次のように異なります。

発生点	負担
仕損・減損の発生点＞月末仕掛品の加工進捗度	完成品のみ負担
仕損・減損の発生点≦月末仕掛品の加工進捗度	完成品と月末仕掛品の両者負担

第5問のポイント　難易度 A　配点 12点　目標点 10点

標準原価計算における勘定記入の基本的な問題です。勘定の流れと仕掛品勘定の当期製造原価の記入方法を正しく理解できているかが問われています。標準原価と実際原価の値に注意しながら、確実に正答しましょう。

解答

●数字につき配点

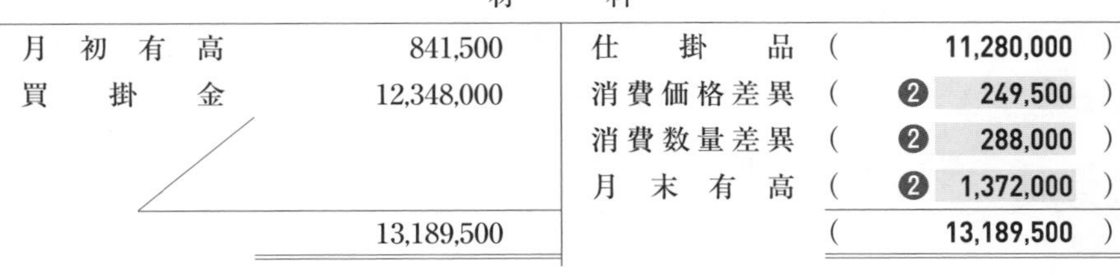

材　料

月初有高	841,500	仕掛品	(11,280,000)
買掛金	12,348,000	消費価格差異	(❷ 249,500)
		消費数量差異	(❷ 288,000)
		月末有高	(❷ 1,372,000)
	13,189,500		(13,189,500)

仕　掛　品

材料	(11,280,000)	製品	(❷ 19,575,000)
加工費	(❷ 8,931,000)	月末有高	(❷ 636,000)
	(20,211,000)		(20,211,000)

解説

(1)　材料実際消費金額を求め、当月の材料勘定を完成させます。

材料実際消費金額：4,950円×170kg＋4,900円×2,520kg－4,900円×280kg
＝11,817,500円

材　料

月初有高	841,500	仕掛品	11,280,000*1
買掛金	12,348,000	消費価格差異	249,500*2
		消費数量差異	288,000*3
		月末有高	1,372,000*4
	13,189,500		13,189,500

＊1　仕掛品：4,800円×2,350個＝11,280,000円

＊2　消費価格差異：4,800円×2,410kg－11,817,500円
＝△249,500円（借方差異・不利差異）

＊3　消費数量差異：4,800円×(2,350－2,410)kg
　　　　　　　　　＝△288,000円（借方差異・不利差異）

＊4　月末有高：4,900円×280kg＝1,372,000円

(2)　仕掛品勘定（シングル・プラン）を完成させます。

仕　掛　品

借方	金額	貸方	金額
材　料	11,280,000*1	製　品	19,575,000*6
加　工　費	8,931,000*5	月末有高	636,000*7
	20,211,000		20,211,000

＊5　加工費：3,900円×(2,250個＋100個×40%)＝8,931,000円

＊6　製品：8,700円×2,250個＝19,575,000円

＊7　月末有高：4,800円×100個＋3,900円×100個×40%＝636,000円

POINT

●原価差異の分析では、必ず標準原価から実際原価を差し引き、その値がプラスとなるかマイナスとなるかによって、有利差異なのか不利差異なのか判定するようにしましょう。

LECTURE

仕掛品勘定（当期製造費用）記入の方法

標準原価計算における仕掛品勘定の当期製造費用については、シングル・プランでは標準原価で記入し、パーシャル・プランでは実際原価で記入します。パーシャル・プランでは、原価差異が仕掛品勘定で把握されます。仕掛品勘定の作成の際には記入方法の違いに注意しましょう。

MEMO

第7回 予想問題 解答・解説

解き方

第２問の株主資本等変動計算書の問題は、分量の多い問題です。限られた試験時間を有効に活用するためには、第２問を最後に解くのがよいでしょう。したがって、第１問→第３問→第４問→第５問→第２問の順番に解きましょう。

第1問のポイント 難易度 A 配点 20点 目標点 16点

５問中４問は正解してほしい問題です。１問目の固定資産の買換えは下取価額があるため、購入価額と支払い額が異なる点に注意しましょう。

解答

仕訳一組につき４点

(注) 実際の本試験では記号のみを解答してください。

	借方		貸方	
	記号	金額	記号	金額
1	(ウ) 車両運搬具 (オ) 車両運搬具減価償却累計額 (カ) 固定資産売却損	1,500,000 1,500,000 50,000	(ウ) 車両運搬具 (イ) 当座預金	1,800,000 1,250,000
2	(イ) 賞与引当金 (エ) 賞与	2,520,000 1,260,000	(ア) 普通預金 (ク) 所得税預り金	3,300,000 480,000
3	(エ) 不渡手形	1,617,000	(ア) 当座預金	1,617,000
4	(ウ) ソフトウェア (オ) 長期前払費用	20,420,000 1,080,000	(エ) ソフトウェア仮勘定	21,500,000
5	(オ) 支店	777,000	(カ) 損益	777,000

解　説

1．固定資産の買換え

固定資産の買換えでは、旧固定資産を売却した代金を新固定資産の購入にあてるので、旧固定資産の売却と新固定資産の購入の処理に分けて考えます。

固定資産の売却では、売却時の帳簿価額と売却価額の差額を**固定資産売却損（益）勘定**として計上します。なお、売却年度までに計上した減価償却累計額勘定を取り崩し、期中売却であれば、当期首から売却日までの減価償却費勘定を計上します。

(車両運搬具)	1,500,000	(車両運搬具)	1,800,000
(車両運搬具減価償却累計額)	1,500,000 *1	(当座預金)	1,250,000 *3
(固定資産売却損)	50,000 *2		

＊1　1,800,000円÷６年×５年＝1,500,000円

＊2　下取りした車両の帳簿価額：1,800,000円－1,500,000円＝300,000円
　　車両の売却損益：250,000円－300,000円＝△50,000円（売却損）

＊3　1,500,000円－250,000円＝1,250,000円

POINT

●旧固定資産の売却価額は下取価額となります。したがって、旧固定資産を下取価額で売却したと考えて仕訳します。

2．賞与引当金

従業員に対して賞与を支給している場合、次期に予想される支払額のうち当期に属する分は当期に負担させるべきであることから、決算時に当期の費用として計上します。なお、その金額は賞与の計算期間のうち、当期に属する分を月割計算することにより算出します。本問は、賞与の支払日の処理が問われていますので、前期末に計上した**賞与引当金勘定（負債）**を取り崩し、当期分は**賞与勘定（費用）**を計上します。

(賞与引当金)	2,520,000 *1	(普通預金)	3,300,000 *3
(賞与)	1,260,000 *2	(所得税預り金)	480,000

＊1　賞与引当金（前期分）：3,780,000円×４か月(12月～３月)／６か月
　　＝2,520,000円

＊2　賞与（当期分）：3,780,000円×２か月(４月～５月)／６か月
　　＝1,260,000円
　　または、3,780,000円－2,520,000円＝1,260,000円

＊3　支払額：3,780,000円－480,000円＝3,300,000円

3．不渡手形

裏書譲渡した手形が不渡りとなった場合、償還請求に応じて支払った金額を**不渡手形勘定（資産）**へ計上します。仮に不渡りとなった手形を所持している場合は、正常な手形債権と区別するため、その債権額を受取手形勘定（資産）から不渡手形勘定（資産）に振り替えますが、裏書譲渡をしている場合は、裏書時に受取手形勘定（資産）を減額しています。そのため受取手形勘定（資産）を用いることはありません。また、手形が不渡りとなったことによる償還請求の諸費用や満期日以降の遅延利息も不渡手形勘定（資産）に含めます。利息も含め振出人（本問：埼玉商店）に請求しますので、支払利息勘定（費用）は用いませんので注意しましょう。

(1) 手形を裏書きしたとき（処理済み）

（買　掛　金）	1,540,000	（受　取　手　形）	1,540,000

(2) 支払いが拒絶されたとき（本問の解答）

（不　渡　手　形）	1,617,000 *	（当　座　預　金）	1,617,000

＊　不渡手形：手形代金1,540,000円＋諸費用66,000円＋遅延利息11,000円
＝1,617,000円

4．ソフトウェア

自社利用目的のソフトウェア（無形固定資産）の開発に関する支出額は、それが完成し利用を開始するまでの間、**ソフトウェア仮勘定（資産）**で処理します。完成して利用を開始した時点で、**ソフトウェア勘定（資産）**に振り替えます。なお、ソフトウェアの契約額に含まれる向こう３年間の保守サービス費用については、ソフトウェアの取得に係る付随費用というよりも、取得後の期間費用としての性格を有するため、ソフトウェアの取得原価には含めず、**長期前払費用勘定（資産）**として処理します。

(1) 契約時に契約額全額を支払い済み（処理済み）

（ソフトウェア仮勘定）	21,500,000	（当　座　預　金）	21,500,000

(2) 依頼した作業が完了し利用を開始した（本問の解答）

（ソ フ ト ウ ェ ア）	20,420,000 *3	（ソフトウェア仮勘定）	21,500,000 *1
（長 期 前 払 費 用）	1,080,000 *2		

＊１　支払い済みの契約額：21,500,000円
＊２　指示された向こう３年分の保守サービス費用：1,080,000円
＊３　貸借差額

POINT

●自社利用目的のソフトウェアはソフトウェア勘定（資産）で処理しますが、研究開発目的のソフトウェアは研究開発費勘定（費用）で処理します。

5．本支店会計

支店独立会計制度を前提とする本支店会計では、本店の帳簿（仕訳帳および総勘定元帳）とは別に、支店も独自の帳簿を有しています。そのため、支店の損益勘定で算出された当期純損益は、照合勘定（本店勘定、支店勘定）を経由して、本店の**損益勘定**へ振り替えます。

(1)　支店の処理

支店の当期純利益を損益勘定から本店勘定へ振り替えます。

(損　　　益)	777,000	(本　　　店)	777,000

(2)　本店の処理

支店の当期純利益が支店勘定から損益勘定へと振り替えられます。

(支　　　店)	777,000	(損　　　益)	777,000

第2問のポイント 難易度 A 配点 20点 目標点 16点

株主資本等変動計算書の作成問題です。吸収合併以外は基本的な論点といえます。単位が千円単位となっているので、読み間違えないように注意しましょう。

解 答

●数字につき配点

株 主 資 本 等 変 動 計 算 書

自×3年4月1日 至×4年3月31日 (単位：千円)

	株主資本			
	資本金	資本剰余金		
		資本準備金	その他資本剰余金	資本剰余金合計
当期首残高	(40,000)	(10,000)	(4,500)	(14,500)
当期変動額				
剰余金の配当		(❷ 100)	(△1,100)	(△1,000)
計数の変動	(5,000)	(△5,000)		(❷ △5,000)
新株の発行	(❷ 15,000)			
吸収合併	(❷ 29,000)			
当期純利益				
株主資本以外の項目の当期変動額(純額)				
当期変動額合計	(49,000)	(△4,900)	(△1,100)	(△6,000)
当期末残高	(89,000)	(5,100)	(3,400)	(8,500)

(下段へ続く)

（上段から続く）

	株主資本				評価・換算差額等		純資産合計
	利益剰余金			株主資本合計	その他有価証券評価差額金	評価・換算差額等合計	
	利益準備金	その他利益剰余金 繰越利益剰余金	利益剰余金合計				
当期首残高	（ 2,000 ）	（ 10,000 ）	（ 12,000 ）	（ 66,500 ）	（ 100 ）	（ 100 ）	（ 66,600 ）
当期変動額							
剰余金の配当	（❷ 200 ）	（ △2,200 ）	（ △2,000 ）	（ △3,000 ）			（ △3,000 ）
計数の変動				－			－
新株の発行				（ 15,000 ）			（ 15,000 ）
吸収合併				（ 29,000 ）			（ 29,000 ）
当期純利益		（❷ 4,000 ）	（ 4,000 ）	（ 4,000 ）			（ 4,000 ）
株主資本以外の項目の当期変動額（純額）					（❷△ 300 ）	（ △ 300 ）	（ △ 300 ）
当期変動額合計	（ 200 ）	（ 1,800 ）	（ 2,000 ）	（ 45,000 ）	（ △ 300 ）	（ △ 300 ）	（ 44,700 ）
当期末残高	（ 2,200 ）	（ 11,800 ）	（❷ 14,000 ）	（ 111,500 ）	（ △ 200 ）	（ △ 200 ）	（❷111,300 ）

【貸借対照表】

の れ ん	❷ 1,975 千円

解　説

（仕訳の単位：千円）

1．当期首残高

資料1．で与えられた、前期の決算時に作成した貸借対照表の純資産の部に記載された金額を、株主資本等変動計算書の**当期首残高**の欄に記入します。

POINT

●前期末＝当期首と考えます。

2．計数の変動

資本準備金から資本金に振り替えたとあるので、**資本準備金（純資産）**を減少させ、**資本金（純資産）**を増加させます。

(資本準備金)	5,000	(資　本　金)	5,000

3．剰余金の配当と準備金の積立て

剰余金を配当する際には、源泉とする剰余金を減少させます。また、**繰越利益剰余金**を配当する際には**利益準備金**を積立て、**その他資本剰余金**を配当する際には**資本準備金**を積立てます。積立額は、配当金の10分の１か、利益準備金と資本準備金の合計額が資本金の４分の１に達するまでの金額のうちいずれか**小さい額**とします。

(繰越利益剰余金)	2,200 *4	(未払配当金)	3,000 *1
(その他資本剰余金)	1,100 *5	(利益準備金)	200 *2
		(資本準備金)	100 *3

＊1　2,000千円＋1,000千円＝3,000千円

＊2　①　(2,000千円＋1,000千円)÷10＝300千円

②　資本金45,000千円÷4－(資本準備金5,000千円＋利益準備金2,000千円)
40,000千円+5,000千円　　10,000千円－5,000千円

＝4,250千円

③　①＜②　∴300千円

④　300千円×$\frac{2,000千円}{3,000千円}$＝200千円

＊3　①　3,000千円÷10＝300千円

②　資本金45,000千円÷4－(資本準備金5,000千円＋利益準備金2,000千円)＝4,250千円

③　①＜②　∴300千円

④　300千円×$\frac{1,000千円}{3,000千円}$＝100千円

＊4　2,000千円＋200千円＝2,200千円

＊5　1,000千円＋100千円＝1,100千円

4．増資

増資をしたときは、原則として全額を**資本金（純資産）**の増加として処理します。

(当座預金)	15,000	(資　本　金)	15,000 *

＊　2,500株×@6,000円＝15,000千円

POINT

●株価は円単位ですが、答案用紙は千円単位となります。単位に注意しましょう。

5．吸収合併

吸収合併を行ったとき、**時価**などを基準とした公正な評価額によって相手の資産と負債を引き継ぎます。対価として新株を発行したときは、吸収合併時の株価で新株を交付したと考え、**資本金（純資産）の増加**として処理します。また、貸借差額を**のれん（資産）**として処理します。

(諸　資　産)	41,000 *1	(諸　負　債)	14,000 *1
(の　れ　ん)	2,000 *3	(資　本　金)	29,000 *2

＊1　時価
＊2　5,000株×@5,800円＝29,000千円
＊3　貸借差額

6．当期純利益の振り替え

当期純利益（損益勘定）を**繰越利益剰余金（純資産）**に振り替えます。

(損　益)	4,000	(繰越利益剰余金)	4,000

7．その他有価証券の評価替え

株主資本等変動計算書では、その他有価証券評価差額金は株主資本以外の項目の当期変動額として純額で記載することになるため、前期末時価と当期末時価の差額を調整します。

(その他有価証券評価差額金)	300 *	(その他有価証券)	300

＊　1,800千円（当期末時価）－2,100千円（前期末時価）＝△300千円

POINT
●その他有価証券の評価差額は税効果会計を行うことがあります。問題文の指示をよく確認しましょう。

8．のれん償却

のれんを20年にわたり定額法で償却します。のれんが生じたのが期中である×4年1月1日であるため、月割計算を行います。

(のれん償却)	25 *	(の　れ　ん)	25

＊　$2,000千円 \div 20年 \times \frac{3か月(×4年1月1日～×4年3月31日)}{12か月} = 25千円$

のれん：2,000千円（5．吸収合併）－25千円＝1,975千円

第3問のポイント　難易度 B　配点 20点　目標点 14点

本問は損益計算書の作成問題です。貸倒引当金の対象によって、貸倒引当金繰入を記載する区分が変わるので注意しましょう。また、支払利息は決算整理仕訳においてリース取引と経過勘定の2か所で変動しますので、1か所を解いても油断しないようにしましょう。

解　答

●数字につき配点

損　益　計　算　書

自×3年4月1日　至×4年3月31日　（単位：円）

Ⅰ 売上高		(2,400,000)
Ⅱ 売上原価		
1 期首商品棚卸高	(162,000)	
2 当期商品仕入高	(1,350,000)	
合計	(1,512,000)	
3 期末商品棚卸高	(133,200)	
差引	(1,378,800)	
4 商品評価損	(3,480)	(1,382,280)
売上総利益		(1,017,720 ❷)
Ⅲ 販売費及び一般管理費		
1 給料	(426,000)	
2 広告宣伝費	(91,800)	
3 支払家賃	(9,720 ❷)	
4 棚卸減耗損	(4,440)	
5 減価償却費	(309,800 ❷)	
6 ソフトウェア償却	(15,000 ❷)	
7 貸倒損失	(3,600)	
8 貸倒引当金繰入	(2,598 ❷)	
9 役員賞与引当金繰入	(60,000 ❷)	(922,958)
営業利益		(94,762)
Ⅳ 営業外収益		
1 有価証券利息	(1,800 ❷)	
2 有価証券評価益	(5,400)	(7,200)
Ⅴ 営業外費用		
1 支払利息	(10,260)	
2 貸倒引当金繰入	(9,600 ❷)	
3 雑損	(1,200 ❷)	(21,060)
経常利益		(80,902)
Ⅵ 特別利益		
1 固定資産売却益		(3,000)
税引前当期純利益		(83,902)
法人税、住民税及び事業税		(25,100)
当期純利益		(58,802 ❷)

解説

〔決算整理事項等〕

1．売掛金の貸倒れ

借方科目	金額	貸方科目	金額
(貸倒引当金)	14,400	(売掛金)	18,000
(貸倒損失)	3,600		

2．現金過不足の整理

決算時に原因が判明した現金過不足額は正しい勘定へ振り替えますが、判明しない場合は、雑損または雑益へ振り替えます。

借方科目	金額	貸方科目	金額
(現金過不足)	7,800	(売掛金)	10,800
(広告宣伝費)	1,800		
(雑損)	1,200		

3．貸倒引当金（売上債権）

売上債権にかかる貸倒引当金繰入は「販売費及び一般管理費」に表示します。

借方科目	金額	貸方科目	金額
(貸倒引当金繰入)	2,598 *	(貸倒引当金)	2,598

＊ (243,000円〔受取手形〕＋392,400円〔売掛金〕－18,000円〔上記1.〕－10,800円〔上記2.〕)×３％＝18,198円

18,198円－(30,000円〔前T/B〕－14,400円〔上記1.〕)＝2,598円

4．貸倒引当金（営業外債権）

営業外債権（貸付金）にかかる貸倒引当金繰入は「営業外費用」に表示します。

借方科目	金額	貸方科目	金額
(貸倒引当金繰入)	9,600 *	(貸倒引当金)	9,600

＊ 240,000円×４％＝9,600円

5．売上原価の算定と期末商品の評価

① 売上原価の算定

借方科目	金額	貸方科目	金額
(仕入)	162,000	(繰越商品)	162,000
(繰越商品)	133,200	(仕入)	133,200

② 棚卸減耗損の計上

(棚 卸 減 耗 損)	4,440	(繰 越 商 品)	4,440

③ 商品評価損の計上

(商 品 評 価 損)	3,480	(繰 越 商 品)	3,480

④ 商品評価損の売上原価への算入

(仕 入)	3,480	(商 品 評 価 損)	3,480

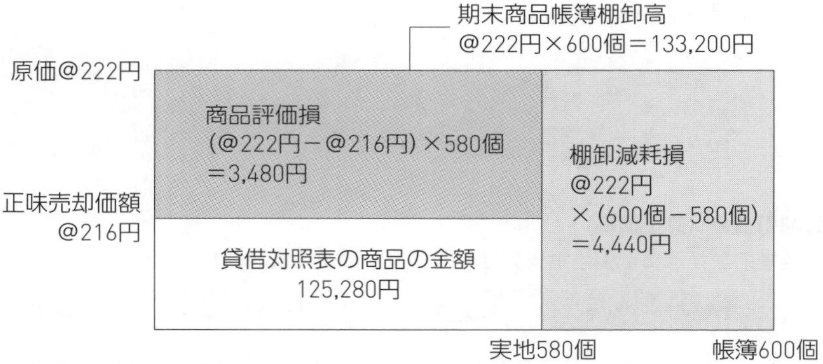

期末商品帳簿棚卸高
@222円×600個＝133,200円

原価@222円

商品評価損
(@222円－@216円)×580個
＝3,480円

棚卸減耗損
@222円
×(600個－580個)
＝4,440円

正味売却価額
@216円

貸借対照表の商品の金額
125,280円

実地580個　帳簿600個

6．売買目的有価証券の評価替え

(売買目的有価証券)	5,400	(有 価 証 券 評 価 益)	5,400 *

＊ 221,400円(時価)－216,000円(前T/B)＝5,400円(評価益)

7．満期保有目的債券の評価替え：償却原価法（定額法）

(満期保有目的債券)	300	(有 価 証 券 利 息)	300 *

＊ 当期償却額：(300,000円(額面総額)－297,000円(前T/B))×$\frac{6か月}{60か月}$＝300円

8．固定資産

(減価償却費)	250,400	(建物減価償却累計額)	68,000 *1
		(備品減価償却累計額)	182,400 *2

＊1　建物：2,040,000円（前T/B）÷30年＝68,000円

＊2　備品：(1,200,000円（前T/B）－288,000円（前T/B）)×20％＝182,400円

9．リース取引

(1) 減価償却費

リース期間にわたって定額法で減価償却費を算定します。

(減価償却費)	59,400 *1	(リース資産減価償却累計額)	59,400

＊1　594,000円÷５年×$\frac{6か月(×3年10/1～×4年3/31)}{12か月}$＝59,400円

(2) 利息の未払い

リース料の支払日と決算日が異なるため、利息の未払計上を行います。

(支払利息)	8,100 *2	(未払利息)	8,100

＊2　①リース料総額：135,000円×５年＝675,000円
②支払利息総額：675,000円－594,000円＝81,000円
③当期分の支払利息：81,000円÷５年×$\frac{6か月(×3年10/1～×4年3/31)}{12か月}$＝8,100円

10．ソフトウェア償却

自社利用のソフトウェアは、利用可能期間にわたって、残存価額をゼロとした定額法で償却します。本問は１年分償却済みなので残存利用可能期間２年で償却します。

(ソフトウェア償却)	15,000 *	(ソフトウェア)	15,000

＊　30,000円÷２年＝15,000円

11．役員賞与引当金

(役員賞与引当金繰入)	60,000	(役員賞与引当金)	60,000

12. 費用の前払い

(前　払　家　賃)	3,240 *	(支　払　家　賃)	3,240

＊　810円×４か月＝3,240円

〔参　考〕

$$\underset{\text{前T/B}}{\underset{\sim\sim\sim}{12{,}960\text{円}}}\times\frac{4\text{か月}}{12\text{か月}+4\text{か月}}=3{,}240\text{円}$$

※　支払家賃：12,960円（前T/B）－3,240円＝9,720円

支払家賃勘定の残高12,960円は、前期に前払処理を行った４か月分（×3年４月１日～７月31日）と、当期（×3年８月１日）に支払った12か月分（×3年８月１日～×4年７月31日）の合計の16か月分です。したがって、次期の４か月分（×4年４月１日～７月31日）を前払処理します。

13. 費用の未払い

(支　払　利　息)	360 *	(未　払　利　息)	360

$$＊\quad \underset{\text{借入金}}{43{,}200\text{円}}\times5\%\times\frac{2\text{か月}}{12\text{か月}}=360\text{円}$$

〔参　考〕

$$\underset{\text{前T/B}}{1{,}800\text{円}}\times\frac{2\text{か月}}{12\text{か月}-2\text{か月}}=360\text{円}$$

※　支払利息：1,800円（前T/B）＋8,100円（リース取引）＋360円＝10,260円

支払利息勘定の残高1,800円は、前期に未払計上した２か月分（×3年２月１日～３月31日）の再振替分と、当期（×4年１月31日）に支払った12か月分（×3年２月１日～×4年１月31日）との差である10か月分です。したがって、当期の２か月分（×4年２月１日～３月31日）を未払処理します。

14. 法人税等の処理

(法人税、住民税及び事業税)	25,100 *1	(仮 払 法 人 税 等)	15,000
		(未 払 法 人 税 等)	10,100 *2

＊1　法人税、住民税及び事業税：税引前当期純利益83,902円（P/L）×30%

＝25,170.6円→25,100円（百円未満切捨）

＊2　25,100円（法人税等）－仮払法人税等15,000円（前T/B）＝10,100円

〔参　考〕

貸借対照表

×4年3月31日　　(単位：円)

資産の部			負債の部		
Ⅰ　流動資産			Ⅰ　流動負債		
1　現金預金		914,700	1　支払手形		138,000
2　受取手形	243,000		2　買掛金		1,134,000
3　売掛金	363,600		3　借入金		43,200
計	606,600		4　リース債務		118,800
貸倒引当金	18,198	588,402	5　役員賞与引当金		60,000
4　短期貸付金	240,000		6　未払費用		8,460
貸倒引当金	9,600	230,400	7　未払法人税等		10,100
5　商品		125,280	流動負債合計		1,512,560
6　有価証券		221,400	Ⅱ　固定負債		
7　前払費用		3,240	1　リース債務		475,200
流動資産合計		2,083,422	固定負債合計		475,200
Ⅱ　固定資産			負債合計		1,987,760
1　建物	2,040,000				
減価償却累計額	340,000	1,700,000	純資産の部		
2　備品	1,200,000		Ⅰ　資本金		2,640,000
減価償却累計額	470,400	729,600	Ⅱ　利益剰余金		
3　リース資産	594,000		1　利益準備金	390,000	
減価償却累計額	59,400	534,600	2　別途積立金	162,000	
4　ソフトウェア		15,000	3　繰越利益剰余金	180,162	732,162
5　投資有価証券		297,300	純資産合計		3,372,162
固定資産合計		3,276,500			
資産合計		5,359,922	負債及び純資産合計		5,359,922

第4問のポイント　難易度 A　配点 28点　目標点 22点

(1)　工業簿記の仕訳問題です。差異の仕訳は貸借に気をつけながら仕訳しましょう。
(2)　工程別総合原価計算の問題です。正常仕損の処理方法や材料の投入点など、資料の読み飛ばしに注意して解答しましょう。

解　答

(1)　　仕訳一組につき４点

(注) 実際の本試験では記号のみを解答してください。

	借方 記号	借方 金額	貸方 記号	貸方 金額
1	(ア) 材料	3,150,000	(カ) 本社元帳 (オ) 材料副費	3,000,000 150,000
2	(カ) 賃率差異	90,000	(エ) 賃金	90,000
3	(イ) 仕掛品	700,000	(エ) 第１製造部門費 (オ) 第２製造部門費	435,000 265,000

(2)　　●数字につき配点

第１工程：	月末仕掛品原価	材料Ｘ	(❷ 52,000)	円
		加工費	(❷ 35,100)	円
	完成品総合原価		(❷ 910,000)	円
第２工程：	月末仕掛品原価	前工程費	(❷ 104,000)	円
		材料Ｙ	(❷ 0)	円
		加工費	(❷ 16,000)	円
	完成品総合原価		(❷ 1,431,300)	円
	完成品単位原価		(❷ 214)	円/kg

解　説

(1) 仕訳問題

1．材料の購入および材料副費の予定配賦（本社工場会計）

材料を購入したときは、購入代価（本体価格）に材料副費（付随費用）を加算した購入原価で**材料勘定の借方**に記入します。なお、本問では、工場側で使用できる勘定科目に注意が必要です。工場側に設定されていない勘定科目については、本社と工場の取引と考え、本社元帳勘定で処理します。

① 会社全体で考えた場合の仕訳

借方科目	金額	貸方科目	金額
（材　　料）	3,150,000 *2	（買　掛　金）	3,000,000
		（材 料 副 費）	150,000 *1

＊1　材料副費（予定配賦額）：購入代価3,000,000円×５％＝150,000円

＊2　購入原価：購入代価3,000,000円＋材料副費150,000円＝3,150,000円

② 工場側の仕訳

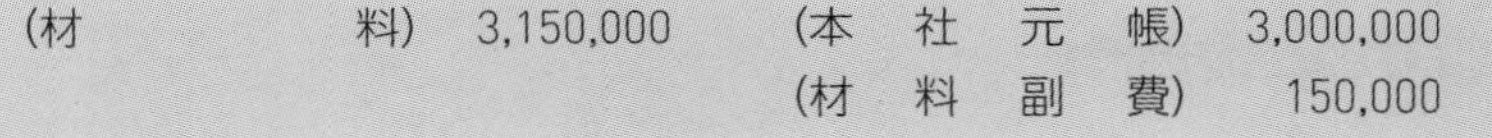

借方科目	金額	貸方科目	金額
（材　　料）	3,150,000	（本 社 元 帳）	3,000,000
		（材 料 副 費）	150,000

●材料副費は、実際発生額を購入原価に加算する方法と、予定配賦額を購入原価に加算する方法があります。

2．賃率差異の計上

予定消費額と実際消費額との差額を、貸方差異（有利差異）は賃金勘定の借方から**賃率差異勘定の貸方**へ、借方差異（不利差異）は賃金勘定の貸方から**賃率差異勘定の借方**へ振り替えます。

賃率差異：予定消費額1,450,000円－実際消費額1,540,000円
　　　　＝△90,000円（借方差異）

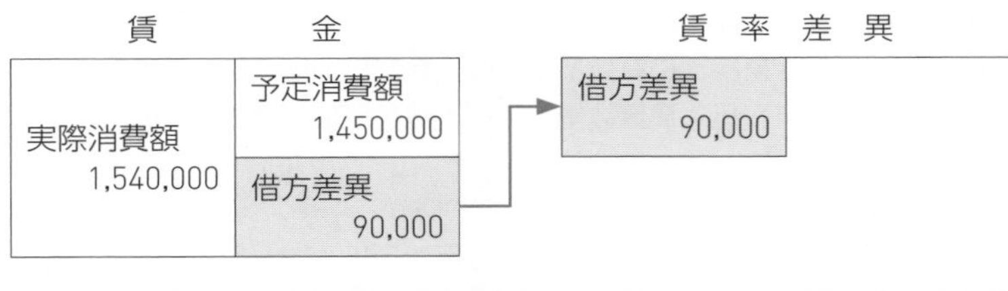

借方科目	金額	貸方科目	金額
（賃 率 差 異）	90,000	（賃　　金）	90,000

3．製造部門費の配賦（部門別計算）

個別原価計算において、製造間接費の部門別配賦を行っているときは、第一次集計（製造間接費をすべての部門へ配賦すること）と第二次集計（補助部門費を製造部門へ配賦すること）を経て集計された製造部門費の金額が、各製品に適切な配賦基準によって配賦されます。したがって、配賦額を各製造部門費勘定から**仕掛品勘定**に振り替えます。

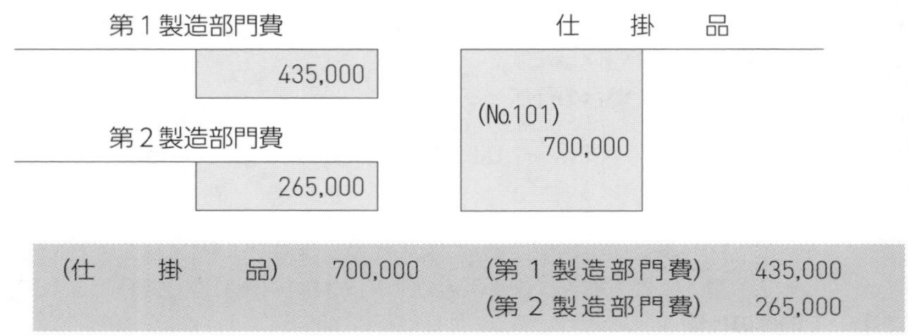

(仕　　掛　　品)	700,000	(第１製造部門費)	435,000
		(第２製造部門費)	265,000

⑵　工程別総合原価計算

１つの製品を２つ以上の連続する工程で行う場合、工程ごとに原価を計算する総合原価計算を、工程別総合原価計算といいます。本問における製品Ｚの原価計算は、次のように行われています。

第１工程：始点で材料Ｘを投入し、その材料Ｘに加工を加えて第１工程完成品（完了品）を産出して、第２工程に振り替えています。なお、工程の途中で生じた正常仕損費（発生点が不明）は度外視法により、第１工程完成品および月末仕掛品に負担させます。

第２工程：第１工程完成品（完了品）を始点投入の材料（前工程費）として受け入れ、これに更なる加工を加えて最終的な完成品を産出しています。このような計算を累加法と呼んでいます。なお、第２工程では加工の途中（加工進捗度60％＝0.6）で材料Ｙを追加投入しています。

※　各工程の計算にあたり、仕掛品の加工進捗度が示されていませんが、加工進捗度にもとづく完成品換算数量から計算することができます。

第１工程月末仕掛品：換算数量390kg÷数量1,300kg＝0.3（30％）
第２工程月初仕掛品：換算数量350kg÷数量500kg＝0.7（70％）
月　末　仕　掛　品：換算数量320kg÷数量800kg＝0.4（40％）

１．第１工程の計算

第１工程は月初仕掛品が存在しないため、当月原価投入額を月末仕掛品原価と完成品総合原価に配分します。

なお、正常仕損が工程の途中で発生している場合（発生点が不明である場合）は、正常仕損費（正常仕損品製造に要した費用から処分価値を控除した金額。本問では処分価値はゼロ。）を月末仕掛品と完成品の両者で負担します。両者負担の場合、正常仕損の生産データを計算上無視して月末仕掛品原価と完成品総合原価の按分計算を行います。

①　材料Xの計算

材料Xは工程の始点で全量が投入されているため、「数量」の割合で原価を按分します。

第1工程仕掛品－材料X

月末仕掛品原価：

$$\frac{332{,}000円}{7{,}000\text{kg}分+1{,}300\text{kg}分}\times 1{,}300\text{kg}分=52{,}000円$$

完成品原価：
332,000円－52,000円＝280,000円

②　加工費の計算

加工費は、完成品と月末仕掛品の「完成品換算数量」の割合で原価を按分します。

第1工程仕掛品－加工費

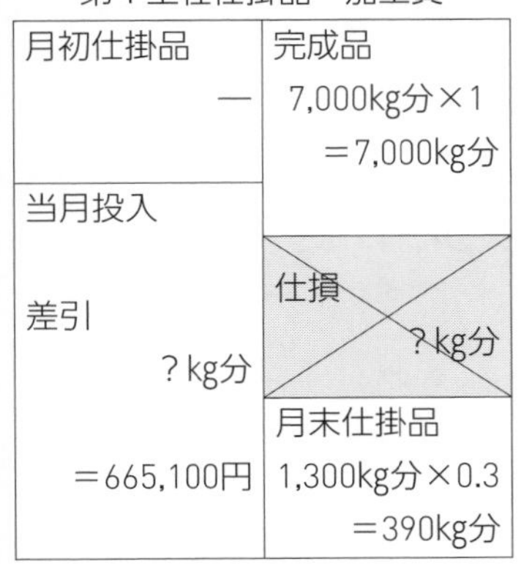

月末仕掛品原価：

$$\frac{665{,}100円}{7{,}000\text{kg}分+390\text{kg}分}\times 390\text{kg}分=35{,}100円$$

完成品原価：
665,100円－35,100円＝630,000円

③　①材料Xと②加工費の合計

第1工程：月末仕掛品原価　①材料X 52,000円＋②加工費35,100円＝87,100円
　　　　　完成品総合原価　①材料X 280,000円＋②加工費630,000円
　　　　　　　　　　　　　＝910,000円

2．第２工程の計算（先入先出法）

第２工程では、原価投入額（月初仕掛品原価と当月投入額）を完成品原価と月末仕掛品原価に配分する方法として「先入先出法」を用いることから、完成品原価の計算においては月初仕掛品原価を優先して割り当てます。

①　前工程費の計算

前工程費（第１工程完成品の投入）は、始点投入の材料とみなし、「数量」の割合で原価を按分します。なお、上記１．で計算した第１工程完成品総合原価が、第２工程の前工程費の当月投入金額となります。

第２工程仕掛品－前工程費

月初仕掛品 500kg分×１ ＝500kg分=52,000円	完成品 6,700kg分×１ ＝6,700kg分
当月投入 7,000kg分 ＝910,000円	月末仕掛品 800kg分×１ ＝800kg分

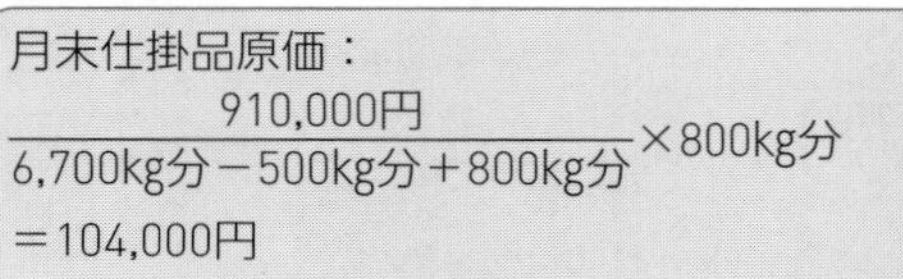

月末仕掛品原価：

$$\frac{910{,}000円}{6{,}700kg分-500kg分+800kg分}\times 800kg分$$

＝104,000円

完成品原価：
52,000円＋910,000円－104,000円＝858,000円

●累加法による工程別総合原価計算では、第１工程完成品原価を前工程費として第２工程で計算します。

②　材料Ｙの計算

材料Ｙは加工進捗度0.6で投入されるため、加工進捗度0.4の月末仕掛品には投入されていません。したがって、月初仕掛品と当月投入の材料Ｙはすべて当月完成品原価として計算します。

第２工程仕掛品－材料Ｙ

月初仕掛品 500kg分×１ ＝500kg分＝18,500円	完成品 6,700kg分×１ ＝6,700kg分
当月投入 差引： 6,200kg分 ＝217,000円	月末仕掛品 800kg分×０ ＝0kg分

月末仕掛品原価：
0円

完成品原価：
18,500円＋217,000円＝235,500円

③　加工費の計算

加工費は、完成品と月末仕掛品の「完成品換算数量」の割合で按分計算します。

第２工程仕掛品－加工費

月初仕掛品 500kg分×0.7 =350kg分=20,300円	完成品 6,700kg分×1 ＝6,700kg分
当月投入 差引： 6,670kg分 ＝333,500円	月末仕掛品 800kg分×0.4 ＝320kg分

月末仕掛品原価：

$$\frac{333{,}500円}{6{,}700kg分-350kg分+320kg分}\times 320kg分$$

＝16,000円

完成品原価：
20,300円＋333,500円－16,000円＝337,800円

④　①前工程費と②材料Ｙと③加工費の合計

第２工程：月末仕掛品原価　①前工程費104,000円＋②材料Ｙ０円
＋③加工費16,000円＝120,000円

完成品総合原価　①前工程費858,000円＋②材料Ｙ235,500円
＋③加工費337,800円＝1,431,300円

完成品単位原価　1,431,300円÷6,700kg＝213.6268…
→214円/kg（円未満四捨五入）

第5問のポイント 難易度 A 配点 12点 目標点 9点

標準原価計算の問題です。標準原価計算の差異分析としては基本的な内容なので高得点をねらいましょう。差異分析はボックス図やシュラッター図を描いて慎重に解くようにしましょう。

解答

●数字につき配点

問1

❸ 345,200 円	（(借方差異)・貸方差異）

いずれかを○で囲むこと

問2

❸ 297,200 円	（(借方差異)・貸方差異）

いずれかを○で囲むこと

問3

❸ 66,000 円	（(借方差異)・貸方差異）

いずれかを○で囲むこと

問4

❸ 42,000 円	（(借方差異)・貸方差異）

いずれかを○で囲むこと

解説

1．直接材料費差異

⑴ 直接材料費差異の算定（問1）

当月の実際製造費用と、標準原価によって算定した直接材料費の差額を求めます。

直接材料費差異：3,200円×3,700個－12,185,200円＝△345,200円(借方差異)(問1)

（3,200円：1個あたりの標準直接材料費　3,700個：完成品数量　12,185,200円：直接材料費の実際製造費用）

⑵ 直接材料費差異の分析（問2）

直接材料費差異を消費量差異と価格差異に分析します。

	実際直接材料費 12,185,200円	
実際単価 820円/kg*1	価格差異 △297,200円	
標準単価 800円/kg	標準直接材料費 11,840,000円	消費量差異 △48,000円
	標準消費量 14,800kg*2	実際消費量 14,860kg

＊1　12,185,200円÷14,860kg＝820円/kg

＊2　4kg×3,700個＝14,800kg

価格差異：(800円/kg－820円/kg)×14,860kg＝△297,200円(借方差異)(問2)

消費量差異：(14,800kg－14,860kg)×800円/kg＝△48,000円（借方差異）

POINT

●参考までに解説に記載していますが、標準消費量と消費量差異は問われていないため、計算する必要はありません。

2．直接労務費差異の分析（問3）

直接労務費差異を賃率差異と作業時間差異に分析します。

	実際直接労務費 4,211,200円	
実際賃率 2,240円/時間*2	賃率差異 △75,200円	
標準賃率 2,200円/時間	標準直接労務費 4,070,000円	作業時間差異 △66,000円
	標準作業時間 1,850時間*1	実際作業時間 1,880時間

＊1　0.5時間×3,700個＝1,850時間

＊2　4,211,200円÷1,880時間＝2,240円/時間

賃率差異：(2,200円/時間－2,240円/時間)×1,880時間＝△75,200円（借方差異）

作業時間差異：(1,850時間－1,880時間)×2,200円/時間＝△66,000円（借方差異）

（問3）

●参考までに解説に記載していますが、実際賃率と賃率差異は問われていないため、計算する必要はありません。

3．製造間接費差異の分析（問4）

製造間接費差異を予算差異と能率差異、操業度差異に分析します。

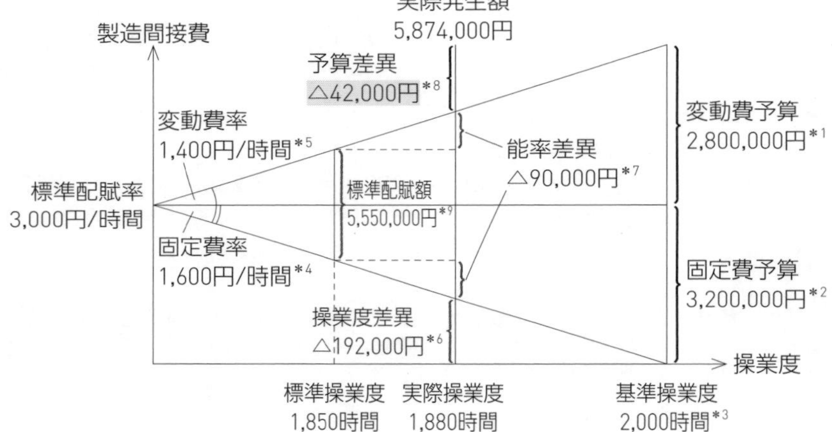

＊1　33,600,000円÷12か月＝2,800,000円（1か月あたりの変動費予算）
　　年間変動製造間接費予算

＊2　38,400,000円÷12か月＝3,200,000円（1か月あたりの固定費予算）
　　年間固定製造間接費予算

＊3　24,000時間÷12か月＝2,000時間（1か月あたりの基準操業度）
　　年間正常直接作業時間

＊4　3,200,000円÷2,000時間＝1,600円/時間

＊5　3,000円/時間－1,600円/時間＝1,400円/時間
　　標準配賦率　固定費率

＊6　(1,880時間－2,000時間)×1,600円/時間＝△192,000円（借方差異）

＊7　(1,850時間－1,880時間)×3,000円/時間＝△90,000円（借方差異）

＊8　(1,880時間×1,400円/時間＋3,200,000円)－5,874,000円
　　＝△42,000円（借方差異）（問4）

＊9　1,850時間×3,000円/時間＝5,550,000円

POINT

●参考までに解説に記載していますが、操業度差異や能率差異は問われていないため、計算する必要はありません。

LECTURE

製造間接費の差異分析

製造間接費差異(総差異)＝標準製造間接費－実際発生額

●予算差異＝予算許容額－実際発生額

●操業度差異＝固定費率×(実際操業度－基準操業度)

●能率差異＝標準配賦率×(標準操業度－実際操業度)

第8回 予想問題 解答・解説

解き方

第２問の連結財務諸表の作成問題はやや難易度が高いため後回しにしましょう。
したがって、第１問→第４問→第５問→第３問→第２問の順番に解きましょう。なお、決算整理後残高試算表は、簡単に解答可能な箇所を拾い上げて点数を稼ぐとよいです。

第1問のポイント

難易度 A　配点 20点　目標点 16点

基本的な仕訳問題ばかりです。特に２問目は勘定科目にさえ注意すれば簡単に正解できる問題なので、すばやく解いて次の問題にとりかかりましょう。

解答

仕訳一組につき４点

（注）実際の本試験では記号のみを解答してください。

	借方 記号	借方 金額	貸方 記号	貸方 金額
1	（エ）満期保有目的債券	147,525,000	（イ）当座預金	147,975,000
	（カ）有価証券利息	450,000		
	（ウ）子会社株式	3,037,500	（キ）普通預金	3,037,500
2	（ア）当座預金	250,000	（カ）未払金	250,000
3	（ウ）契約資産	50,000	（カ）売上	50,000
4	（エ）退職給付引当金	3,360,000	（イ）当座預金	3,360,000
5	（キ）繰越利益剰余金	25,750,000	（ア）未払配当金	19,500,000
			（エ）利益準備金	1,250,000
			（カ）別途積立金	5,000,000

解　説

1．有価証券の購入

有価証券は保有目的によって計上する勘定科目が異なります。

(1)　満期保有目的債券の購入（端数利息）

満期まで保有する目的で社債などの債券を購入した場合、取得原価を**満期保有目的債券勘定（資産）**で処理します。また、証券会社に支払う手数料は取得原価に含めます。売主に支払った端数利息（前回の利払日の翌日から購入日までの利息）は**有価証券利息勘定（収益）**として借方に計上します。

借方	金額	貸方	金額
(満期保有目的債券)	147,525,000 *1	(当　座　預　金)	147,975,000
(有 価 証 券 利 息)	450,000 *2		

＊1　$150,000,000円 \times \frac{@97.90円}{@100円} + 675,000円 = 147,525,000円$

＊2　前回の利払日の翌日から購入日までの日数：$\underbrace{31日}_{1月} + \underbrace{19日}_{2月} = 50日$

端数利息：$150,000,000円 \times 2.19\% \times \frac{50日}{365日} = 450,000円$

POINT

●有価証券利息は収益の勘定科目ですが、売主に端数利息を支払うときは、収益のマイナスとして借方に計上します。

(2)　子会社株式の購入

発行済み株式の60％を所有しているため、**子会社株式勘定（資産）**として処理します。

借方	金額	貸方	金額
(子　会　社　株　式)	3,037,500 *	(普　通　預　金)	3,037,500

＊　@375円×8,100株＝3,037,500円

POINT

●他に指示がない限り、企業の発行する株式のうち、過半数（50％超）を所有している場合には、その企業の意思決定機関を支配していると考えます。

2．銀行勘定調整表（当座預金の修正）

未払金の支払いのために振り出した小切手を渡していなかった状況です（未渡小切手）。したがって、いまだ未払金の支払いが行われていないため、**小切手振出時の逆仕訳**を行います。

POINT

●未渡小切手の処理を考える場合には、まず借方に当座預金を計上します。貸方科目は状況次第なので、問題文から判断しましょう。

3．収益の認識（契約締結および商品引き渡し時）

商品Ｘについて売上を計上します。ただし、対価の受け取りは商品Ｘと商品Ｙの両方を引き渡すことを条件としているため、売掛金（資産）ではなく、**契約資産勘定（資産）**を計上します。

POINT

●顧客との契約において、商品Yの引き渡しが完了した後に対価の支払いが行われるため、まだ商品Xの対価を請求できません。このようなときに、引き渡した商品Xの売上に対する相手勘定科目として契約資産勘定を計上します。

4．退職給付引当金：退職年金と退職一時金

退職年金を給付するため年金基金などへ掛け金を支払ったとき、および退職一時金を支給したときは、いずれも退職給付引当金を取り崩します。

なお、「退職一時金」は企業が直接支給するため、その支給時に退職給付引当金を取り崩しますが、「退職年金」の給付は企業に代わって年金基金などが支給するため、企業が年金基金など、その「掛け金」を支払ったときに**退職給付引当金勘定（負債）**を取り崩します。

⑴ 年金基金への掛け金の支払い

(退職給付引当金)	1,440,000	(当　座　預　金)	1,440,000

⑵ 退職一時金の支給

(退職給付引当金)	1,920,000	(当　座　預　金)	1,920,000

⑶ まとめ（本問の解答です。）

(退職給付引当金)	3,360,000	(当　座　預　金)	3,360,000

●退職一時金を支払ったときや、年金基金の掛け金を支払ったときは、退職給付引当金を減少させます。

5．剰余金の配当と処分

株主総会において、繰越利益剰余金の配当や積み立てなどの処分が承認されたときは、配当および処分した金額の合計を**繰越利益剰余金勘定（純資産）**から減額し、該当する勘定へ振り替えます。なお、会社法の規定では、繰越利益剰余金から株主に配当を行う場合、その10分の１の利益準備金を積み立てなければならないとしており、また積立限度額は、利益準備金と資本準備金の合計額が資本金の４分の１に達するまでとなっています。したがって、次の(1)および(2)のうち、いずれか少ない方の金額を積み立てます。

(繰越利益剰余金)	25,750,000	(未払配当金)	19,500,000
		(利益準備金)	1,250,000
		(別途積立金)	5,000,000

(1)　積立限度額

資本金125,000,000円×$\frac{1}{4}$－(25,000,000円〔資本準備金〕＋5,000,000円〔利益準備金〕)＝1,250,000円

(2)　要積立額

@6,500円〔配当金〕×3,000株＝19,500,000円

19,500,000円×$\frac{1}{10}$＝1,950,000円

(3)　利益準備金積立額

(1)＜(2)　　∴　1,250,000円

●繰越利益剰余金から配当したときは利益準備金を、その他資本剰余金から配当したときは資本準備金を積み立てます。

第2問のポイント 難易度 A 配点 20点 目標点 16点

連結財務諸表の作成問題です。連結会社間で振り出した約束手形の割引きや、連結会社間での貸付けを連結修正仕訳で処理するため、やや難易度が高いといえますが、落ち着いて解けば高得点を狙える問題です。

解　答

●数字につき配点

連結損益計算書
自×3年4月1日　至×4年3月31日

（単位：円）

費用	金額	収益	金額
売上原価	（ 43,840,000 ）	売上高	（ 68,000,000 ）
販売費及び一般管理費	（❷ 22,016,000 ）	営業外収益	（❷ 1,036,800 ）
のれん償却	（❷ 38,400 ）	特別利益	（ 1,920,000 ）
営業外費用	（ 912,000 ）		
非支配株主に帰属する当期純利益	（❷ 377,600 ）		
親会社株主に帰属する当期純利益	（❷ 3,772,800 ）		
	（ 70,956,800 ）		（ 70,956,800 ）

連結貸借対照表
×4年３月31日　(単位：円)

資産	金額	負債・純資産	金額
諸資産	(32,096,000)	諸負債	(12,544,000)
受取手形	(6,120,000)	支払手形	(8,600,000)
売掛金	(4,768,000)	買掛金	(❷ 4,568,000)
商品	(6,056,000)	未払費用	(❷ 16,000)
土地	(❷ 35,776,000)	短期借入金	(2,000,000)
のれん	(268,800)	資本金	(❷ 42,000,000)
		利益剰余金	(❷ 9,561,600)
		非支配株主持分	(5,795,200)
	(85,084,800)		(85,084,800)

解　説

連結財務諸表の作成問題です。以下に必要な連結修正仕訳を示します。なお、本問では連結株主資本等変動計算書の作成は問われていないため、連結株主資本等変動計算書の項目はすべて連結貸借対照表の純資産の項目で示します。

Ⅰ　資本連結

1．開始仕訳（前期末までの連結修正仕訳）

開始仕訳における連結損益計算書項目は、当期首の連結貸借対照表の利益剰余金に影響を与えることになるため、「収益・費用の科目」を「利益剰余金」に置き換えて仕訳を行います。

⑴　S社の利益剰余金の推移

支配獲得日　　　（×1年４月１日）　　960,000円
　　⬇＋　288,000円（当期純利益）△　48,000円（利益剰余金の配当）
連結第１年度末（×2年３月31日）　1,200,000円
　　⬇＋　864,000円（当期純利益）△144,000円（利益剰余金の配当）
連結第２年度末（×3年３月31日）　1,920,000円
　　⬇＋1,152,000円（当期純利益）△192,000円（利益剰余金の配当）
連結第３年度末（×4年３月31日）　2,880,000円

⑵　投資と資本の相殺消去

支配獲得日（×1年４月１日）におけるP社の投資（子会社株式8,160,000円）とS社の資本（資本金12,000,000円、利益剰余金960,000円）を相殺消去します。なお、相殺消去するS社資本のうち40％（＝１－60％）は「非支配株主持分」として計上し、親会社の持分と取得原価との差額を「のれん」として計上します。

(資　本　金)	12,000,000	(子 会 社 株 式)	8,160,000
(利 益 剰 余 金)	960,000	(非支配株主持分)	5,184,000 *[1]
(の　れ　ん)	384,000 *[2]		

＊1　(12,000,000円＋960,000円)×40％＝5,184,000円

＊2　(12,000,000円＋960,000円)×60％－8,160,000円
　　＝△384,000円（借方差額＝のれん）

(3) 過年度におけるのれんの償却

過去２年分（×1年４月１日～×3年３月31日）ののれんを償却します（償却期間：10年間)。なお、過年度の「のれん償却」（費用）は「利益剰余金」に置き換えて仕訳を行います。

(利 益 剰 余 金) のれん償却	76,800 *	(の　れ　ん)	76,800

＊　384,000円÷10年×２年分＝76,800円

(4) 子会社増加剰余金の振り替え

過去２年間における子会社の利益剰余金の増加分のうち非支配株主の持分について、非支配株主持分に振り替えます。

(利 益 剰 余 金)	384,000	(非支配株主持分)	384,000 *

＊　利益剰余金の増加分：
　連結第２年度末1,920,000円－支配獲得日960,000円＝960,000円
　利益剰余金の振替額：
　利益剰余金の増加分960,000円×非支配株主の持分40％＝384,000円

(5) まとめ

(資　本　金)	12,000,000	(子 会 社 株 式)	8,160,000
(利 益 剰 余 金)	1,420,800	(非支配株主持分)	5,568,000
(の　れ　ん)	307,200		

【参　考】

(4)　子会社増加剰余金の振り替えは、次のように処理することもできます。

①　連結第１年度の子会社当期純利益の非支配株主持分への振り替え

S社の当期純利益のうち非支配株主に帰属する部分を連結上の利益から減額し、「非支配株主持分」へ振り替えます。なお、過年度の「非支配株主に帰属する当期純利益」（費用）は「利益剰余金」に置き換えて仕訳を行います。

(利 益 剰 余 金) 非支配株主に帰属する当期純利益	115,200	(非支配株主持分)	115,200 *

＊　連結第１年度Ｓ社当期純利益288,000円×40％＝115,200円

② 連結第１年度の子会社配当金の修正

Ｓ社が行った配当について、Ｐ社に対する配当はＰ社の「受取配当金」と相殺し、非支配株主に対する配当は「非支配株主持分」を調整することにより、Ｓ社の「利益剰余金」の減少を取り消します。なお、過年度の「受取配当金」（収益）は「利益剰余金」に置き換えて仕訳を行います。

借方	金額	貸方	金額
(利益剰余金) 受取配当金	28,800 *1	(利益剰余金)	48,000
(非支配株主持分)	19,200 *2		

＊１　連結第１年度Ｓ社剰余金配当48,000円×60％＝28,800円
＊２　連結第１年度Ｓ社剰余金配当48,000円×40％＝19,200円

③ 連結第２年度の子会社当期純利益の非支配株主持分への振り替え

借方	金額	貸方	金額
(利益剰余金) 非支配株主に帰属する当期純利益	345,600	(非支配株主持分)	345,600 *

＊　連結第２年度Ｓ社当期純利益864,000円×40％＝345,600円

④ 連結第２年度の子会社配当金の修正

借方	金額	貸方	金額
(利益剰余金) 受取配当金	86,400 *1	(利益剰余金)	144,000
(非支配株主持分)	57,600 *2		

＊１　連結第２年度Ｓ社剰余金配当144,000円×60％＝86,400円
＊２　連結第２年度Ｓ社剰余金配当144,000円×40％＝57,600円

2．期中仕訳

(1) のれんの償却

借方	金額	貸方	金額
(のれん償却)	38,400 *	(のれん)	38,400

＊　384,000円÷10年＝38,400円

(2) 子会社当期純利益の非支配株主持分への振り替え

借方	金額	貸方	金額
(非支配株主に帰属する当期純利益)	460,800	(非支配株主持分)	460,800 *

＊　連結第３年度Ｓ社当期純利益1,152,000円×40％＝460,800円

(3) 子会社配当金の修正

借方	金額	貸方	金額
(営業外収益) 受取配当金	115,200 *1	(利益剰余金)	192,000
(非支配株主持分)	76,800 *2		

＊１　連結第３年度Ｓ社剰余金配当192,000円×60％＝115,200円
＊２　連結第３年度Ｓ社剰余金配当192,000円×40％＝76,800円

Ⅱ　成果連結

1．内部取引および債権債務の相殺消去

(1)　売上高と売上原価

内部取引であるＳ社のＰ社に対する売上高と、Ｐ社のＳ社からの仕入高（売上原価）を相殺します。

(売　上　高)	18,000,000	(売　上　原　価)	18,000,000

(2)　売掛金と買掛金

連結会社相互間で保有している債権と債務は、期末残高を相殺消去します。

(買　掛　金)	1,344,000	(売　掛　金)	1,344,000

(3)　割引手形の修正

連結会社相互間において、一方が振り出した手形を他方が連結グループ外部の銀行で割り引いた場合は、連結上、手形の振り出しによる資金の借り入れと考え、割り引いた手形金額を連結貸借対照表上、「借入金（通常は短期借入金）」として処理します。

(支　払　手　形)	400,000	(短　期　借　入　金)	400,000

(4)　短期貸付金と短期借入金

連結会社相互間で保有している債権と債務は、期末残高を相殺消去します。

(短　期　借　入　金)	800,000	(短　期　貸　付　金)	800,000

(5)　営業外収益と営業外費用

内部取引であるＳ社のＰ社に対する支払利息（営業外費用）と、Ｐ社のＳ社からの受取利息（営業外収益）を相殺します。

(営　業　外　収　益) 受取利息	24,000	(営　業　外　費　用) 支払利息	24,000 *

＊　$800{,}000円 \times 4\% \times \frac{9か月}{12か月} = 24{,}000円$

POINT

●連結修正仕訳において、連結会社間の借入金・貸付金と、支払利息・受取利息はセットで出題されることが多いので注意しましょう。

(6)　未収収益と未払費用

内部取引であるＳ社のＰ社に対する未払費用と、Ｐ社のＳ社からの未収収益を相殺します。

(未払費用)	8,000	(未収収益)	8,000 *

＊　$800{,}000円 \times 4\% \times \frac{3か月}{12か月} = 8{,}000円$

2．未実現利益の消去

(1)　期末商品に含まれる未実現利益の消去（アップ・ストリーム）

Ｐ社の期末商品のうちＳ社からの仕入分について、未実現利益を計算し消去します。なお、未実現利益は、連結上の「売上原価」（費用）を計上することにより消去します。

(売上原価)	232,000 *	(商品)	232,000

＊　期末商品1,160,000円×売上総利益率20％＝232,000円

なお、この取引はアップ・ストリームとなるため、消去した未実現利益に関して「非支配株主持分」の調整を行います。

(非支配株主持分)	92,800 *	(非支配株主に帰属する当期純利益)	92,800

＊　未実現利益232,000円×40％＝92,800円

(2)　期首商品に含まれる未実現利益の消去（アップ・ストリーム）

Ｐ社の期首商品のうちＳ社からの仕入分について、未実現利益を計算し消去します。なお、期首商品に含まれる未実現利益の消去は、①開始仕訳と②実現仕訳により処理します。

①　開始仕訳

当期の期首商品は前期の期末商品です。したがって前期末の未実現利益の消去を開始仕訳として行います。なお、「売上原価（費用）」は「利益剰余金」に置き換えます。

(利益剰余金) 売上原価	184,000 *	(商品)	184,000

＊　期首商品920,000円×売上総利益率20％＝184,000円

なお、この取引はアップ・ストリームとなるため、消去した未実現利益に関して「非支配株主持分」の調整を行います。なお、「非支配株主に帰属する当期純利益(費用)」は「利益剰余金」に置き換えます。

(非支配株主持分)	73,600 *	(利益剰余金) 非支配株主に帰属する当期純利益	73,600

＊　未実現利益184,000円×40％＝73,600円

② 実現仕訳

期首商品は、当期にすべて販売されたとみなします。そこで実現仕訳（未実現利益の消去を取り消す仕訳）を行います。このとき開始仕訳で置き換えた「利益剰余金」を本来の科目に戻します。

（商　　品）	184,000	（売　上　原　価）	184,000

なお、この取引はアップ・ストリームとなるため、消去した未実現利益に関して「非支配株主持分」の調整を行います。

（非支配株主に帰属する当期純利益）	73,600	（非支配株主持分）	73,600

③ まとめ

（利　益　剰　余　金）	110,400	（売　上　原　価）	184,000
（非支配株主に帰属する当期純利益）	73,600		

(3) 非償却有形固定資産（土地）の売買に関する未実現利益の消去（アップ・ストリーム）

S社が計上した固定資産売却益（特別利益）について、未実現利益を消去します。

（特　別　利　益） 固定資産売却益	160,000 *	（土　　地）	160,000

*　売却価額6,400,000円－帳簿価額6,240,000円＝160,000円

なお、この取引はアップ・ストリームとなるため、消去した未実現利益に関して「非支配株主持分」の調整を行います。

（非支配株主持分）	64,000 *	（非支配株主に帰属する当期純利益）	64,000

*　未実現利益160,000円×40％＝64,000円

LECTURE

連結財務諸表の作成

(1) 資本連結および成果連結に関する連結修正仕訳を書き出します。
(2) 連結損益計算書を完成させます。個別損益計算書の項目毎にその金額を合算し、修正仕訳の金額を加算または減算して連結損益計算書に記入します。
(3) 連結貸借対照表を完成させます。個別貸借対照表の項目毎にその金額を合算し、修正仕訳欄の金額を加算または減算して連結貸借対照表に記入します。利益剰余金は、連結貸借対照表の貸借差額で埋めます。

第3問のポイント 難易度 A 配点 20点 目標点 16点

決算整理後残高試算表の作成に関する問題です。
基本的な問題なので解けなかった箇所は重点的に見なおしておきましょう。

解答

●数字につき配点

決算整理後残高試算表
×7年3月31日 (単位：円)

借方	勘定科目	貸方
74,600	現金預金	
72,000	受取手形	
❷ 62,400	売掛金	
❷ 37,200	繰越商品	
2,880	前払保険料	
240,000	建物	
72,000	備品	
200,000	機械装置	
94,000	満期保有目的債券	
6,000	ソフトウェア	
	貸倒引当金	4,032
	未払法人税等	13,000
	退職給付引当金	❷ 32,800
	建物減価償却累計額	66,000
	備品減価償却累計額	31,500
	機械装置減価償却累計額	❷ 40,000
	資本金	605,200
	利益準備金	12,000
	繰越利益剰余金	2,000
	売上	322,000
	有価証券利息	❷ 3,000
❷ 155,168	仕入	
20,000	給料	
4,800	退職給付費用	
❷ 4,320	保険料	
❷ 32	貸倒引当金繰入	
1,224	棚卸減耗損	
408	商品評価損	
❷ 59,500	減価償却費	
❷ 2,000	ソフトウェア償却	
23,000	法人税、住民税及び事業税	
1,131,532		1,131,532

解　説

決算整理事項およびその他の修正事項を仕訳すると、次のようになります。

1．現金過不足の整理

期中、売掛金の回収額8,400円を4,800円と誤記していた後、その差額3,600円を現金過不足で処理しています。決算にあたって、原因が判明した場合には、この修正を行うことになります。

借方	金額	貸方	金額
(現金過不足)	3,600	(売掛金)	3,600 *

＊　8,400円－4,800円＝3,600円

売掛金：66,000円（前T/B）－3,600円＝62,400円

2．機械装置の購入

借方	金額	貸方	金額
(機械装置)	200,000	(仮払金)	200,000

3．貸倒引当金の設定（差額補充法）

借方	金額	貸方	金額
(貸倒引当金繰入)	32 *	(貸倒引当金)	32

＊　見積額：(72,000円（受取手形）＋66,000円－3,600円（売掛金）)×3%＝4,032円

貸倒引当金残高：　4,000円

32円

4．売上原価の計算および商品の期末評価

借方	金額	貸方	金額
(仕入)	36,800	(繰越商品)	36,800
(繰越商品)	38,832	(仕入)	38,832
(棚卸減耗損)	1,224 *1	(繰越商品)	1,224
(商品評価損)	408 *2	(繰越商品)	408

＊1　38,832円（帳簿棚卸高）－37,608円（実地棚卸高）＝1,224円

＊2　37,608円（実地棚卸高）－37,200円（正味売却価額）＝408円

仕入：157,200円（前T/B）＋36,800円－38,832円＝155,168円

繰越商品：36,800円（前T/B）－36,800円＋38,832円－1,224円－408円＝37,200円

5．退職給付費用の計上

毎月、年度見積額4,800円の12分の１を計上しているので、決算日においても１か月分の退職給付費用と、退職給付引当金を計上します。

(退職給付費用)	400 *	(退職給付引当金)	400

＊　4,800円×$\frac{1か月}{12か月}$＝400円

退職給付費用：4,400円（前T/B）＋400円＝4,800円

退職給付引当金：32,400円（前T/B）＋400円＝32,800円

6．満期保有目的債券の評価：償却原価法（定額法）

決算整理前残高試算表の帳簿価額92,000円と額面総額100,000円との差額8,000円を残りの期間４年で償却します。

(満期保有目的債券)	2,000	(有価証券利息)	2,000 *

＊　(100,000円（額面総額）－92,000円（前T/B）)×$\frac{12か月}{48か月}$＝2,000円

有価証券利息：1,000円（前T/B）＋2,000円＝3,000円

満期保有目的債券：92,000円（前T/B）＋2,000円＝94,000円

7．固定資産の減価償却

各固定資産の減価償却費を計算します。

(減　価　償　却　費)	59,500	(建物減価償却累計額)	6,000 *1
		(備品減価償却累計額)	13,500 *2
		(機械装置減価償却累計額)	40,000 *3

＊1　240,000円÷40年＝6,000円

＊2　(72,000円－18,000円)×25%＝13,500円

＊3　200%定率法の償却率（耐用年数５年）：１÷５年×200%＝0.4

$$200{,}000円 \times 0.4 \times \frac{6か月}{12か月} = 40{,}000円$$

建物減価償却累計額：60,000円（前T/B）＋6,000円＝66,000円

備品減価償却累計額：18,000円（前T/B）＋13,500円＝31,500円

LECTURE

200%定率法の償却率の算定方法

	計算式
200%定率法	定額法の償却率の200%（２倍）を定率法の償却率とする方法
	定額法償却率：１÷耐用年数 200%定率法の償却率：定額法償却率×200%

8．ソフトウェアの償却

期首残高8,000円を残存年数４年で償却して、当期の償却額を算定します。

(ソフトウェア償却)	2,000 *	(ソ フ ト ウ ェ ア)	2,000

＊　8,000円÷４年＝2,000円

ソフトウェア：8,000円（前T/B）－2,000円＝6,000円

9．費用の前払い

前期以前から継続して同額の保険料を支払っているため、決算整理前残高試算表の保険料7,200円は期首の再振替仕訳（8か月分）と当期支払分（12か月分）の合計20か月分を表します。このうち、次期の費用とすべき8か月分を前払保険料として処理します。

(前払保険料)	2,880 *	(保険料)	2,880

＊ 前払保険料：7,200円×$\frac{8か月}{20か月}$＝2,880円

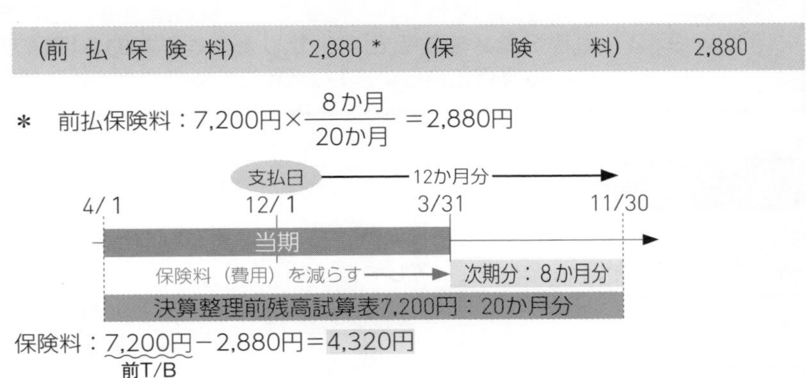

10．法人税、住民税及び事業税

問題の指示にしたがって、法人税、住民税及び事業税を計上します。また、法人税、住民税及び事業税と決算整理前残高試算表の仮払法人税等の差額を、未払法人税等として計上します。

(法人税、住民税及び事業税)	23,000	(仮払法人税等)	10,000
		(未払法人税等)	13,000 *

＊ 貸借差額

第4問のポイント 難易度 A 配点 28点 目標点 22点

⑴ 工業簿記の仕訳問題です。減価償却費は間接経費に該当する点に注意しましょう。
⑵ 実際個別原価計算の問題です。製造指図書ごとに当月末の状況をメモするとよいでしょう。基本的な問題ですから、高得点をねらいましょう。

解　答

⑴ 仕訳一組につき４点

（注）実際の本試験では記号のみを解答してください。

	借方		貸方	
	記号	金額	記号	金額
1	(オ) 仕掛品 (エ) 製造間接費	900,000 482,250	(イ) 賃金	1,382,250
2	(エ) 製造間接費	750,000	(ウ) 減価償却累計額	750,000
3	(オ) 製品	24,700,000	(エ) 仕掛品	24,700,000

⑵ ●数字につき配点

製造原価報告書（単位：円）

直接材料費	(❷ 4,400,000)
直接労務費	(❷ 2,040,000)
製造間接費	(8,320,000)
合計	(14,760,000)
製造間接費配賦差異	(△ 160,000)
当月総製造費用	(❷ 14,600,000)
月初仕掛品原価	(❷ 0)
合計	(14,600,000)
月末仕掛品原価	(❷ 4,200,000)
当月製品製造原価	(10,400,000)

月次損益計算書（単位：円）

売上高	34,000,000
売上原価	(❷ 13,300,000)
原価差異	(❷ 160,000)
合計	(13,460,000)
売上総利益	(20,540,000)
販売費及び一般管理費	5,800,000
営業利益	(❷ 14,740,000)

解　説

(1) 仕訳問題

1．賃金の消費

直接工の直接作業に対する賃金は直接労務費として賃金勘定から仕掛品勘定へ、直接工の間接作業と手待時間に対する賃金と間接工の賃金は間接労務費として賃金勘定から製造間接費勘定へ振り替えます。なお、直接工の賃金は予定賃率を用いて計算します。

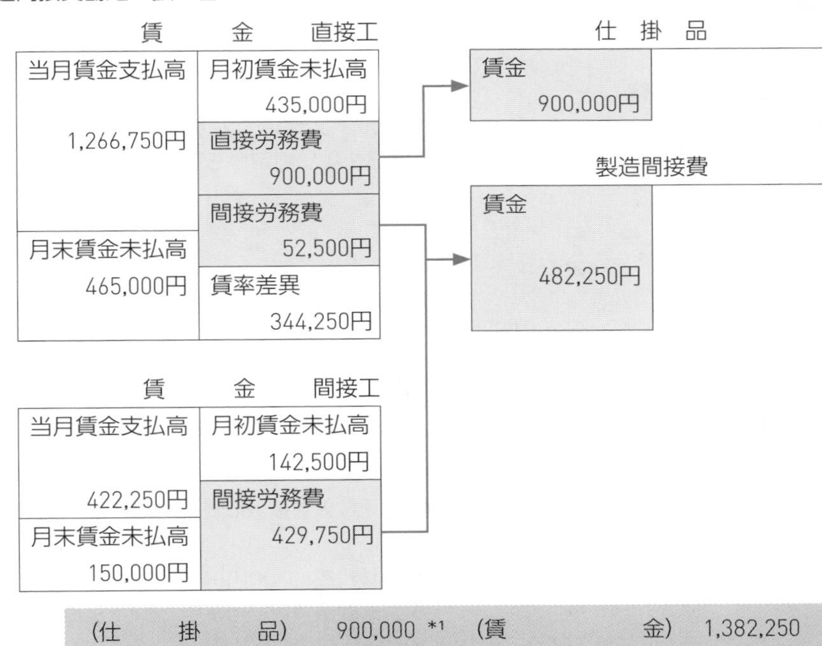

(仕　　掛　　品)	900,000 *1	(賃　　　　　金)	1,382,250
(製 造 間 接 費)	482,250 *2		

＊1　直接労務費：@1,500円×600時間＝900,000円
＊2　間接労務費：直接工@1,500円×(30時間＋5時間)＝52,500円
間接工422,250円－142,500円＋150,000円＝429,750円
52,500円＋429,750円＝482,250円

2．減価償却費の計上

減価償却費は間接経費であるため製造間接費勘定へ振り替えます。なお、本問では経費に関する勘定を設けず製造間接費勘定へ振り替えていますが、経費の記帳方法には、経費の諸勘定から振り替える方法や、経費勘定から振り替える方法もあります。

減価償却累計額	
	間接経費 750,000円

製造間接費	
経費 750,000円	

(製　造　間　接　費)	750,000	(減価償却累計額)	750,000

9,000,000円/年÷12か月＝750,000円/月

●工業簿記は1か月単位であることが多く、その場合は年間見積額や年間予定額は1か月分に修正する必要があります。

3．完成品原価の振替

標準原価計算の勘定記入の方法にはパーシャル・プランとシングル・プランがありますが、いずれの方法も完成品原価は標準原価で仕掛品勘定から製品勘定へ振り替えます。

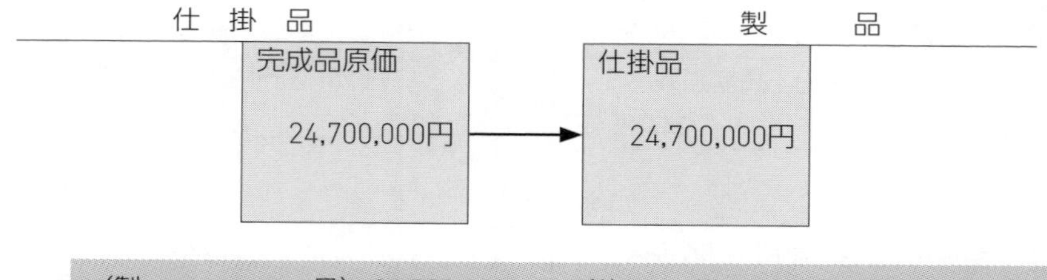

(製　　品)	24,700,000	(仕　掛　品)	24,700,000

完成品数量：月初仕掛品数量80個＋当月投入数量500個－月末仕掛品数量60個
＝520個

製品1個あたりの標準製造原価：直接材料費4,000円＋直接労務費18,000円
＋製造間接費25,500円＝@47,500円/個

完成品原価：@47,500円/個×520個＝24,700,000円

⑵　製造原価報告書と月次損益計算書

1．製造指図書の原価集計

①　前月繰越（月初製品原価）

製造指図書№101の原価を集計します。

直接材料費：@4,000円×400kg＝1,600,000円

直接労務費：@1,500円×480時間＝720,000円

製造間接費：@6,000円*×480時間＝2,880,000円

＊　年間予算額÷年間正常直接作業時間
144,000,000円÷24,000時間＝@6,000円

上記合計：1,600,000円＋720,000円＋2,880,000円＝5,200,000円

POINT

●No.101の原価は、前月中に完成して製品勘定へ振り替えられているため、仕掛品勘定には残っていません。各製品の状況をしっかり把握しましょう。

② 直接材料費

製造指図書No.102、102-2、103、104の原価を集計します。

No.102：@4,000円×500kg＝2,000,000円

No.102-2：@4,000円×100kg＝400,000円

No.103：@4,000円×200kg＝800,000円

No.104：@4,000円×300kg＝1,200,000円

上記合計：2,000,000円＋400,000円＋800,000円＋1,200,000円＝4,400,000円

③ 直接労務費

製造指図書No.102、102-2、103、104の原価を集計します。

No.102：@1,500円×640時間＝960,000円

No.102-2：@1,500円×120時間＝180,000円

No.103：@1,500円×200時間＝300,000円

No.104：@1,500円×400時間＝600,000円

上記合計：960,000円＋180,000円＋300,000円＋600,000円＝2,040,000円

④ 製造間接費

(i) 予定配賦額

製造指図書No.102、102-2、103、104の原価（予定配賦額）を集計します。

No.102：@6,000円×640時間＝3,840,000円

No.102-2：@6,000円×120時間＝720,000円

No.103：@6,000円×200時間＝1,200,000円

No.104：@6,000円×400時間＝2,400,000円

上記合計：3,840,000円＋720,000円＋1,200,000円＋2,400,000円
＝8,160,000円

(ii) 原価差異

実際発生額：8,320,000円

製造間接費配賦差異：8,160,000円－8,320,000円＝△160,000円（不利差異）

⑤　原価集計表

原価集計表

	No.102	No.102-2	No.103	No.104	合　計
直接材料費	2,000,000	400,000	800,000	1,200,000	4,400,000
直接労務費	960,000	180,000	300,000	600,000	2,040,000
製造間接費	3,840,000	720,000	1,200,000	2,400,000	8,160,000
合　　計	6,800,000	1,300,000	2,300,000	4,200,000	14,600,000
当月末の状況	完成・引渡	No.102へ賦課	完成・未引渡	未完成	

当月総製造費用

製造指図書No.102、102-2、103、104の原価の合計となります（14,600,000円）。

月末仕掛品原価

製造指図書No.104の原価となります（4,200,000円）。

当月製品製造原価

上記の差額となります（14,600,000円－4,200,000円＝10,400,000円）。

POINT

●No.102-2はNo.102の一部を補修した指図書であるため、No.102-2の原価はNo.102へ賦課します。

●製造原価報告書の製造間接費には、実際発生額を記入します。予定配賦額と実際発生額の差額を、製造間接費配賦差異として記入します。

2．月次損益計算書

売上原価

製造指図書No.101、102、102-2の原価の合計となります。

5,200,000円＋6,800,000円＋1,300,000円＝13,300,000円

原価差異

製造間接費配賦差異160,000円につき、売上原価に賦課します。

第5問のポイント

難易度 A　配点 12点　目標点 9点

CVP分析の応用問題です。
問題文の分量は少なく、簡単そうに見えますが、解きづらい問題も含まれています。分からない問題がある時は時間を使いすぎず、他の問題から解きましょう。

解　答

●数字につき配点

問1	❸ 3,600,000	円
問2	❸ 10	%
問3	❸ 160,000	円
問4	❸ 5.5	

解　説

問1　損益分岐点売上高

損益分岐点売上高とは、営業利益が0円となる売上高のことです。固定費の合計額を貢献利益率で割って求めることができます。

そこで、損益分岐点における売上高をS円として、直接原価計算による損益計算書を作成します。

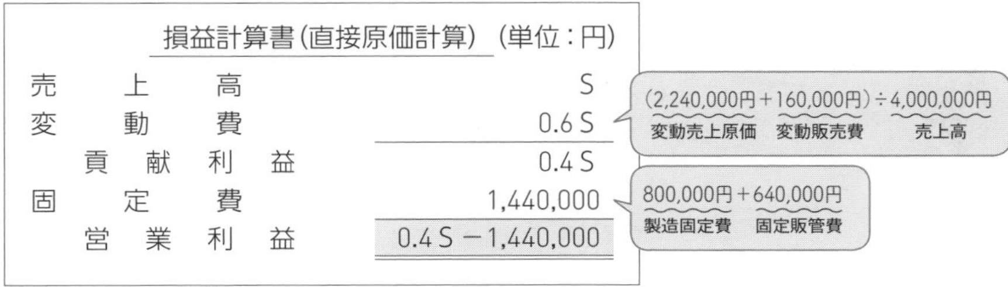

損益計算書(直接原価計算)　(単位：円)

売上高	S
変動費	0.6 S
貢献利益	0.4 S
固定費	1,440,000
営業利益	0.4 S －1,440,000

損益計算書の営業利益を０とおいて、損益分岐点売上高を求めます。

0.4 S －1,440,000円＝０

0.4 S ＝1,440,000円

S ＝3,600,000円

●答えが出たら方程式に数値を入れて検算してみましょう。

問２　安全余裕率

安全余裕率は売上高が損益分岐点売上高からどのくらい離れているかを示す比率のことです。売上高と損益分岐点売上高の差額を売上高で割って求めることができます。

$$\text{安全余裕率(\%)}：\frac{\text{売上高}-\text{損益分岐点売上高}}{\text{売上高}}\times 100$$

$$=\frac{4{,}000{,}000\text{円}-3{,}600{,}000\text{円}}{4{,}000{,}000\text{円}}\times 100$$

$$=10\%$$

売上高	4,000,000円
損益分岐点売上高	安全余裕額
3,600,000円	400,000円
損益分岐点比率 90%	安全余裕率 10%

●安全余裕率を計算するためには、あらかじめ損益分岐点売上高を計算しておく必要があります。

問3　感度分析

売上高が400,000円増加するということは、売上高が10％（＝400,000円÷4,000,000円）増加するということです。まずはこのときの、営業利益を計算します。売上高が増加すると、変動費も同じ割合（10%）だけ増加します。なお、固定費は売上高が増加しても変わらない点に注意しながら、次のような損益計算書を作成します。

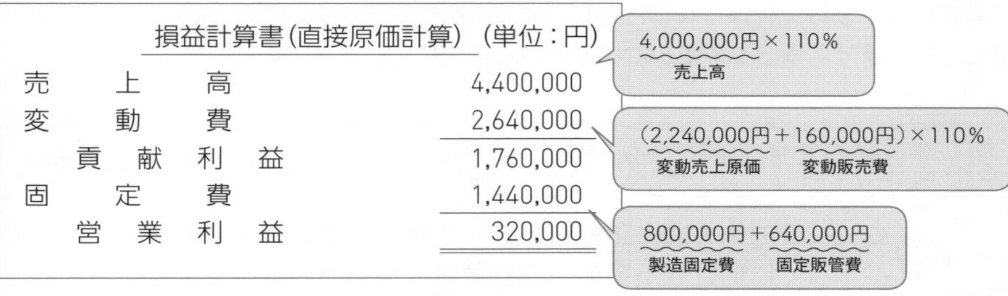

損益計算書（直接原価計算）（単位：円）

売　上　高	4,400,000
変　動　費	2,640,000
貢　献　利　益	1,760,000
固　定　費	1,440,000
営　業　利　益	320,000

解答すべき金額は、営業利益の増加額なので、予想営業利益320,000円と当期営業利益160,000円との差額を求めます。

営業利益の増加額：320,000円（予想営業利益）－160,000円（当期営業利益〈問題文のP/Lより〉）＝160,000円

問4　経営レバレッジ係数

経営レバレッジ係数は、貢献利益を営業利益で割ることで求めます。

経営レバレッジ係数：1,760,000円（問3の貢献利益）÷320,000円（問3の予想営業利益）＝5.5

POINT

●経営レバレッジ係数は分子である貢献利益が、営業利益と固定費の合計額であるため、固定費の割合が大きい企業ほど大きくなります。

第9回 予想問題 解答・解説

解き方

第1問の仕訳問題を解いたら工業簿記を解き、確実に点数を積み上げていきましょう。工業簿記は8割以上確保しないと厳しいです。商業簿記ですが、第3問は本支店会計が問われています。解きなれていないと得点を稼ぎにくいため最後に解きましょう。

第1問のポイント

難易度 A　配点 20点　目標点 16点

5問中4問は正解してほしい問題です。なお、4問目については他社から事業を譲り受けた取引が問われていますが、自社の事業を譲渡した取引との違いも確認しておきましょう。

解答

仕訳一組につき4点

(注) 実際の本試験では記号のみを解答してください。

	借方		貸方	
	記号	金額	記号	金額
1	(カ) 仕入	73,050	(イ) 前払金	9,000
			(ア) 普通預金	64,050
2	(イ) 未収入金	17,400,000	(エ) 未決算	17,325,000
			(ウ) 保険差益	75,000
3	(エ) 売掛金	54,000	(ア) 売上	45,000
			(オ) 返金負債	9,000
4	(イ) 売掛金	1,500,000	(エ) 借入金	1,350,000
	(ウ) 備品	600,000	(ア) 現金	3,600,000
	(カ) 建物	2,700,000		
	(オ) のれん	150,000		
5	(イ) リース資産	1,680,000	(オ) リース債務	1,680,000

解　説

1．外貨建取引（前払金の支払いがある場合）

① 前払金を支払ったとき

商品の輸入に先だって前払金を支払ったときは、前払金を支払ったときの為替相場で換算した金額で前払金勘定（資産）を計上します。

借方	金額	貸方	金額
（前払金）	9,000 *	（現金など）	9,000

＊ 90ドル×100円＝9,000円

② 商品を輸入したとき

商品の輸入に先だって前払金を支払っている場合には、まずは、計上している**前払金勘定（資産）**を減らします。そして、**外貨建ての輸入金額と前払金の金額との差額**を**輸入時の為替相場**で換算します。

なお、借方に計上する**仕入勘定（費用）**は、**貸方の円換算額の合計額**を計上します。

借方	金額	貸方	金額
（仕入）	73,050 *3	（前払金）	9,000 *1
		（普通預金）	64,050 *2

＊1 90ドル×100円＝9,000円

＊2 （700ドル－90ドル）×105円＝64,050円

＊3 9,000円＋64,050円＝73,050円

2．未決算勘定

⑴ 未決算の計上

保険が掛けられている固定資産が滅失したときは、保険金が確定するまで滅失した資産の帳簿価額を**未決算勘定**または**火災未決算勘定**として計上します。

借方	金額	貸方	金額
（建物減価償却累計額）	3,465,000	（建物）	21,000,000
（減価償却費）	210,000 *1		
（未決算）	17,325,000 *2		

＊1 21,000,000円×0.9÷30年×４か月÷12か月＝210,000円

＊2 21,000,000円－3,465,000円－210,000円＝17,325,000円

(2)　受領できる保険金の確定（本問の解答）

受領できる保険金が確定したときは、保険金確定額と未決算勘定に計上した金額との差額を**火災損失勘定（費用）**または**保険差益勘定（収益）**とします。

借方	金額	貸方	金額
(未収入金)	17,400,000	(未決算)	17,325,000
		(保険差益)	75,000 *

＊　保険金確定額17,400,000円－未決算17,325,000円
＝75,000円（保険差益）

●未収入金を未決算が上回ったときは貸借差額を保険差益として貸方計上しますが、未収入金が未決算を下回ったときは貸借差額を火災損失として借方計上します。

3．商品の販売（リベートあり）

販売した商品のうち、割戻し（リベート）が予想される部分については、**返金負債勘定（負債）**に計上します。

借方	金額	貸方	金額
(売掛金)	54,000 *3	(売上)	45,000 *1
		(返金負債)	9,000 *2

＊1　(@180円－@30円)×300個＝45,000円

＊2　@30円×300個＝9,000円

＊3　@180円×300個＝54,000円　または　貸方合計

●販売額のうち、あとで返金すると見込まれる額は売上ではなく返金負債で処理します。

4．事業譲受

事業譲受では、事業譲受会社は事業譲渡会社の資産および負債を引き継ぐため、これらを受け入れる仕訳を行います。このとき受け入れる資産および負債の価額は、**時価**などを基準とした公正な価値を用います。

(1)　現金対価

3,600,000円

(2)　受入純資産

売掛金1,500,000円(時価)＋備品600,000円(時価)＋建物2,700,000円(時価)
－借入金1,350,000円(時価)＝3,450,000円

また、事業譲受により受け入れた純資産（資産－負債）と対価の現金とを比較して、受入純資産の額が少ないときは、その差額は**のれん勘定（資産）**で処理します。

のれん：現金対価3,600,000円－受入純資産3,450,000円＝150,000円

5．ファイナンス・リース取引

ファイナンス・リース取引は、リース会社からリース物件を購入し、購入代金を分割払いする取引とみなして会計処理を行います。リース取引を開始したときは、リース物件とこれに係る債務を、**リース資産勘定（資産）**および**リース債務勘定（負債）**として計上します。

なお、**「利子抜き法」**の場合は、見積現金購入価額をリース資産およびリース債務として計上しますが、**「利子込み法」**の場合は、リース料総額をリース資産およびリース債務として計上します。

(リース資産)	1,680,000 *	(リース債務)	1,680,000

＊　年間リース料336,000円×リース期間５年＝1,680,000円

第2問のポイント 難易度 A 配点 20点 目標点 16点

有価証券の取引に関する出題です。時系列にしたがって仕訳して解くのが確実な方法です。複数の銘柄があるため、それぞれの区分に注意しましょう。仕訳さえできれば、あとは取引を転記するだけの問題です。

解答

●数字につき配点

満期保有目的債券

年	月	日	摘要	借方	年	月	日	摘要	貸方
×1	4	1	前期繰越	❷ 24,500,000	×2	3	31	有価証券利息	❷ 3,000
	10	1	普通預金	20,030,000		3	31	次期繰越	❷ 44,627,000
×2	3	31	有価証券利息	❷ 100,000					
				44,630,000					44,630,000

その他有価証券

年	月	日	摘要	借方	年	月	日	摘要	貸方
×1	4	1	前期繰越	❷ 43,500,000	×1	4	1	その他有価証券評価差額金	❷ 6,000,000
	7	20	普通預金	16,000,000		12	10	普通預金	❷ 6,687,500
×2	3	31	その他有価証券評価差額金	❷ 12,687,500	×2	3	31	次期繰越	❷ 59,500,000
				72,187,500					72,187,500

子会社株式

年	月	日	摘要	借方	年	月	日	摘要	貸方
×1	4	1	普通預金	12,500,000	×2	3	31	次期繰越	❷ 12,500,000

解説

本問は、有価証券に関する当期（×1年４月１日から×2年３月31日まで）の一連の取引を、勘定記入等で問う問題です。与えられた資料の順番や、重複した資料に注意しながら、当期中の仕訳を順に示していきます。

※　当期中の有価証券取引等

×1年４月１日：開始記入。

〃　：Ａ株式について再振替仕訳。

〃　：C社設立、C株式の取得。
7月20日：A株式の追加取得。
9月30日：B債券の利払日入金。
10月1日：D債券の取得。
12月10日：A株式の売却。
×2年1月27日：E株式の取得。
3月31日：B債券およびD債券の利払日入金。
〃　：決算整理および決算振替（締切等）。

1．×1年4月1日：開始記入（前期繰越）

英米式決算法では、資産・負債・純資産の諸勘定について、前期繰越額を直接記入して処理を開始します。

(1)　満期保有目的債券勘定

前期末に取得し、保有していたB債券が該当します。B債券は前期末に取得したため、時価評価も償却原価法も行っていません。よって取得原価24,500,000円が、借方の「前期繰越」に記入されます。

(2)　その他有価証券勘定

前期中に取得し、保有していたA株式が該当します。その他有価証券は期末に時価による評価替えを行うため、取得原価ではなく、時価の43,500,000円が、借方の「前期繰越」に記入されます。

2．×1年4月1日：A株式の再振替仕訳

その他有価証券の評価差額の会計処理は洗替方式によるため、期首において再振替仕訳（評価差額の振戻仕訳）を行い、帳簿価額を取得原価に戻します。

(その他有価証券)	6,000,000 *	(その他有価証券評価差額金)	6,000,000

＊　期末時価：6,000株×@7,250円＝43,500,000円
その他有価証券評価差額金：期末時価43,500,000円－取得原価37,500,000円
＝6,000,000円（評価益）

(その他有価証券評価差額金)	6,000,000	(その他有価証券)	6,000,000

3．×1年4月1日：C株式の取得

100％出資のC社は完全子会社となります。よってその出資額（C株式の取得原価）は、「子会社株式」勘定の借方に記帳します。

(子会社株式)	12,500,000	(普通預金)	12,500,000

4．x1年7月20日：A株式の追加取得

A株式は「その他有価証券」勘定の借方に記帳します。

（その他有価証券）	16,000,000	（普　通　預　金）	16,000,000

なお、これでA株式の所有数は8,000株、帳簿価額（取得原価計）は53,500,000円となります。

5．x1年9月30日：債券の利払日入金

所有するB債券の利払日が到来したため、所定の手続きにより利息を収受します。

※　なお、本問の解答においては処理不要です。

（普　通　預　金）	375,000	（有価証券利息）	375,000 *

＊　額面25,000,000円×利率年３％×$\frac{6か月}{12か月}$＝375,000円

6．x1年10月１日：D債券の取得

D債券は「満期保有目的債券」勘定の借方に記帳します。

（満期保有目的債券）	20,030,000	（普　通　預　金）	20,030,000

7．x1年12月10日：A株式の売却

所有する8,000株のうち1,000株を売却します。売却原価を移動平均法により算定し、売却価額との差額を「投資有価証券売却益」勘定に記帳します。

（普　通　預　金）	6,700,000	（その他有価証券）	6,687,500 *1
		（投資有価証券売却益）	12,500 *2

＊1　帳簿価額53,500,000円×$\frac{1,000株}{8,000株}$＝6,687,500円

＊2　売却価額6,700,000円－売却原価6,687,500円＝12,500円（売却益）

なお、これでA株式の所有数は7,000株、帳簿価額（取得原価計）は46,812,500円となります。

8．x2年１月27日：E株式の取得

E株式は「売買目的有価証券」勘定の借方に記帳します。※　なお、本問の解答においては処理不要です。

（売買目的有価証券）	1,850,000	（普　通　預　金）	1,850,000

9．x2年3月31日：債券の利払日入金

所有する債券の利払日が到来したため、所定の手続きにより利息を収受します。

※　なお、本問の解答においては処理不要です。

⑴　B債券

(普通預金)	375,000	(有価証券利息)	375,000 *

＊　額面25,000,000円×利率年３％×$\frac{6か月}{12か月}$＝375,000円

⑵　D債券

(普通預金)	400,000	(有価証券利息)	400,000 *

＊　額面20,000,000円×利率年４％×$\frac{6か月}{12か月}$＝400,000円

10．x2年3月31日：決算日（決算整理仕訳）

⑴　売買目的有価証券の期末評価（時価評価）

E株式について時価に評価替えします。※　なお、本問の解答においては処理不要です。

(有価証券評価損益)	50,000 *	(売買目的有価証券)	50,000

＊　400株×@4,500円＝1,800,000円（期末時価）
期末時価1,800,000円－取得原価1,850,000円＝△50,000円（評価損）

⑵　その他有価証券の期末評価（時価評価）

A株式について時価に評価替えします。

(その他有価証券)	12,687,500	(その他有価証券評価差額金)	12,687,500 *

＊　7,000株×@8,500円＝59,500,000円（期末時価）
期末時価59,500,000円－帳簿価額46,812,500円
＝12,687,500円（評価益）

POINT

●売買目的有価証券の時価評価では有価証券評価損益勘定、その他有価証券の時価評価ではその他有価証券評価差額金勘定（部分純資産直入法で差損が生じたときを除く）を差額として計上します。

⑶　満期保有目的債券の期末評価（償却原価法の適用）

Ｂ債券およびＤ債券について、償却原価法を適用して、額面と取得原価との差額（金利調整差額）を帳簿価額に加減算します。

①　Ｂ債券（額面より低い価額で取得しているので加算）

（満期保有目的債券）	100,000 *	（有価証券利息）	100,000

＊　金利調整差額：額面25,000,000円－取得原価24,500,000円
＝500,000円

償却原価：金利調整差額500,000円×$\frac{12\text{か月}(\text{×1年4月1日〜×2年3月31日})}{60\text{か月}(\text{×1年4月1日〜×6年3月31日})}$
＝100,000円

②　Ｄ債券（額面より高い価額で取得しているので減算）

（有価証券利息）	3,000	（満期保有目的債券）	3,000 *

＊　金利調整差額：額面20,000,000円－取得原価20,030,000円
＝△30,000円

償却原価：金利調整差額△30,000円×$\frac{6\text{か月}(\text{×1年10月1日〜×2年3月31日})}{60\text{か月}(\text{×1年10月1日〜×6年9月30日})}$
＝△3,000円

LECTURE
勘定記入の方法

⑴　仕訳から該当する勘定を各勘定に転記します。
⑵　貸借対照表項目の場合は、貸借差額を期末残高として記入します。
損益計算書項目の場合は、貸借差額を損益として記入します。
⑶　各勘定を締め切ります。

第3問のポイント 難易度 B 配点 20点 目標点 12点

本支店会計の損益勘定を作成する問題です。また、支店勘定・本店勘定の次期繰越高が問われています。１つ１つの仕訳は簡単なものが多いですが、本店と支店のつながりに注意しないとミスが発生しやすいので気をつけましょう。

解答

●数字につき配点

問１

損　益

×4年３/31	仕入	(❷ 4,933,800)	×4年３/31	売上	(8,730,000)
〃	給料	(540,000)	〃	受取手数料	(❷ 225,000)
〃	広告宣伝費	(❷ 144,000)	〃	有価証券利息	(❷ 3,600)
〃	営業費	(❷ 198,000)	〃	国庫補助金受贈益	(90,000)
〃	貸倒引当金繰入	(❷ 9,000)	〃	支店	(❷ 1,494,900)
〃	減価償却費	(❷ 109,800)			
〃	固定資産圧縮損	(❷ 90,000)			
〃	繰越利益剰余金	(4,518,900)			
		(10,543,500)			(10,543,500)

問２　❷ 6,624,900 円

解説

１．決算整理前残高試算表の完成

(1)　期中における本支店間取引の仕訳

本支店間で生じる企業内部における債権・債務は、本店では支店勘定、支店では本店勘定で処理します。

本店				支店			
(現金預金)	243,000	(支店)	243,000	(本店)	243,000	(現金預金)	243,000
(支店)	3,960,000	(仕入)	3,960,000	(仕入)	3,960,000	(本店)	3,960,000
(支店)	180,000	(備品)	180,000	(備品)	180,000	(本店)	180,000
(固定資産圧縮損)	90,000	(支店)	90,000	(本店)	90,000	(備品)	90,000

POINT

●本支店間の商品の振り替えでは、企業外部への商品売買と区別するため、「本店売上」「支店売上」「本店仕入」「支店仕入」といった照合勘定を用いることがあります。

⑵　支店勘定・本店勘定の計算

支店勘定と本店勘定は、本支店間の貸借関係を処理するための勘定であるため、残高は貸借逆で一致します。

支　店

前期繰越	1,287,000	現金預金	243,000
仕　入	3,960,000	固定資産圧縮損	90,000
備　品	180,000	残　高	**5,094,000**

本　店

現金預金	243,000	前期繰越	1,287,000
備　品	90,000	仕　入	3,960,000
残　高	**5,094,000**	備　品	180,000

⑶　支店の売掛金・本店の備品減価償却累計額の計算

決算整理前残高試算表の借方合計と貸方合計は一致するため、支店勘定と本店勘定の残高を記入した後の、借方合計と貸方合計の差引きで計算します。

決算整理前残高試算表

借　方	本　店	支　店	貸　方	本　店	支　店
現金預金	3,094,200	1,422,000	支払手形	1,062,000	405,000
受取手形	1,170,000	1,980,000	買掛金	1,440,000	360,000
売掛金	1,530,000	(**1,440,000**)	貸倒引当金	18,000	18,000
繰越商品	1,728,000	1,530,000	建物減価償却累計額	486,000	243,000
建物	1,800,000	900,000	備品減価償却累計額	(**288,000**)	54,000
備品	450,000	360,000	資本金	6,300,000	—
満期保有目的債券	171,000	—	利益準備金	1,575,000	—
支店	(**5,094,000**)	—	繰越利益剰余金	1,258,200	—
仕入	5,311,800	5,310,000	本店	—	(**5,094,000**)
給料	540,000	270,000	売上	8,730,000	7,407,000
広告宣伝費	180,000	90,000	受取手数料	180,000	108,000
営業費	270,000	387,000	国庫補助金受贈益	90,000	—
固定資産圧縮損	90,000	—	有価証券利息	1,800	—
	(**21,429,000**)	(**13,689,000**)		(**21,429,000**)	(**13,689,000**)

支店の売掛金：支店の貸方合計13,689,000円－支店の（売掛金以外の）借方合計12,249,000円＝1,440,000円

本店の備品減価償却累計額：本店の借方合計21,429,000円－本店の（備品減価償却累計額以外の）貸方合計21,141,000円
＝288,000円

2．決算整理

支店が独立した会計帳簿を持っている場合は、会計年度末にそれぞれ決算整理をおこないます。

本店				支店			
（仕入）	1,728,000	（繰越商品）	1,728,000	（仕入）	1,530,000	（繰越商品）	1,530,000
（繰越商品）	2,106,000	（仕入）	2,106,000	（繰越商品）	1,800,000	（仕入）	1,800,000
（貸倒引当金繰入）	9,000	（貸倒引当金）	9,000	（貸倒引当金繰入）	16,200	（貸倒引当金）	16,200
（減価償却費）	109,800	（建物減価償却累計額）	45,000	（減価償却費）	144,900	（建物減価償却累計額）	22,500
		（備品減価償却累計額）	64,800			（備品減価償却累計額）	122,400
（前払費用）	72,000	（営業費）	72,000	（営業費）	36,000	（未払費用）	36,000
（未収収益）	45,000	（受取手数料）	45,000				
（満期保有目的債券）	1,800	（有価証券利息）	1,800				
（支店）	36,000	（広告宣伝費）	36,000	（広告宣伝費）	36,000	（本店）	36,000

⑴　貸倒引当金の設定

本店：（1,170,000円＋1,530,000円）×１％－18,000円＝9,000円

支店：（1,980,000円＋1,440,000円）×１％－18,000円＝16,200円

⑵　減価償却費の計上

本店　建物：1,800,000円÷40年＝45,000円

備品：（450,000円－288,000円）×（１÷５年×200％）＝64,800円

支店　建物：900,000円÷40年＝22,500円

備品

旧備品：360,000円－（180,000円－90,000円）＝270,000円

（270,000円－54,000円）×（１÷５年×200％）＝86,400円

新備品：（180,000円－90,000円）×（１÷５年×200％）＝36,000円

86,400円＋36,000円＝122,400円

⑶　満期保有目的債券の評価

（180,000円－171,000円）×12か月÷60か月＝1,800円

3．決算整理後残高試算表の作成

決算整理後残高試算表

借方	本店	支店	貸方	本店	支店
現金預金	3,094,200	1,422,000	支払手形	1,062,000	405,000
受取手形	1,170,000	1,980,000	買掛金	1,440,000	360,000
売掛金	1,530,000	1,440,000	貸倒引当金	27,000	34,200
繰越商品	2,106,000	1,800,000	建物減価償却累計額	531,000	265,500
建物	1,800,000	900,000	備品減価償却累計額	352,800	176,400
備品	450,000	360,000	資本金	6,300,000	—
満期保有目的債券	172,800	—	利益準備金	1,575,000	—
支店	5,130,000	—	繰越利益剰余金	1,258,200	—
仕入	4,933,800	5,040,000	本店	—	5,130,000
給料	540,000	270,000	売上	8,730,000	7,407,000
広告宣伝費	144,000	126,000	受取手数料	225,000	108,000
営業費	198,000	423,000	国庫補助金受贈益	90,000	—
固定資産圧縮損	90,000	—	有価証券利息	3,600	—
貸倒引当金繰入	9,000	16,200	未払費用	—	36,000
減価償却費	109,800	144,900			
前払費用	72,000	—			
未収収益	45,000	—			
	21,594,600	13,922,100		21,594,600	13,922,100

⑴　仕入

本店：1,728,000円＋5,311,800円－2,106,000円＝4,933,800円

支店：1,530,000円＋5,310,000円－1,800,000円＝5,040,000円

⑵　広告宣伝費

本店：180,000円－36,000円＝144,000円

支店：90,000円＋36,000円＝126,000円

⑶　営業費

本店：270,000円－72,000円＝198,000円

支店：387,000円＋36,000円＝423,000円

⑷　受取手数料

本店：180,000円＋45,000円＝225,000円

⑸　有価証券利息

本店：1,800円＋1,800円＝3,600円

(6) 支店勘定・本店勘定の計算

支店

借方		貸方	
前期繰越	1,287,000	現金預金	243,000
仕入	3,960,000	固定資産圧縮損	90,000
備品	180,000	残高	5,130,000
広告宣伝費	36,000		

本店

借方		貸方	
現金預金	243,000	前期繰越	1,287,000
備品	90,000	仕入	3,960,000
残高	5,130,000	備品	180,000
		広告宣伝費	36,000

4．決算振替

支店の帳簿で計算された支店の純損益を損益勘定から本店勘定へ振り替えます。また、本店は支店の純損益を支店勘定に記入するとともに、本店の損益勘定に計上します。

本店				支店			
(損益)	6,024,600	(仕入)	4,933,800	(損益)	6,020,100	(仕入)	5,040,000
		(給料)	540,000			(給料)	270,000
		(広告宣伝費)	144,000			(広告宣伝費)	126,000
		(営業費)	198,000			(営業費)	423,000
		(貸倒引当金繰入)	9,000			(貸倒引当金繰入)	16,200
		(減価償却費)	109,800			(減価償却費)	144,900
		(固定資産圧縮損)	90,000				
(売上)	8,730,000	(損益)	9,048,600	(売上)	7,407,000	(損益)	7,515,000
(受取手数料)	225,000			(受取手数料)	108,000		
(有価証券利息)	3,600						
(国庫補助金受贈益)	90,000						
(支店)	1,494,900	(損益)	1,494,900	(損益)	1,494,900	(本店)	1,494,900
(損益)	4,518,900	(繰越利益剰余金)	4,518,900				

損益（本店）

借方		貸方	
仕入	4,933,800	売上	8,730,000
給料	540,000	受取手数料	225,000
広告宣伝費	144,000	有価証券利息	3,600
営業費	198,000	国庫補助金受贈益	90,000
貸倒引当金繰入	9,000	支店	1,494,900
減価償却費	109,800		
固定資産圧縮損	90,000		
繰越利益剰余金	4,518,900		
	10,543,500		10,543,500

損益（支店）

借方		貸方	
仕入	5,040,000	売上	7,407,000
給料	270,000	受取手数料	108,000
広告宣伝費	126,000		
営業費	423,000		
貸倒引当金繰入	16,200		
減価償却費	144,900		
本店	1,494,900		
	7,515,000		7,515,000

(1) 支店当期純利益

支店損益勘定の貸方合計7,515,000円－借方（本店以外）合計6,020,100円
＝1,494,900円

(2) 本支店合併当期純利益

本店損益勘定の貸方合計10,543,500円－借方（繰越利益剰余金以外）合計6,024,600円
＝4,518,900円

5．支店勘定および本店勘定の次期繰越額

上記の決算振替の仕訳を転記したあとの残高が次期繰越額になります。

支　店

借方	金額	貸方	金額
前期繰越	1,287,000	現金預金	243,000
仕　入	3,960,000	固定資産圧縮損	90,000
備　品	180,000	**次期繰越**	**6,624,900**
広告宣伝費	36,000		
損　益	1,494,900		
	6,957,900		6,957,900

本　店

借方	金額	貸方	金額
現金預金	243,000	前期繰越	1,287,000
備　品	90,000	仕　入	3,960,000
次期繰越	**6,624,900**	備　品	180,000
		広告宣伝費	36,000
		損　益	1,494,900
	6,957,900		6,957,900

第4問のポイント 難易度 A 配点 28点 目標点 22点

(1) 工業簿記の仕訳問題です。基本的な問題ですが、借方差異と貸方差異の処理に注意してください。満点をねらいましょう。

(2) 補助部門費を配賦する問題です。ポイントは、勘定連絡を正確に理解できているかどうかです。

解答

(1)

仕訳一組につき４点

(注) 実際の本試験では記号のみを解答してください。

	借方 記号	借方 金額	貸方 記号	貸方 金額
1	(ウ) 賃金・給料	**1,500,000**	(カ) 本社	**1,500,000**
2	(ウ) 仕掛品	**28,800**	(エ) 材料	**28,800**
3	(ア) 材料副費差異	**2,000**	(カ) 材料副費	**2,000**

(2)

●数字につき配点

問１

年間予算部門費配賦表

(単位：円)

費目	合計	製造部門		補助部門
		第１製造部門	第２製造部門	動力部門
部門費	18,000,000	8,250,000	6,250,000	3,500,000
動力部門費		(❷ **2,200,000**)	(**1,300,000**)	
製造部門費	18,000,000	(**10,450,000**)	(❷ **7,550,000**)	

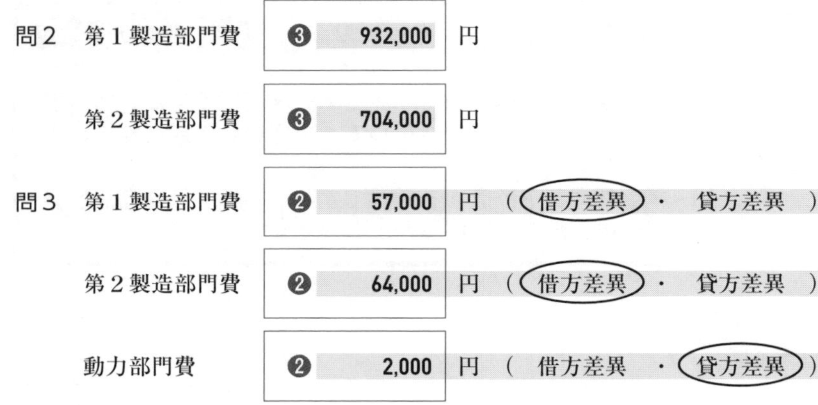

問2　第１製造部門費　❸ 932,000 円

　　　第２製造部門費　❸ 704,000 円

問3　第１製造部門費　❷ 57,000 円（（借方差異）・　貸方差異　）

　　　第２製造部門費　❷ 64,000 円（（借方差異）・　貸方差異　）

　　　動力部門費　❷ 2,000 円（　借方差異　・（貸方差異））

（借方差異・貸方差異）のいずれかを○で囲みなさい。

解　説

⑴　仕訳問題

1．本社工場会計（賃金・給料）

従業員に対する給与の支払いは本社で行っているので、本社側では**当座預金勘定**の減少、**所得税預り金勘定**の増加とするとともに、相手勘定を**工場勘定**として処理します。

①　本社側の仕訳

（工　　　場）	1,500,000	（当　座　預　金）	1,350,000
		（所 得 税 預 り 金）	150,000

工場従業員への給与なので、工場側では**賃金・給料勘定**の増加とするとともに、相手勘定を**本社勘定**として処理します。

②　工場側の仕訳

（賃　金　・　給　料）	1,500,000	（本　　　社）	1,500,000

POINT

●工場側の仕訳において、使用できる勘定科目以外の勘定科目を使いたいときは、本社勘定で処理するというルールがあります。

2．直接材料費の予定消費

直接材料費を予定消費したときは、**仕掛品勘定**の借方に記入します。なお、貸方については、**材料勘定**とします。

(仕 掛 品)	28,800 *	(材 料)	28,800

＊ @120円×240kg＝28,800円

3．材料副費差異の計上

材料副費の予定配賦額に比べて実際発生額の方が多いため、材料副費差異は借方差異(不利差異) となります。したがって、**材料副費勘定**から**材料副費差異勘定**の借方に振り替えます。

(材料副費差異)	2,000 *	(材 料 副 費)	2,000

＊ 400,000円×10%－42,000円＝△2,000円 (不利差異)

(2) 部門別計算

1．製造部門費の年間予算額（問1）

部門別計算の手続きにしたがって、「製造部門費年間予算額」を明らかにします。

① 第1次集計：答案用紙に記入済み

第1製造部門費：8,250,000円　第2製造部門費：6,250,000円
動力部門費：3,500,000円

② 第2次集計：動力部門費の配賦

動力部門費の年間予算額3,500,000円を年間予算データの動力供給量で除して予定配賦率を求め、製造部門に動力部門費の予算を配賦します。

予定配賦率：3,500,000円÷(11,000kwh＋6,500kwh)＝@200円/kwh
第1製造部門：@200円/kwh×11,000kwh＝2,200,000円
第2製造部門：@200円/kwh×6,500kwh＝1,300,000円

③ 年間予算部門費配賦表

年間予算部門費配賦表　(単位：円)

費 目	合 計	製造部門		補助部門
		第1製造部門	第2製造部門	動力部門
部 門 費	18,000,000	8,250,000	6,250,000	3,500,000
動力部門費		(**2,200,000**)	(**1,300,000**)	
製造部門費	18,000,000	(**10,450,000**)	(**7,550,000**)	

第1製造部門費予算：8,250,000円＋動力部門費配賦額2,200,000円
＝10,450,000円
第2製造部門費予算：6,250,000円＋動力部門費配賦額1,300,000円
＝7,550,000円

2．製造部門費の製品への予定配賦

①　予定配賦率の算定

製造部門費予算額を年間予算データの直接作業時間で除して求めます。

第１製造部門：製造部門費年間予算額10,450,000円÷年間直接作業時間20,900時間
＝@500円/時間

第２製造部門：製造部門費年間予算額7,550,000円÷年間直接作業時間18,875時間
＝@400円/時間

②　予定配賦額の算定

予定配賦率に当月実績データの直接作業時間を乗じて求めます。

第１製造部門：予定配賦率@500円/時間×実際作業時間1,750時間＝875,000円

第２製造部門：予定配賦率@400円/時間×実際作業時間1,600時間＝640,000円

＊　勘定連絡および仕訳

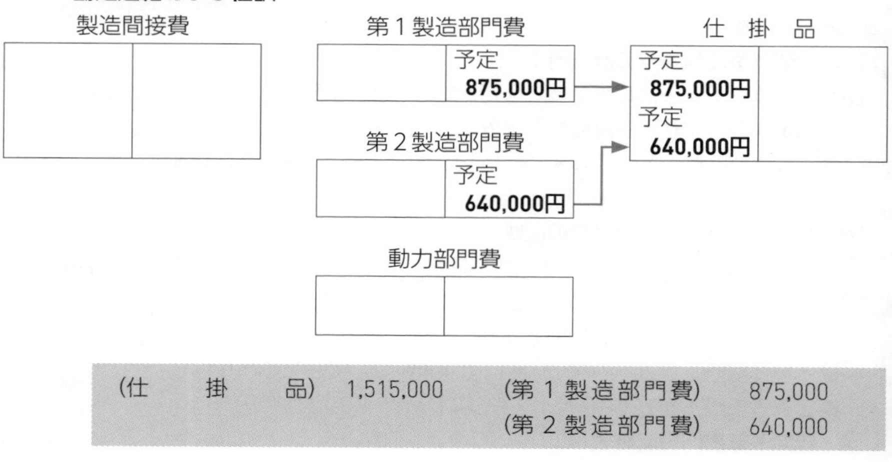

(仕　　掛　　品)	1,515,000	(第１製造部門費)	875,000
		(第２製造部門費)	640,000

3．製造部門費実際発生額の集計（問２）

部門別計算の手続きにしたがって、当月の「製造部門費実際発生額」を明らかにします。

①　第１次集計：問題資料より

第１製造部門費：750,000円　　第２製造部門費：604,000円

動力部門費：280,000円

＊　**勘定連絡および仕訳**

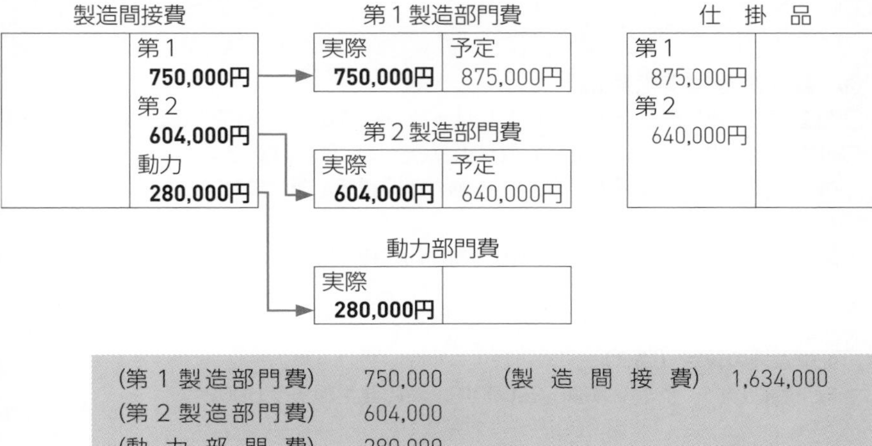

(第1製造部門費)	750,000	(製造間接費)	1,634,000
(第2製造部門費)	604,000		
(動力部門費)	280,000		

②　第2次集計：動力部門の予定配賦

動力部門費を予定配賦するため、上記1．で求めた動力部門の予定配賦率に当月実績データの動力供給量を乗じて各製造部門に対する予定配賦額を求め、各製造部門に予定配賦します。

第1製造部門：@200円/kwh×910kwh＝182,000円

第2製造部門：@200円/kwh×500kwh＝100,000円

＊　**勘定連絡および仕訳**

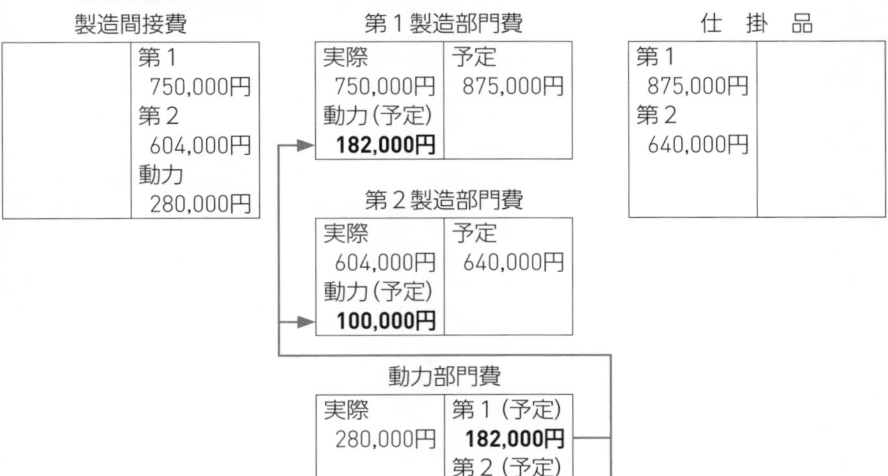

(第１製造部門費)	182,000	(動　力　部　門　費)	282,000
(第２製造部門費)	100,000		

③　製造部門費の実際発生額

製造部門費実際発生額の集計にあたり、動力部門費の「予定配賦額」は製造部門費の「実際発生額」の１要素として取り扱うことに注意が必要です。

第１製造部門：部門費750,000円＋動力部門費予定配賦額182,000円
＝932,000円

第２製造部門：部門費604,000円＋動力部門費予定配賦額100,000円
＝704,000円

4．配賦差異の算定（問３）

第１製造部門：予定配賦額875,000円－実際発生額932,000円
＝△57,000円（借方差異）

第２製造部門：予定配賦額640,000円－実際発生額704,000円
＝△64,000円（借方差異）

動　力　部　門：予定配賦額282,000円－実際発生額280,000円
＝2,000円（貸方差異）

＊　勘定連絡

製造間接費

借方	貸方
	第１ 750,000円 第２ 604,000円 動力 280,000円

第１製造部門費

借方	貸方
実際 750,000円 動力(予定) 182,000円	予定 875,000円 **差異 57,000円**

第２製造部門費

借方	貸方
実際 604,000円 動力(予定) 100,000円	予定 640,000円 **差異 64,000円**

動力部門費

借方	貸方
実際 280,000円 **差異 2,000円**	第１(予定) 182,000円 第２(予定) 100,000円

仕　掛　品

借方	貸方
第１ 875,000円 第２ 640,000円	

配賦差異

借方	貸方
第１ **57,000円** 第２ **64,000円**	動力 **2,000円**

第5問のポイント

難易度 A　配点 12点　目標点 9点

全部原価計算と直接原価計算による損益計算書の作成問題です。それぞれ２期分の損益計算書が問われていますが、第１期の損益計算書の作成も必要となるため、問題を解くうえでは３期分の損益計算書を作成します。効率よく解きましょう。

解答

●数字につき配点

問１　第２期における全部原価計算による損益計算書（金額単位：円）

売上高	（ 14,400,000 ）
売上原価	（ 9,000,000 ）
売上総利益	（ 5,400,000 ）
販売費及び一般管理費	（ 3,180,000 ）
営業利益	（ ❸ 2,220,000 ）

第２期における直接原価計算による損益計算書（金額単位：円）

売上高	（ 14,400,000 ）
変動費	（ 7,200,000 ）
貢献利益	（ 7,200,000 ）
固定費	（ 5,700,000 ）
営業利益	（ ❸ 1,500,000 ）

問２　第３期における全部原価計算による損益計算書（金額単位：円）

売上高	（ 14,400,000 ）
売上原価	（ 10,440,000 ）
売上総利益	（ 3,960,000 ）
販売費及び一般管理費	（ 3,180,000 ）
営業利益	（ ❸ 780,000 ）

第３期における直接原価計算による損益計算書（金額単位：円）

売上高	（ 14,400,000 ）
変動費	（ 7,200,000 ）
貢献利益	（ 7,200,000 ）
固定費	（ 5,700,000 ）
営業利益	（ ❸ 1,500,000 ）

解　説

全部原価計算および直接原価計算による損益計算書の作成問題です。全部原価計算は、製造原価について変動費と固定費の区別なく「全部」の金額で計算し、損益計算書上も変動費と固定費を区別せずに表示します。直接原価計算は、製造原価は変動費のみで計算し、固定費はすべて期間費用とします。また、損益計算書上でも変動費と固定費を区別し、貢献利益等を表示します。

Ⅰ．第１期の直接原価計算による損益計算書

問題文の直接原価計算による損益計算書を作成した場合の条件をもとに、損益計算書を作成します。

売上高	14,400,000	@3,200円×4,500個（全部原価計算と同じ）
変動売上原価	5,400,000	＊１　変動費7,200,000円×3/4
変動製造マージン	9,000,000	
変動販売費	1,800,000	＊１　変動費7,200,000円×1/4
貢献利益	7,200,000	14,400,000円×貢献利益率0.5
固定製造原価	4,320,000	＊２
固定販売費及び一般管理費	1,380,000	＊３
営業利益	1,500,000	（期首、期末の在庫がないため、全部原価計算と同じ）

＊１　変動費率：売上高（1）－貢献利益率（0.5）＝0.5
　　　変 動 費：14,400,000円×0.5＝7,200,000円

＊２　固定製造原価：第１期（4,500個生産、4,500個販売、期首・期末在庫なし）全部原価計算による損益計算書の売上原価9,720,000円－変動売上原価5,400,000円＝4,320,000円

＊３　固定販売費及び一般管理費：第１期（4,500個販売）全部原価計算による損益計算書の販売費及び一般管理費3,180,000円－変動販売費1,800,000円＝1,380,000円

Ⅱ．第２期の損益計算書（問１）

(1)　全部原価計算の損益計算書

第２期の条件は「5,400個生産で4,500個販売（期首在庫なし、期末在庫あり）」です。販売価格・原価等の条件が同じであり、販売量が第１期と同じであることから、売上高・販売費及び一般管理費および売上原価の変動製造原価分は第１期と同じです。しかし、固定製造原価は、第１期は全額が売上原価に含まれて費用処理されているのに対し、第２期は5,400個に対して振り分けられ900個分（６分の１）は期末在庫に含められます。よって、固定製造原価4,320,000円の６分の１（＝720,000円）を売上原価から差し引いて計算すればよいことになります。

第１期の全部原価計算の損益計算書			第２期
売上高	14,400,000		14,400,000
売上原価	9,720,000	**－720,000＝**	9,000,000
売上総利益	4,680,000		5,400,000
販売費及び一般管理費	3,180,000		3,180,000
営業利益	1,500,000	**（＋720,000＝）**	2,220,000

このように全部原価計算では、販売量が同じであるという条件の下で、期末在庫の固定製造原価の金額の分だけ利益が増加することになります。

⑵　直接原価計算の損益計算書

直接原価計算は、固定製造原価を製品原価に含めずに全額を期間費用として処理します。よって、本問のように販売価格・原価等の条件が同じであり、販売量が同じであれば、第１期と第２期で全く同じ損益計算書になります。

Ⅲ．第３期の損益計算書（問２）

⑴　全部原価計算の損益計算書

第３期は「3,600個生産で4,500個販売（期首在庫あり、期末在庫なし）」です。つまり、第２期の期末製品と第３期に生産した製品を販売したことになります。販売価格・原価等の条件が同じであり、販売量が同じであることから、売上高・販売費及び一般管理費および売上原価の変動製造原価分は第１期、第２期と同じです。しかし、第２期の固定製造原価のうち900個分（720,000円）が売上原価に含まれていませんでしたが、第３期ではその900個分を販売しましたので、第３期の売上原価となります。よって、固定製造原価4,320,000円を全額原価とした第１期の損益計算書をベースにした場合、前期末製品に係る固定製造原価720,000円を売上原価に加算して計算すればよいことになります。

第１期の全部原価計算の損益計算書			第３期
売上高	14,400,000		14,400,000
売上原価	9,720,000	**＋720,000＝**	10,440,000
売上総利益	4,680,000		3,960,000
販売費及び一般管理費	3,180,000		3,180,000
営業利益	1,500,000	**（－720,000＝）**	780,000

このように全部原価計算では、販売量が同じであるという条件の下で、期首在庫の固定製造原価の金額の分だけ利益が減少することになります。

⑵　直接原価計算の損益計算書

直接原価計算は、固定製造原価を製品原価に含めずに全額を期間費用として処理します。よって、本問のように販売価格・原価等の条件が同じであり、販売量が同じであれば、第１期、第２期と第３期で全く同じ損益計算書になります。

【参考】固定費調整

全部原価計算の営業利益は、直接原価計算の営業利益をもとに、次の算式で求めることができます。

全部原価計算の営業利益	＝	直接原価計算の営業利益	＋	期末製品に含まれている固定製造原価	－	期首製品に含まれている固定製造原価

本問に当てはめると次のようになります。

第１期の場合

1,500,000円＝1,500,000円＋　　　0円－　　　0円

第２期の場合

2,220,000円＝1,500,000円＋720,000円－　　　0円

第３期の場合

780,000円＝1,500,000円＋　　　0円－720,000円

スッキリシリーズ

2024年度版
スッキリうかる　日商簿記２級　本試験予想問題集

2024年３月19日　　初　版　第１刷発行
2024年８月13日　　　　　　第２刷発行

監　　修　滝澤ななみ
編 著 者　TAC出版　開発グループ
発 行 者　多田敏男
発 行 所　TAC株式会社　出版事業部
（TAC出版）

〒101-8383
東京都千代田区神田三崎町3-2-18
電 話 03（5276）9492（営業）
FAX 03（5276）9674
https://shuppan.tac-school.co.jp

装　　丁　株式会社　シンクロ
イラスト　佐藤雅則
組　　版　株式会社　グラフト
印　　刷　株式会社　ワコー
製　　本　東京美術紙工協業組合

ISBN 978-4-300-11005-8
N.D.C. 336

乱丁・落丁による交換，および正誤のお問合せ対応は，該当書籍の改訂版刊行月末日までといたします。なお，交換につきましては，書籍の在庫状況等により，お受けできない場合もございます。
また，各種本試験の実施の延期，中止を理由とした本書の返品はお受けいたしません。返金もいたしかねますので，あらかじめご了承くださいますようお願い申し上げます。

簿記検定講座のご案内

選べる学習メディアでご自身に合うスタイルでご受講ください

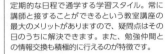

通学講座

3級コース　3・2級コース　2級コース　1級コース　1級上級コース

教室講座　通って学ぶ

定期的な日程で通学する学習スタイル。常に講師と接することができるという教室講座の最大のメリットがありますので、疑問点はその日のうちに解決できます。また、勉強仲間との情報交換も積極的に行えるのが特徴です。

ビデオブース講座　通って学ぶ　予約制

ご自身のスケジュールに合わせて、TACのビデオブースで学習するスタイル。日程を自由に設定できるため、忙しい社会人に人気の講座です。

直前期教室出席制度
直前期以降、教室受講に振り替えることができます。

無料体験入学　ご自身の目で、耳で体験し納得してご入学いただくために、無料体験入学をご用意しました。

無料講座説明会　もっとTACのことを知りたいという方は、無料講座説明会にご参加ください。

無　料
予約不要※

※ビデオブース講座の無料体験入学は要予約。
無料講座説明会は一部校舎では要予約。

通信講座

3級コース　3・2級コース　2級コース　1級コース　1級上級コース

Web通信講座　スマホやタブレットにも対応　見て学ぶ

教室講座の生講義をブロードバンドを利用し動画で配信します。ご自身のペースに合わせて、24時間いつでも何度でも繰り返し受講することができます。また、講義動画はダウンロードして2週間視聴可能です。有効期間内は何度でもダウンロード可能です。
※Web通信講座の配信期間は、お申込コースの目標月の翌月末までです。

TAC WEB SCHOOL ホームページ
URL https://portal.tac-school.co.jp/

※お申込み前に、左記のサイトにて必ず動作環境をご確認ください。

DVD通信講座　見て学ぶ

講義を収録したデジタル映像をご自宅にお届けします。講義の臨場感をクリアな画像でご自宅にて再現することができます。

※DVD-Rメディア対応のDVDプレーヤーでのみ受講が可能です。
パソコンやゲーム機での動作保証はいたしておりません。

資料通信講座（1級のみ）

テキスト・添削問題を中心として学習します。

Webでも無料配信中！　スマホ タブレット　パソコン

「TAC動画チャンネル」

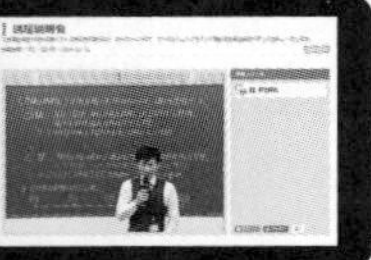

- 講座説明会　※収録内容の変更のため、配信されない期間が生じる場合がございます。
- 1回目の講義（前半分）が視聴できます

詳しくは、TACホームページ
「TAC動画チャンネル」をクリック！

TAC動画チャンネル　簿記　［検索］

コースの詳細は、簿記検定講座パンフレット・TACホームページをご覧ください。

パンフレットのご請求・お問い合わせは、TACカスタマーセンターまで

通話無料　0120-509-117（ゴウカク イイナ）

受付時間　月～金 9:30～19:00
土・日・祝 9:30～18:00
※携帯電話からもご利用になれます。

TAC簿記検定講座ホームページ
TAC 簿記　［検索］

TAC出版

(2024年2月現在)

書籍のご購入は

1 全国の書店、大学生協、ネット書店で

2 TAC各校の書籍コーナーで

資格の学校TACの校舎は全国に展開!
校舎のご確認はホームページにて

資格の学校TAC ホームページ
https://www.tac-school.co.jp

3 TAC出版書籍販売サイトで

24時間
ご注文
受付中

TAC 出版 で 検索

https://bookstore.tac-school.co.jp/

新刊情報を いち早くチェック!

たっぷり読める 立ち読み機能

学習お役立ちの 特設ページも充実!

TAC出版書籍販売サイト「サイバーブックストア」では、TAC出版および早稲田経営出版から刊行されている、すべての最新書籍をお取り扱いしています。
また、会員登録(無料)をしていただくことで、会員様限定キャンペーンのほか、送料無料サービス、メールマガジン配信サービス、マイページのご利用など、うれしい特典がたくさん受けられます。

サイバーブックストア会員は、特典がいっぱい!(一部抜粋)

通常、1万円(税込)未満のご注文につきましては、送料・手数料として500円(全国一律・税込)頂戴しておりますが、1冊から無料となります。

専用の「マイページ」は、「購入履歴・配送状況の確認」のほか、「ほしいものリスト」や「マイフォルダ」など、便利な機能が満載です。

メールマガジンでは、キャンペーンやおすすめ書籍、新刊情報のほか、「電子ブック版 TACNEWS(ダイジェスト版)」をお届けします。

書籍の発売を、販売開始当日にメールにてお知らせします。これなら買い忘れの心配もありません。

日商簿記検定試験対策書籍のご案内

TAC出版の日商簿記検定試験対策書籍は、学習の各段階に対応していますので、あなたの
ステップに応じて、合格に向けてご活用ください!

3タイプのインプット教材

1

簿記を専門的な知識に
していきたい方向け

満点合格を目指し 次の級への土台を築く

「合格テキスト」

「合格トレーニング」

- 大判のB5判、3級～1級累計300万部超の、信頼の定番テキスト&トレーニング! TACの教室でも使用している公式テキストです。3級のみオールカラー。
- 出題論点はすべて網羅しているので、簿記をきちんと学んでいきたい方にぴったりで

◆3級 □2級 商簿、2級 工簿 ■1級 商・会 各3点、1級 工・原 各3点

2

スタンダードにメリハリ
つけて学びたい方向け

教室講義のような わかりやすさでしっかり学べる

「簿記の教科書」

「簿記の問題集」

滝澤 ななみ 著

- A5判、4色オールカラーのテキスト(2級・3級のみ)&模擬試験つき問題集!
- 豊富な図解と実例つきのわかりやすい説明で、もうモヤモヤしない!!

◆3級 □2級 商簿、2級 工簿 ■1級 商・会 各3点、1級 工・原 各3点

3

気軽に始めて、早く全体像を
つかみたい方向け

初学者でも楽しく続けられる!

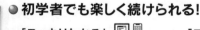

「スッキリわかる」

テキスト/問題集一体型

滝澤 ななみ 著 (1級は商・会のみ)

- 小型のA5判(4色オールカラー)によるテキスト/問題集一体型。これ一冊でOKの、圧倒的に人気の教材です。
- 豊富なイラストとわかりやすいレイアウト!かわいいキャラの「ゴエモン」と一緒に楽しく学べます。

◆3級 □2級 商簿、2級 工簿

■1級 商・会 4点、1級 工・原 4点

「スッキリうかる本試験予想問題集」

滝澤 ななみ 監修 TAC出版開発グループ 編著

- 本試験タイプの予想問題9回分を掲載

◆3級 □2級

コンセプト問題集

●得点力をつける!

『みんなが欲しかった! やさしすぎる解き方の本』 

B5判　滝澤 ななみ 著

● 授業で解き方を教わっているような新感覚問題集。再受験にも有効。

◆3級　□2級

本試験対策問題集

本試験タイプの問題集

合格するための本試験問題集』

級は過去問題集)

5判

2回分（1級は14回分）の問題を収載。ていねいな「解答への道」、各問対策が充実

年2回刊行。

級　□2級　■1級

●知識のヌケをなくす!

『まるっと完全予想問題集』

(1級は網羅型完全予想問題集)

A4判

● オリジナル予想問題（3級10回分、2級12回分、1級8回分）で本試験の重要出題パターンを網羅。

● 実力養成にも直前の本試験対策にも有効。

◆3級　□2級　■1級

直前予想

『○年度試験をあてる TAC予想模試 ＋解き方テキスト ○～○月試験対応』

(1級は第○回試験をあてるTAC直前予想模試)

A4判

● TAC講師陣による4回分の予想問題で最終仕上げ。

● 2級・3級は、第1部解き方テキスト編、第2部予想模試編の2部構成。

● 年3回（1級は年2回）、各試験に向けて発行します。

◆3級　□2級　■1級

あなたに合った合格メソッドをもう一冊!

訳『究極の仕訳集』

B6変型判

● 悩む仕訳をスッキリ整理。ハンディサイズ、一問一答式で基本の仕訳を一気に覚える。

◆3級　□2級

訳『究極の計算と仕訳集』

B6変型判　境 浩一朗 著

● 1級商会で覚えるべき計算と仕訳がすべてつまった1冊!

■1級 商・会

理論『究極の会計学理論集』

B6変型判

● 会計学の理論問題を論点別に整理、手軽なサイズが便利です。

■1級 商・会、全経上級

電卓『カンタン電卓操作術』

A5変型判　TAC電卓研究会 編

● 実践的な電卓の操作方法について、丁寧に説明します!

:ネット試験の演習ができる模擬試験プログラムつき（2級・3級）

:スマホで使える仕訳Webアプリつき（2級・3級）

024年2月現在　・刊行内容、表紙等は変更することがあります　・とくに記述がある商品以外は、TAC簿記検定講座編です

書籍の正誤に関するご確認とお問合せについて

書籍の記載内容に誤りではないかと思われる箇所がございましたら、以下の手順にてご確認とお問合せをしてくださいますよう、お願い申し上げます。
なお、正誤のお問合せ以外の**書籍内容に関する解説および受験指導などは、一切行っておりません。**
そのようなお問合せにつきましては、お答えいたしかねますので、あらかじめご了承ください。

1 「Cyber Book Store」にて正誤表を確認する

TAC出版書籍販売サイト「Cyber Book Store」の
トップページ内「正誤表」コーナーにて、正誤表をご確認ください。

CYBER TAC出版書籍販売サイト BOOK STORE

URL:https://bookstore.tac-school.co.jp/

2 1の正誤表がない、あるいは正誤表に該当箇所の記載がない ⇒ 下記①、②のどちらかの方法で文書にて問合せをする

★ご注意ください★

お電話でのお問合せは、お受けいたしません。
①、②のどちらの方法でも、お問合せの際には、「お名前」とともに、
「対象の書籍名(○級・第○回対策も含む)およびその版数(第○版・○○年度版など)」
「お問合せ該当箇所の頁数と行数」
「誤りと思われる記載」
「正しいとお考えになる記載とその根拠」
を明記してください。
なお、回答までに1週間前後を要する場合もございます。あらかじめご了承ください。

① ウェブページ「Cyber Book Store」内の「お問合せフォーム」より問合せをする

【お問合せフォームアドレス】

https://bookstore.tac-school.co.jp/inquiry/

② メールにより問合せをする

【メール宛先　TAC出版】

syuppan-h@tac-school.co.jp

※土日祝日はお問合せ対応をおこなっておりません。
※正誤のお問合せ対応は、該当書籍の改訂版刊行月末日までといたします。

乱丁・落丁による交換は、該当書籍の改訂版刊行月末日までといたします。なお、書籍の在庫状況等により、お受けできない場合もございます。
また、各種本試験の実施の延期、中止を理由とした本書の返品はお受けいたしません。返金もいたしかねますので、あらかじめご了承くださいますようお願い申し上げます。

TACにおける個人情報の取り扱いについて
■お預かりした個人情報は、TAC(株)で管理させていただき、お問合せへの対応、当社の記録保管にのみ利用いたします。お客様の同意なしに業務委託先以外の第三者に開示、提供することはございません(法令等により開示を求められた場合を除く)。その他、個人情報保護管理者、お預かりした個人情報の開示等及びTAC(株)への個人情報の提供の任意性については、当社ホームページ(https://www.tac-school.co.jp)をご覧いただくか、個人情報に関するお問い合わせ窓口(E-mail:privacy@tac-school.co.jp)までお問合せください。

(2022年7月現在)

スッキリうかる本試験予想問題集

日商簿記２級

別冊

問題用紙

別冊ご利用時の注意

この色紙を残したまま冊子をていねいに抜き取り、留め具をはずさない状態で、ご利用ください。また、抜き取りのさいの損傷についてのお取替えはご遠慮願います。

スッキリうかる本試験予想問題集
日商簿記２級

別冊

問題用紙

第1回 予想問題 問題

解答 P2　答案用紙 P2　制限時間 90分

商業簿記

下記の各取引について仕訳しなさい。ただし、勘定科目は、設問ごとに最も適当と思れるものを選び、答案用紙の（　　）の中に記号で解答すること。

1．×1年9月1日、売買目的で保有している額面総額￥1,000,000の社債（利率年0.73%、利払日は月末と9月末の年2回）を額面￥100につき￥97の価額で売却し、売却代金は直近の利払日の翌から売買日までの端数利息とともに現金で受け取った。なお、この社債は×1年6月1日に額面100につき￥98の価額で買い入れたものであり、端数利息は1年を365日として日割で計算する。算日は3月31日（1年決算）である。

　ア．売買目的有価証券　イ．現金　ウ．満期保有目的債券　エ．有価証券売却益
　オ．受取手数料　カ．有価証券利息　キ．有価証券売却損　ク．支払利息

2．かねて買掛金の決済のために振り出していた額面￥2,000,000の約束手形について、手形の更改申し入れ、手形の所持人である仕入先の承諾が得られたので、支払期日の延長に伴う利息￥80,を含めた新しい額面金額の約束手形を振り出し、仕入先に渡した。

　ア．受取手形　イ．現金　ウ．当座預金　エ．買掛金　オ．支払手形　カ．有価証券利息
　キ．仕入　ク．支払利息

3．会社の設立にあたり、発行可能株式総数8,000株のうち2,000株を1株当たり￥4,000の価額で発し、その全額の引受けと払込みを受け、払込金は当座預金とした。なお、払込金の6割の金額を本金とする。

　ア．現金　イ．当座預金　ウ．子会社株式　エ．その他有価証券　オ．資本金　カ．資本準備
　キ．繰越利益剰余金　ク．別途積立金

4．建物の修繕工事を行い、代金￥1,500,000は小切手を振り出して支払った。なお、工事代金の之40%は改良のための支出と判断された。また、この修繕工事に備えて、前期までに￥700,000の当金を設定している。

　ア．建物　イ．現金　ウ．当座預金　エ．建物減価償却累計額　オ．修繕引当金
　カ．修繕積立金　キ．修繕引当金繰入　ク．修繕費

5．当期に売買目的以外の目的により1株当たり￥800の価額で取得していた他社の株式10,000株ついて、決算時の時価が1株当たり￥900に値上がりしていたので、税効果会計（法人税等の法実効税率は30%）を適用し、適切な決算処理を行う。なお、この株式は子会社株式にも関連会社式にも該当していない。

　ア．満期保有目的債券　イ．その他有価証券　ウ．繰延税金資産　エ．繰延税金負債
　オ．その他有価証券評価差額金　カ．有価証券利息　キ．有価証券評価益　ク．法人税等調整

（第143回および第157回第1問改

日商商事株式会社（会計期間は１年、決算日は３月31日）の20×9年４月における商品売買および関連取引に関する次の［資料］にもとづいて、下記の［設問］に答えなさい。なお、払出単価の計算には先入先出法を用い、商品売買取引の記帳には「販売のつど売上原価勘定に振り替える方法」を用いている。また、月次決算を行い、月末には英米式決算法によって総勘定元帳を締め切っている。

［　料］　20×9年４月における商品売買および関連取引

月１日　商品の期首棚卸高は、数量500個、原価@￥3,000、総額￥1,500,000である。

４日　商品200個を@￥3,100で仕入れ、代金のうち￥150,000は以前に支払っていた手付金を充当し、残額は掛けとした。

５日　４日に仕入れた商品のうち50個を仕入先に返品し、掛代金の減額を受けた。

８日　商品450個を@￥6,000で販売し、代金は掛けとした。

10日　商品200個を@￥3,200で仕入れ、代金は手許にある他人振出の約束手形を裏書譲渡して支払った。

12日　８日の掛けの代金が決済され、当座預金口座に振り込まれた。

15日　商品300個を@￥3,300で仕入れ、代金は掛けとした。

18日　商品420個を@￥6,300で販売し、代金は掛けとした。

22日　売掛金￥800,000の決済として、電子債権記録機関から取引銀行を通じて債権の発生記録の通知を受けた。

30日　月次決算の手続として商品の実地棚卸を行ったところ、実地棚卸数量は280個、正味売却価額は@￥5,500であった。

［　問］

1　答案用紙の売掛金勘定および商品勘定への記入を完成しなさい。なお、摘要欄へ記入する相手科目等は、下から最も適当と思われるものを選び、記号で解答すること。

ア．当座預金　イ．電子記録債権　ウ．受取手形　エ．買掛金　オ．電子記録債務

カ．支払手形　キ．売上　ク．仕入　ケ．売上原価　コ．諸口

2　４月の売上高および４月の売上原価を答えなさい。

（第154回第２問改題）

品川商事株式会社は、東京の本店のほかに、埼玉県に支店を有している。次の［資料］にもとづき、第７期（2×29年４月１日～2×30年３月31日）の**本店の損益勘定**を完成しなさい。ただし、本問では、「法人税、住民税及び事業税」と税効果会計を考慮しないこととする。

［資　料］

（A）残高試算表（本店・支店）

残　高　試　算　表

2×30年３月31日

借　　方	本　店	支　店	貸　　方	本　店	支　店
現金預金	3,526,000	1,312,800	買掛金	827,000	548,000
売掛金	1,098,000	865,000	借入金	1,400,000	—
繰越商品	717,000	483,000	貸倒引当金	10,300	6,200
備品	600,000	350,000	備品減価償却累計額	240,000	70,000
のれん	840,000	—	本店	—	1,745,000
満期保有目的債券	991,000	—	資本金	4,000,000	—
その他有価証券	725,000	—	利益準備金	700,000	—
支店	1,736,000	—	繰越利益剰余金	1,100,000	—
仕入	3,850,000	1,441,000	売上	7,700,000	3,300,000
支払家賃	780,000	550,000	受取手数料	48,700	1,800
給料	830,000	610,000	有価証券利息	12,000	—
広告宣伝費	319,000	59,200	有価証券売却益	10,000	—
支払利息	56,000	—	受取配当金	20,000	—
	16,068,000	5,671,000		16,068,000	5,671,000

（B）未処理事項等

⑴　本店の売掛金￥60,000が回収され、本店で開設している当社名義の当座預金口座に入金されていたが、銀行からの連絡が本店に届いていなかった。

⑵　2×30年３月１日、本店は営業用の車両￥2,000,000を購入し、代金の支払いを翌月末とする条件にしていたが、取得の会計処理が行われていなかった。

⑶　本店が支店へ現金￥67,000を送付していたが、支店は誤って￥76,000と記帳していた。

⑷　本店が支店へ商品￥110,000（仕入価額）を移送したにもかかわらず、本店・支店ともその会計処理が行われていなかった。

（C）決算整理事項等

⑴　商品の期末棚卸高は次のとおりである。売上原価を仕入勘定で計算する。ただし、棚卸減耗損および商品評価損は、外部報告用の損益計算書では売上原価に含めて表示するものの、総勘定元帳においては、棚卸減耗損および商品評価損を仕入勘定に振り替えず独立の費用として処理す

①　本　店（上記（B）⑷処理後）

原　　　価：@￥756　　正味売却価額：@￥736

帳簿棚卸数量：1,000個　　実地棚卸数量：970個

②　支　店（上記（B）⑷処理後）

原　　　価：@￥540　　正味売却価額：@￥550

帳簿棚卸数量：800個　　実地棚卸数量：785個

(2) 本店・支店とも売上債権残高の１％にあたる貸倒引当金を差額補充法により設定する。
(3) 有形固定資産の減価償却
① 備　　品：本店・支店とも、残存価額ゼロ、耐用年数５年の定額法
② 車両運搬具：総利用可能距離150,000km　当期の利用距離3,000km、残存価額ゼロ
生産高比例法
(4) 満期保有目的債券は、2×28年４月１日に、期間10年の額面¥1,000,000の国債（利払日：毎年３月および９月末日、利率年1.2%）を発行と同時に¥990,000で取得したものである。額面額と取得価額との差額は金利の調整と認められるため、定額法による償却原価法（月割計算）を適用している。
(5) その他有価証券の期末時点の時価は¥784,000である。
(6) 経過勘定項目（本店・支店）
① 本　店：給料の未払分　¥70,000　　支払家賃の前払分　¥60,000
② 支　店：給料の未払分　¥50,000　　支払家賃の未払分　¥50,000
(7) のれんは、2×26年４月１日に同業他社を買収した際に生じたものである。発生年度から10年間にわたり、毎期均等額ずつ償却している。
(8) 本店が支払った広告宣伝費のうち、支店は¥60,000を負担することとなった。
(9) 支店で算出された損益（各自算定）が本店に報告された。

（第149回第３問改題）

工業簿記

(1)　A社は遠隔地に工場をもつことから、工場会計を独立させている。材料と製品の倉
は工場に置き、材料の購入の支払いと給与の支払いは本社が行っている。なお、工場
帳には次の勘定が設定されている。

材料、賃金、製造間接費、仕掛品、製品、本社

当月の次の取引について、工場での仕訳を示しなさい。ただし、勘定科目は、取引
とに最も適当と思われるものを選び、答案用紙の（　　）の中に記号で解答すること

1．製品用の素材3,000kg（購入価額800円/kg）および補修用材料100kg（購入価額200円/kg）を倉
に搬入した。なお、購入に際し、本社は、20,000円の買入手数料を支払っている。

ア．材料　イ．賃金　ウ．製造間接費　エ．仕掛品　オ．製品　カ．本社

2．工場での賃金の消費額を計上した。直接工の作業時間の記録によれば、直接作業時間2,760時
間接作業時間100時間であった。当工場で適用する予定総平均賃率は1,500円である。また、間接
については、前月賃金未払高200,000円、当月賃金支払高1,800,000円、当月賃金未払高150,000円
あった。

ア．材料　イ．賃金　ウ．製造間接費　エ．仕掛品　オ．製品　カ．本社

3．当月に判明した材料の棚卸減耗について、90,000円を計上した。

ア．材料　イ．賃金　ウ．製造間接費　エ．仕掛品　オ．製品　カ．本社

（第141回第４問改題

当社は製品Aを製造し、製品原価の計算は累加法による工程別総合原価計算を採用している。次の［資料］にもとづいて、第1工程月末仕掛品の原料費、第2工程月末仕掛品の前工程費と加工費、第2工程完成品総合原価を計算しなさい。なお、原価投入額を完成品総合原価と月末仕掛品原価に配分する方法は、第1工程は平均法、第2工程は先入先出法を用いること。

第1工程の途中で発生する正常仕損品に処分価額はなく、この正常仕損の処理は度外視法による。第2工程の終点で発生する正常仕損品は210,000円の処分価額があり、第2工程の正常仕損費は完成品に負担させること。

［資料］

	第1工程		第2工程	
月初仕掛品	400 個	(50%)	800 個	(75%)
当月投入	8,000		7,600	
合計	8,400 個		8,400 個	
正常仕損品	200		200	
月末仕掛品	600	(50%)	1,000	(40%)
完成品	7,600 個		7,200 個	

＊原料はすべて第1工程の始点で投入し、（　　）内は加工費の進捗度である。

	第1工程	第2工程
月初仕掛品原価		
原料費（前工程費）	86,000 円	416,400 円
加工費	175,000	241,600
小計	261,000 円	658,000 円
当月製造費用		
原料費（前工程費）	1,800,000 円	（ ? ）円
加工費	3,380,000	4,608,000
小計	5,180,000 円	（ ? ）円
投入額合計	5,441,000 円	（ ? ）円

＊上記資料の（？）は各自計算すること。

（第149回第5問改題）

次の［資料］にもとづいて、答案用紙の損益計算書を完成しなさい。なお、当社で
直接原価計算による損益計算書を作成している。

［資　料］

1．棚卸資産有高

	期首有高	期末有高
原　　料	480,000円	415,000円
仕 掛 品（※）	585,000円	640,000円
製　　品（※）	710,000円	625,000円

（※）変動製造原価のみで計算されている。

2．賃金・給料未払高

	期首未払高	期末未払高
直接工賃金	220,000円	205,000円
間接工賃金	55,000円	48,000円
工場従業員給料	85,000円	80,000円

3．原料当期仕入高　　3,880,000円

4．賃金・給料当期支払高

直接工賃金	1,640,000円
間接工賃金	510,000円
工場従業員給料	720,000円

5．製造経費当期発生高

電　力　料	187,000円
保　険　料	210,000円
減価償却費	264,000円
そ　の　他	185,000円

6．販売費・一般管理費

変動販売費	655,000円
固定販売費	406,000円
一般管理費	475,000円

7．その他

(1) 直接工は直接作業のみに従事している。

(2) 変動製造間接費は直接労務費の40%を予定配賦している。配賦差異は変動売上原価に賦課す

(3) 間接工賃金は変動費、工場従業員給料は固定費である。

(4) 製造経費のうち電力料のみが変動費である。

(5) 一般管理費はすべて固定費である。

（第149回第４問改

MEMO

第2回 予想問題 150回改題 問題

解答 P26　答案用紙 P8　制限時間 90分

商業簿記

下記の各取引について仕訳しなさい。ただし、勘定科目は、設問ごとに最も適当と思れるものを選び、答案用紙の（　　）の中に記号で解答すること。

1．顧客に対するサービス提供が完了したため、契約額¥300,000（支払いは翌月末）を収益に計した。これにともない、それまでに仕掛品に計上されていた諸費用¥150,000と追加で発生した注費¥70,000（支払いは翌月25日）との合計額を原価に計上した。

ア．仕掛品　イ．売掛金　ウ．買掛金　エ．役務収益　オ．支払手数料　カ．租税公課
キ．支払利息　ク．役務原価

2．製造ラインの増設工事が完成し、機械装置に¥2,000,000、構築物に¥400,000を計上した。こ工事については、毎月末に支払期日が到来する額面¥110,000の約束手形24枚を振り出して相手に交付した。なお、約束手形に含まれる利息相当額については資産勘定で処理することとした。

ア．普通預金　イ．現金　ウ．構築物　エ．機械装置　オ．受取手形　カ．長期前払費用
キ．営業外支払手形　ク．支払手数料

3．同業他社の事業の一部を譲り受けることになり、譲渡代金¥4,500,000を普通預金口座から相手口座に振り込んだ。この取引により譲り受けた資産の評価額は、商品¥800,000、建物¥1,800,00備品¥600,000であり、引き受けた負債はなかった。

ア．商品　イ．ソフトウェア　ウ．建物　エ．のれん　オ．当座預金　カ．普通預金　キ．備
ク．営業外支払手形

4．商品を¥250,000で顧客に販売し、このうち消費税込みで¥55,000を現金で受取り、残額をクレット払いの条件とした。信販会社へのクレジット手数料（クレジット販売代金の５％）も販売時計上した。なお、消費税の税率は10%とし、税抜方式で処理するが、クレジット手数料には消費は課税されない。

ア．現金　イ．当座預金　ウ．売掛金　エ．仮払消費税　オ．クレジット売掛金
カ．仮受消費税　キ．売上　ク．支払手数料

5．繰越利益剰余金が¥2,000,000の借方残高となっていたため、株主総会の決議によって、資本準金¥3,000,000と、利益準備金¥2,500,000を取り崩すこととした。利益準備金の取崩額は、繰越利剰余金とした。

ア．長期前払費用　イ．未払金　ウ．資本金　エ．利益準備金　オ．その他資本剰余金
カ．繰越利益剰余金　キ．資本準備金　ク．別途積立金

前期末（×18年３月31日）で保有しているリース契約の内容は、下記の⑴に示したリース契約一覧表のとおりであった。当期（×18年４月１日から×19年３月31日までの１年間）のリース関係の取引は、⑵に記載されている。ファイナンス・リース取引は利子抜き法により会計処理されており、利息相当額の期間配分と減価償却（記帳方法は間接法による）の方法は定額法（残存価額ゼロ）によっている。なお、リース資産の減価償却費は、９月末と３月末に計上している。

[設問]

. 答案用紙に示された×19年３月31日に存在するリース資産に関する固定資産台帳の記入を完成させなさい。

. 答案用紙に示された各金額を答えなさい。

資料]

リース契約一覧表

種類	開始日	終了日	開始後のリース料支払日（普通預金から支払い）	リース料総額（単位：円）	リース資産の見積現金購入価額（単位：円）
ファイナンス・リース					
備品A	×17.４.１	×22.３.31	３月末、９月末（年２回払い）	7,200,000	6,600,000
備品B	×14.10.１	×19.９.30	３月末、９月末（年２回払い）	6,480,000	6,000,000
備品C	×15.４.１	×21.３.31	３月末、９月末（年２回払い）	7,920,000	7,344,000
オペレーティング・リース					
事務所	×15.４.１	×20.３.31	３月末、９月末（年２回払い）	30,000,000	120,000,000
車　輌	×17.10.１	×19.９.30	３月末、９月末（年２回払い）	4,320,000	9,000,000

当期の取引

同じビル内で事務所スペースの借り増しを行い、×18年７月１日から×21年６月30日までの３年間を総額¥10,800,000（支払いは９月末、12月末、３月末、６月末の年４回払い）のリース料で契約を締結した。

(第157回第２問改題)

次に示した東京商事株式会社の［資料Ⅰ］、［資料Ⅱ］および［資料Ⅲ］にもとづいて答案用紙の貸借対照表を完成しなさい。なお、会計期間は×4年４月１日から×5年３月31日までの１年間である。

［資料Ⅰ］ 決算整理前残高試算表

決算整理前残高試算表

×5年３月31日　　　　　　(単位：円)

借　方	勘定科目	貸　方
150,000	現金	
780,000	当座預金	
220,000	受取手形	
410,000	売掛金	
	貸倒引当金	7,000
30,000	繰越商品	
67,000	仮払法人税等	
3,000,000	建物	
	建物減価償却累計額	800,000
600,000	備品	
	備品減価償却累計額	216,000
1,200,000	建設仮勘定	
788,000	満期保有目的債券	
	支払手形	190,000
	買掛金	380,000
	長期借入金	800,000
	退職給付引当金	260,000
	資本金	3,800,000
	利益準備金	60,450
	繰越利益剰余金	100,000
	売上	8,800,000
	有価証券利息	4,000
7,700,000	仕入	
468,000	給料	
4,450	支払利息	
15,417,450		15,417,450

資料Ⅱ]　未処理事項

. 前期に貸倒れ処理していた売掛金の一部￥6,000が当期に回収され、当座預金の口座に振り込まれていたが、この取引は未記帳である。

. 手形￥50,000を取引銀行で割り引き、割引料￥200を差し引いた手取額は当座預金としていたが、この取引は未記帳である。

. 建設仮勘定は建物の建設工事（工事代金総額￥1,800,000）にかかわるものであるが、工事はすでに完了し、当期の３月１日に引渡しを受けていた。なお、工事代金の残額￥600,000については、建物の引渡しの際に小切手を振り出して支払ったが、この取引も未記帳である。

資料Ⅲ]　決算整理事項

. 受取手形と売掛金の期末残高に対して２％の貸倒れを見積もる。貸倒引当金は差額補充法によって設定する。

. 商品の期末棚卸高は次のとおりである。

　帳簿棚卸高：数量352個、帳簿価額@￥90

　実地棚卸高：数量350個、正味売却価額@￥85

. 有形固定資産の減価償却は次の要領で行う。

　建物：耐用年数は30年、残存価額はゼロとして、定額法を用いて計算する。

　備品：耐用年数は10年、残存価額はゼロとして、200％定率法を用いて計算する。

　なお、当期に新たに取得した建物についても、耐用年数は30年、残存価額はゼロとして、定額法を用いて月割で計算する。

. 満期保有目的債券は、当期の４月１日に他社が発行した社債（額面総額￥800,000、利率年0.5％、利払日は９月末と３月末の年２回、償還期間は５年）を発行と同時に取得したものである。額面総額と取得価額の差額は金利の調整を表しているので、償却原価法（定額法）により評価する。

. 退職給付引当金の当期繰入額は￥92,500である。

. 長期借入金は、当期の９月１日に借入期間４年、利率年1.2％、利払いは年１回（８月末）の条件で借り入れたものである。決算にあたって、借入利息の未払分を月割計算で計上する。

. 法人税、住民税及び事業税について決算整理を行い、当期の納税額￥125,000を計上する。なお、仮払法人税等￥67,000は中間納付にかかわるものである。

(1) 次の一連の取引について仕訳しなさい。ただし、勘定科目は、各取引の下の勘定科
から最も適当と思われるものを選び、答案用紙の（　　）の中に記号で解答すること
仕訳の金額はすべて円単位とする。

1．当月の直接作業時間にもとづき予定配賦率を適用して、製造間接費を各製造指図書に配賦する
なお、当工場の年間の変動製造間接費予算は24,300,000円、年間の固定製造間接費予算は36,450,0
円であり、年間の予定総直接作業時間は9,000時間であった。また、当月の実際直接作業時間は8
時間であった。

ア．原価差異　イ．賃金・給料　ウ．製品　エ．仕掛品　オ．売上原価　カ．製造間接費
キ．減価償却費

2．組別総合原価計算を採用している岩手産業株式会社の工場は、本社の指示により製造原
960,000円のA組製品と製造原価400,000円のB組製品を得意先に発送した。ただし、工場会計は
社会計から独立しており、売上勘定と売上原価勘定は本社に、製品に関する勘定は工場に設けて
る。工場側の仕訳を示しなさい。

ア．A組仕掛品　イ．B組製品　ウ．工場　エ．売上　オ．本社　カ．A組製品
キ．売上原価　ク．B組仕掛品

3．当社では標準原価計算を採用しておりシングル・プランにより記帳している。製品1個当たり
標準直接材料費は7,500円であり、当月投入量は2,000個であった。なお、当月の実際直接材料費
14,400,000円であった。直接材料費の当月消費額に関する仕訳を示しなさい。

ア．仕掛品　イ．製造間接費　ウ．売上原価　エ．製品　オ．減価償却費　カ．売上
キ．材料

) A社は、同一工程で等級製品X、Yを連続生産している。製品原価の計算方法は、1か月の完成品総合原価を製品1枚当たりの重量によって定められた等価係数に完成品量を乗じた積数の比で各等級製品に按分する方法を採用している。次の［資料］にもとづいて、下記の問に答えなさい。なお、原価投入額合計を完成品総合原価と月末仕掛品原価に配分する方法には先入先出法を用い、正常仕損は工程の途中で発生したので、度外視法によること。この仕損品の処分価額はゼロである。

資 料]

. 生産データ

月初仕掛品	1,000 枚	(50%)
当月投入	10,000	
合 計	11,000 枚	
正常仕損品	1,000	
月末仕掛品	2,000	(50%)
完 成 品	8,000 枚	

(注) 完成品は、Xが6,000枚、Yが2,000枚である。また、材料は工程の始点で投入し、( ) 内は加工費の進捗度である。

. 原価データ

月初仕掛品原価	
直接材料費	700,000 円
加 工 費	900,000
小 計	1,600,000 円
当月製造費用	
直接材料費	7,200,000 円
加 工 費	13,600,000
小 計	20,800,000 円
	22,400,000 円

. 製品1枚当たりの重量(単位:g)

X 300
Y 100

. 等価係数

X 3
Y 1

1 当月の月末仕掛品原価を計算しなさい。
2 当月の完成品総合原価を計算しなさい。
3 等級製品Xの完成品単位原価を計算しなさい。
4 等級製品Yの完成品単位原価を計算しなさい。

(第151回第5問改題)

ニッショウ産業は、全国にカフェチェーンを展開している。現在、大門駅前店の11月
利益計画を作成している。10月の利益計画では、売上高は3,500,000円であり、変動費と
定費は次の［資料］のとおりであった。11月の利益計画は、変動費率と固定費額につい
10月と同じ条件で作成する。下記の問に答えなさい。

［資　料］

変　動　費		固　定　費	
食　材　費	805,000円	正社員給料	650,000円
アルバイト給料	420,000円	水道光熱費	515,000円
そ　の　他	70,000円	支払家賃	440,000円
		そ　の　他	285,000円

問1　変動費率を計算しなさい。

問2　損益分岐点売上高を計算しなさい。

問3　目標営業利益630,000円を達成するために必要な売上高を計算しなさい。

問4　11月の売上高は3,750,000円と予想されている。11月の利益計画における貢献利益と営業利益
計算しなさい。

MEMO

第3回 予想問題 問題

解答 P46　答案用紙 P14　制限時間 90分

商業簿記

下記の各取引について仕訳しなさい。ただし、勘定科目は、設問ごとに最も適当と思われるものを選び、答案用紙の（　　）の中に記号で解答すること。

1．商品￥200,000をクレジット払いの条件で販売した。なお、販売代金の２％にあたる金額を信販会社へのクレジット手数料として販売時に計上し、信販会社に対する債権から控除する。
　ア．当座預金　イ．受取手形　ウ．クレジット売掛金　エ．貸倒引当金　オ．売上
　カ．支払手数料　キ．貸倒引当金繰入　ク．仕入

2．研究開発に従事している従業員の給料￥300,000および特定の研究開発にのみ使用する目的で購入した機械装置の代金￥5,000,000を当座預金口座から振り込んで支払った。
　ア．当座預金　イ．普通預金　ウ．機械装置　エ．営業外支払手形　オ．支払手数料　カ．給料
　キ．研究開発費　ク．減価償却費

3．備品￥1,000,000の取得にあたり、国庫補助金￥400,000を受け取り、これにかかわる会計処理は適切に行われていたが、当該国庫補助金を返還しないことが本日確定したため、直接控除方式により圧縮記帳の処理を行った。
　ア．普通預金　イ．備品　ウ．現金　エ．受取手形　オ．資本金　カ．国庫補助金受贈益
　キ．手形売却損　ク．固定資産圧縮損

4．会社の設立にあたり、発行可能株式総数10,000株のうち2,500株を１株あたり￥1,000の価額で発行し、その全額の引受けと払込みを受け、払込金は普通預金とした。なお、払込金の８割に相当する金額を資本金とする。
　ア．普通預金　イ．当座預金　ウ．預り保証金　エ．利益準備金　オ．繰越利益剰余金
　カ．資本金　キ．資本準備金　ク．別途積立金

5．決算を行い、納付すべき消費税の額を算定した。なお、本年度の消費税の仮払分は￥360,000、仮受分は￥830,000であり、消費税の記帳は税抜方式により行っている。
　ア．未収還付消費税　イ．仮払消費税　ウ．現金　エ．仮受消費税　オ．未払消費税
　カ．売上　キ．租税公課　ク．仕入

（第146回第１問改題）

問題

第2問 20点

次に示した広島商事株式会社の［資料］にもとづいて、答案用紙の株主資本等変動計算書（単位：千円）について、（　　）に適切な金額を記入して完成しなさい。金額が負の値のときは、金額の前に△を付して示すこと。なお、会計期間は×6年４月１日から×7年３月31日までの１年間である。

［資　料］

1．×6年３月31日の決算にあたって作成した貸借対照表において、純資産の部の各項目の残高は次のとおりであった。なお、この時点における発行済株式総数は50,000株である。

資本金	¥ 20,000,000	資本準備金	¥ 1,600,000	その他資本剰余金	¥ 500,000
利益準備金	¥ 400,000	別途積立金	¥ 220,000	繰越利益剰余金	¥ 1,200,000

2．×6年６月28日、定時株主総会を開催し、剰余金の配当および処分を次のように決定した。
① 株主への配当金について、その他資本剰余金を財源として１株につき¥５、繰越利益剰余金を財源として１株につき¥15の配当を行う。
② 上記の配当に関連して、会社法が定める金額を資本準備金および利益準備金として積み立てる。
③ 繰越利益剰余金を処分し、別途積立金として¥80,000を積み立てる。

3．×6年９月１日、新株1,000株を１株につき¥500で発行して増資を行い、全額の払込みを受け、払込金は当座預金とした。なお、会社法が定める最低限度額を資本金とした。

4．×7年２月１日、岡山物産株式会社を吸収合併し、同社の諸資産（時価総額¥9,000,000）と諸負債（時価総額¥5,000,000）を引き継ぐとともに、合併の対価として新株8,000株（１株当たりの時価は¥550）を発行し、同社の株主に交付した。なお、新株の発行にともなう純資産（株主資本）の増加額のうち、¥3,000,000は資本金とし、残額はその他資本剰余金として計上した。

5．×7年３月31日、決算を行い、当期純利益¥980,000を計上した。

（第151回第２問改題）

次に示した日商株式会社の［資料］にもとづいて、答案用紙の精算表を完成しなさい
なお、会計期間は×6年４月１日から×7年３月31日までの１年間である。

［資　料］　決算整理事項その他

1．銀行に取立依頼していた得意先振出しの約束手形¥20,000について、その決済金額が当座預金の口座に振り込まれていたが、この取引が未記帳であった。

2．売掛金のうち¥9,000は得意先が倒産したため回収不能であることが判明したので、貸倒れとして処理する。なお、¥7,000は前期から繰り越したものであり、残りの¥2,000は当期の売上取引から生じたものである。

3．受取手形と売掛金の期末残高に対して２％の貸倒れを見積もる。貸倒引当金は差額補充法により設定する。

4．商品の期末棚卸高は次のとおりである。なお、売上原価の計算は仕入勘定で行うが、棚卸減耗損と商品評価損は独立の科目として処理する。

帳簿棚卸高　数量　330個　　原　　　　価　@¥120
実地棚卸高　数量　326個　　正味売却価額　@¥117

5．消費税は税抜方式で記帳しており、必要な処理を行う。

6．有形固定資産の減価償却は次の要領で行う。

建物：耐用年数は30年、残存価額はゼロとして、定額法により計算する。
備品：償却率は年20%として、定率法により計算する。

なお、建物のうち¥900,000は×6年11月１日に取得したものであり、他の建物と同一の要領により月割りで減価償却を行う。

7．のれんは×2年４月１日に他企業を買収した際に生じたものであり、10年間にわたって毎期均等額を償却しており、今期も同様に償却する。

8．借入金のうち¥300,000は、×6年12月１日に期間１年、利率年1.8%、利払いは返済時に一括支払いという条件で借り入れたものであり、利息の未払分を月割りで計上する。

9．従業員に対する退職給付（退職一時金および退職年金）を見積もった結果、当期の負担に属する金額は¥35,000と計算されたので、引当金に計上する。

10．保険料は、×6年10月１日に向こう１年分（12か月分）の保険料を一括して支払ったものであり、保険期間の未経過分について必要な処理を行う。

（第141回第３問改題）

MEMO

工業簿記

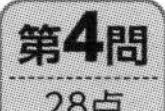

(1) 次の一連の取引について仕訳しなさい。ただし、勘定科目は、各取引の下の勘定科目から最も適当と思われるものを選び、答案用紙の（　　）の中に記号で解答すること。仕訳の金額はすべて円単位とする。

1．材料の消費価格差異を計上した。材料の月初在庫は150kg（購入原価１kg当たり590円）、当月仕入は1,200kg（購入原価１kg当たり620円）、月末在庫は200kgであり、棚卸減耗はなかった。また、実際払出価格は先入先出法により処理している。なお、材料費の計算には１kg当たり600円の予定消費価格を用いている。
　ア．製品　イ．仕掛品　ウ．材料　エ．製造間接費　オ．買掛金　カ．売上原価
　キ．材料消費価格差異

2．当月の労務費の消費額を計上する。直接工の直接作業時間は400時間、間接作業時間は10時間であった。当工場では直接工の賃金計算について予定賃率を適用しており１時間当たり2,000円である。また、間接工については、前月賃金未払高350,000円、当月賃金支払高1,500,000円、当月賃金未払高250,000円であった。
　ア．現金　イ．未払賃金・給料　ウ．賃金・給料　エ．製品　オ．売上原価　カ．仕掛品
　キ．製造間接費

3．工程別総合原価計算を採用している浅草株式会社は、労務費を消費した。なお、第１工程における消費賃率は１時間当たり1,200円、直接作業時間は800時間であり、第２工程における消費賃率は１時間当たり3,500円、直接作業時間は150時間であった。
　ア．製品　イ．第１工程半製品　ウ．売上原価　エ．第１工程仕掛品　オ．製造間接費
　カ．賃金・給料　キ．第２工程仕掛品

(2) 当工場には、2つの製造部門（第一製造部と第二製造部）と1つの補助部門（修繕部）があり、製造間接費について部門別計算を行っている。補助部門費は製造部門に予定配賦し、製造部門費は製品に予定配賦している。修繕部費の配賦基準は修繕時間、第一製造部費と第二製造部費の配賦基準は機械稼働時間である。次の［資料］にもとづいて、下記の問に答えなさい。

［資　料］

1. 年間予算部門別配賦表

（単位：円）

費　　目	合　　計	製造部門		補助部門
		第一製造部	第二製造部	修繕部
部門費	88,000,000	45,600,000	36,800,000	5,600,000
修繕部費	5,600,000	?	?	
製造部門費	88,000,000	?	?	

（注）？は各自計算すること。

2. 年間予定修繕時間
　第一製造部　600 時間　　第二製造部　800 時間

3. 年間予定機械稼働時間
　第一製造部　8,000 時間　　第二製造部　20,000 時間

4. 当月の実際機械稼働時間
　第一製造部　690 時間　　第二製造部　1,720 時間

5. 当月の実際修繕時間
　修繕部費は予定配賦率に実際修繕時間を乗じて、第一製造部と第二製造部に配賦する。
　第一製造部　52 時間　　第二製造部　72 時間

6. 当月の実際部門費（補助部門費配賦前）
　第一製造部　3,957,000 円　　第二製造部　3,238,000 円
　修　繕　部　502,200 円

問1　修繕部費の予定配賦率を計算しなさい。
問2　当月の第一製造部費と第二製造部費の予定配賦額を計算しなさい。
問3　当月の修繕部費の配賦差異を計算しなさい。借方差異か貸方差異かを明示すること。
問4　当月の第一製造部費の配賦差異を計算しなさい。借方差異か貸方差異かを明示すること。

（第151回第4問改題）

当社は製品Aを量産しており、パーシャル・プランの標準原価計算を採用している。

製品Aの1個当たりの標準原価が以下のように求められた。

直接材料費	標 準 単 価	600円/kg	標 準 消 費 量	0.8kg	480円
直接労務費	標 準 賃 率	2,000円/時間	標準直接作業時間	0.6時間	1,200円
製造間接費	標準配賦率	4,000円/時間	標準直接作業時間	0.6時間	2,400円
					4,080円

製造間接費は直接作業時間を配賦基準として配賦される。当月の製品Aの生産量は1,500個であった。

当月の製造費用は次のようであった。

直接材料費	729,600円
直接労務費	1,812,000円
製造間接費	3,890,000円

月間製造間接費予算は変動費2,500,000円と固定費1,500,000円の合計4,000,000円で、月間正常直接作業時間は1,000時間であったとする。当月の実際直接作業時間は920時間であったとする。

問1　製造間接費総差異はいくらか。

問2　問1で計算した製造間接費総差異を予算差異、能率差異、操業度差異に分析しなさい。ただし能率差異は変動費のみで計算するものとする。

（第142回第4問改題）

MEMO

第4回 予想問題 152回改題 問題

解答 P64　答案用紙 P20　制限時間 90分

商業簿記

第1問 20点

下記の各取引について仕訳しなさい。ただし、勘定科目は、設問ごとに最も適当と思わ
れるものを選び、答案用紙の（　　）の中に記号で解答すること。

1．×年12月1日、売買目的で保有している額面総額￥1,000,000の社債（利率年0.365％、利払日は
3月末と9月末の年2回）を額面￥100につき￥98.90の価額（裸相場）で売却し、売却代金は売買
日までの端数利息とともに現金で受け取った。なお、この社債は×年9月1日に額面￥100につき
￥98.80の価額（裸相場）で買い入れたものであり、端数利息は1年を365日として日割で計算する
　ア．有価証券売却益　イ．有価証券利息　ウ．売買目的有価証券　エ．満期保有目的債券
　オ．有価証券売却損　カ．現金　キ．株式交付費　ク．当座預金

2．×年4月1日、商品陳列棚を分割払いで購入し、代金として毎月末に支払期日が順次到来する額面
￥150,000の約束手形10枚を振り出して交付した。なお、商品陳列棚の現金購入価額は￥1,440,000である。
　ア．支払手形　イ．営業外支払手形　ウ．未払金　エ．備品　オ．支払利息　カ．営業外受取手形
　キ．買掛金　ク．商品

3．×年3月31日、決算にあたり、前年度に販売した商品に付した品質保証期限が経過したため、こ
の保証のために設定した引当金の残高￥36,000を取り崩すとともに、当期に品質保証付きで販売し
た商品の保証費用を当期の売上高￥18,500,000の1％と見積もり、洗替法により引当金を設定する
なお、同一科目を相殺しないで解答すること。
　ア．仕入　イ．商品保証引当金　ウ．売上　エ．売掛金　オ．商品保証引当金繰入
　カ．商品保証費　キ．商品保証引当金戻入　ク．貸倒引当金繰入

4．×年8月1日、1か月前の7月1日の輸入取引によって生じた外貨建ての買掛金40,000ドル（決
済日は×年9月30日）について、1ドル￥110で40,000ドルを購入する為替予約を取引銀行と契約し
振当処理を行うこととし、為替予約による円換算額との差額はすべて当期の損益として処理する
なお、輸入取引が行われた×年7月1日の為替相場（直物為替相場）は1ドル￥108であり、また
本日（×年8月1日）の為替相場（直物為替相場）は1ドル￥109である。
　ア．仕入　イ．当座預金　ウ．現金　エ．売掛金　オ．買掛金　カ．為替差損益　キ．売上
　ク．別段預金

5．会社の設立にあたり、発行可能株式総数10,000株のうち2,500株を1株当たり￥40,000で発行し
その全額について引受けと払込みを受け、払込金は当座預金とした。なお、会社法が認める最低限
度額を資本金として計上する。また、会社の設立準備のために発起人が立て替えていた諸費用
￥300,000を現金で支払った。
　ア．当座預金　イ．資本金　ウ．現金　エ．資本準備金　オ．繰越利益剰余金　カ．開業費
　キ．利益準備金　ク．創立費

MEMO

下記の［資料Ⅰ］および［資料Ⅱ］にもとづいて、次の各問に答えなさい。

問１　答案用紙の当座預金勘定調整表を完成させなさい。なお、当座預金勘定調整表の［　　］には、［資料Ⅰ］における(1)〜(4)を記入し、（　　）には金額を記入すること。

問２　［資料Ⅰ］の(2)(3)(4)、および、［資料Ⅱ］の(1)(2)(4)に関する決算に必要な整理仕訳を、答案用紙の該当欄に示しなさい。ただし、勘定科目は、次の中から最も適当と思われるものを選び、記号で解答すること。

ア．現金　イ．当座預金　ウ．普通預金　エ．仮払金　オ．受取手形　カ．仮払法人税等
キ．不渡手形　ク．消耗品費　ケ．広告宣伝費　コ．通信費　サ．為替差損益　シ．受取配当金
ス．未払配当金　セ．借入金　ソ．買掛金

［資料Ⅰ］

３月31日現在の現金勘定および当座預金勘定の内容と、３月中の当座預金出納帳の記入は次のとおりであった。

（単位：円）

	帳簿残高	銀行残高（または実査残高）
現　　金	1,575,650	1,703,650
当 座 預 金	3,070,000	2,786,000

当座預金出納帳　（単位：円）

月	日	摘要	小切手No.	預入	引出	残高
3	1	前月繰越				1,500,000
	20	買掛金支払	1001		800,000	700,000
	25	売掛金振込入金		1,200,000		1,900,000
	28	広告宣伝費支払	1002		200,000	1,700,000
	30	消耗品費支払	1003		150,000	1,550,000
	31	受取手形取立（２通）		1,400,000		2,950,000
	31	小切手入金		120,000		3,070,000

当座預金取引について、次の事項が判明した。

(1)　小切手No.1002とNo.1003は３月31日までに銀行に呈示されていなかった。

(2)　受取手形の取立依頼分２通のうち、１通￥500,000は不渡りとなっており、入金処理が銀行で行われなかった。

(3)　３月31日に電話料金￥14,000の自動引落しが行われていた。

(4)　小切手入金の￥120,000は、実際には銀行に預け入れられていなかった。（［資料Ⅱ］の(3)参照）

［資料Ⅱ］

現金残高について、金庫の内容を実査したところ、次のものが入っていた。

金庫内実査表　(単位：円)

摘　　要	金　額
日本銀行券及び硬貨	525,650
米国ドル紙幣　100ドル札50枚、50ドル札90枚	950,000
出張旅費仮払い額の従業員からの受取書	100,000
小切手	120,000
12月決算会社の配当金領収証	8,000
合　計	1,703,650

上記の内容について、以下の事実が判明している。

(1)　米国ドル紙幣は円貨による取得価額であり、３月31日の為替レートは、１ドル￥110であった。

(2)　旅費仮払い額は、出金の会計処理が行われておらず、また、３月31日時点で従業員が出張から戻っていないため、旅費精算も行われていない。

(3)　小切手￥120,000は、当座預金口座に入金の会計処理を行ったが、銀行への持参を失念したため、金庫の中にそのまま残っていた。

(4)　配当金領収証（源泉所得税20％控除後の金額である）については、会計処理が行われていない。

次に示した商品売買業を営む株式会社鹿児島商会の［資料1］から［資料3］にもとづいて、答案用紙の貸借対照表を完成させなさい。会計期間は20×8年4月1日より20×9年3月31日までの1年間である。本問では貸倒引当金、減価償却、およびその他有価証券の3項目に関してのみ税効果会計を適用する。法定実効税率は前期・当期とも25%であり、将来においても税率は変わらないと見込まれている。なお、繰延税金資産は全額回収可能性があるものとする。

［資料1］ 決算整理前残高試算表

決算整理前残高試算表 （単位：円）

借方	勘定科目	貸方
5,532,000	現金預金	
9,960,000	売掛金	
	貸倒引当金	12,000
8,400,000	繰越商品	
7,580,000	仮払消費税	
720,000	仮払法人税等	
15,000,000	建物	
	建物減価償却累計額	5,000,000
7,200,000	備品	
6,800,000	その他有価証券	
3,000,000	長期貸付金	
25,000	繰延税金資産	
	買掛金	7,736,000
	仮受消費税	9,100,000
	資本金	30,000,000
	繰越利益剰余金	5,192,000
75,000	その他有価証券評価差額金	
	売上	91,000,000
	受取利息及び受取配当金	300,000
67,500,000	仕入	
11,748,000	給料	
900,000	販売費	
300,000	減価償却費	
3,600,000	火災未決算	
148,340,000		148,340,000

[資料2]　決算にあたっての修正事項

1. 期中に火災に遭ったが保険を付していたため、焼失した資産の帳簿価額（減価償却費計上済）を火災未決算勘定に振り替える処理を行っていた。決算の直前に保険会社から20×9年4月末日に保険金¥1,540,000が当社の普通預金口座に入金されることが決定したとの連絡が入った。
2. 売掛金¥740,000が決算日に回収され当社の当座預金口座に入金されていたが、その連絡が届いていなかったので未処理である。

[資料3]　決算整理事項等

1. 期末商品帳簿棚卸高は¥8,900,000である。甲商品には商品評価損¥170,000、乙商品には棚卸減耗損¥230,000が生じている。いずれも売上原価に算入する。
2. 売上債権の期末残高につき、「1,000分の10」を差額補充法により貸倒引当金として設定する。なお、当該引当金に係る税効果は生じていない。
3. 建物、備品とも残存価額ゼロ、定額法にて減価償却を行う。建物の耐用年数は30年、備品の耐用年数は6年である。ただし、備品は当期首に購入したものであり、税務上の法定耐用年数が8年であることから、減価償却費損金算入限度超過額に係る税効果会計を適用する。
4. 消費税の処理（税抜方式）を行う。
5. 長期貸付金は、20×8年10月1日に期間5年、年利率4％、利払日は毎年3月31日と9月30日の年2回の条件で他社に貸し付けたものである。貸付額につき15％の貸倒引当金を計上する。ただし、これに対する貸倒引当金繰入について損金算入が全額とも認められなかったため、税効果会計を適用する。
6. その他有価証券の金額は、丙社株式の前期末の時価である。前期末に当該株式を全部純資産直入法にもとづき時価評価した差額について、期首に戻し入れる洗替処理を行っていなかった。そのため、決算整理前残高試算表の繰延税金資産は、前期末に当該株式に対して税効果会計を適用した際に生じたものであり、これ以外に期首時点における税効果会計の適用対象はなかった。当期末の丙社株式の時価は¥7,700,000である。
7. 法人税、住民税及び事業税に¥2,054,000を計上する。なお、仮払法人税等は中間納付によるものである。
8. 繰延税金資産と繰延税金負債を相殺し、その純額を固定資産または固定負債として貸借対照表に表示する。

工業簿記

(1) 次の各取引について仕訳しなさい。ただし、勘定科目は、各取引の下の勘定科目から最も適当と思われるものを選び、答案用紙の（　　）の中に記号で解答すること。仕訳の金額はすべて円単位とする。

1．工場従業員へ賃金640,000円を現金で支払った。
ア．製品　イ．仕掛品　ウ．売上原価　エ．賃金・給料　オ．原価差異　カ．未払金　キ．現金

2．本社から工場会計を独立させている茨城製作所では、当月の機械装置の減価償却を行った。機械装置の減価償却費の年間見積額は3,600,000円である。なお、機械装置の減価償却累計額の勘定は本社で設定している。工場の仕訳を示しなさい。
ア．工場　イ．本社　ウ．当座預金　エ．仕掛品　オ．製造間接費　カ．製品
キ．機械装置減価償却累計額

3．等級別総合原価計算を採用している高知産業株式会社においてA等級製品200個とB等級製品700個が完成した。ただし、完成品の総合原価は2,200,000円であり、等価係数はA等級製品は3、B等級製品は2である。
ア．売上　イ．売上原価　ウ．製品　エ．A等級製品　オ．仕掛品　カ．製造間接費
キ．B等級製品

(2) X社は実際個別原価計算を採用し、製造間接費の計算は部門別計算を行っている。製造部門費の配賦基準は直接作業時間である。次の［資料］にもとづいて、下記の問に答えなさい。

［資　料］

(1) 補助部門費の配賦に関する月次予算データ

配賦基準	合　計	組立部門	切削部門	修繕部門	工場事務部門	材料倉庫部門
従業員数	120人	50人	50人	5人	10人	5人
修繕時間	150時間	75時間	50時間	—	12時間	13時間
材料運搬回数	200回	120回	60回	20回	—	—

(2) 月次直接作業時間データ

	組立部門	切削部門
予定直接作業時間	8,000時間	6,000時間
実際直接作業時間	7,800時間	5,900時間

問　直接配賦法によって、答案用紙の月次予算部門別配賦表を完成しなさい。なお、［資料］から適切なデータのみ選んで使用すること。

株式会社ガトーニッショウでは、２種類の洋菓子（製品Ｘと製品Ｙ）を製造している。原価計算方式としては標準原価計算を採用している。加工費の配賦基準は直接作業時間であり、予算直接作業時間を基準操業度としている。現在、20×9年５月の予算と実績に関するデータを入手し、実績検討会議に向けた報告書を作成している。次の［資料］にもとづいて、下記の問に答えなさい。

［資　料］

１．原価標準（製品１個当たりの標準原価）

(1)　製品Ｘ

原　料　費	6円/g	×100g	600円
加　工　費	1,500円/時間	×0.4時間	600円
		合計	1,200円

(2)　製品Ｙ

原　料　費	8円/g	×150g	1,200円
加　工　費	1,500円/時間	×0.6時間	900円
		合計	2,100円

２．20×9年５月予算

	製　品　Ｘ	製　品　Ｙ
生　産　量	2,000個	1,500個
変動加工費	400円/時間	400円/時間
固定加工費	880,000円	990,000円

※加工費予算は変動予算を用いている。

３．20×9年５月実績

	製　品　Ｘ	製　品　Ｙ
生　産　量	2,200個	1,500個
原　料　費	1,410,000円	1,759,400円
原料消費量	225,600 g	231,500 g
加　工　費	1,241,500円	1,372,000円
直接作業時間	910時間	920時間

※月初・月末に仕掛品は存在しない。

問１　予算生産量にもとづく**製品Ｘ**の標準原価（予算原価）を計算しなさい。

問２　**製品Ｙ**の標準原価差異を分析し、

(1)　原料費差異を価格差異と数量差異に分けなさい。

(2)　加工費差異を予算差異、能率差異、操業度差異に分けなさい。なお、能率差異は変動費と固定費の両方からなる。

第5回 予想問題

解答 P90　答案用紙 P26　制限時間 90分

商業簿記

下記の各取引について仕訳しなさい。ただし、勘定科目は、設問ごとに最も適当と思われるものを選び、答案用紙の（　　）の中に記号で解答すること。

1．特定の研究開発の目的で備品¥500,000と実験用の薬剤¥70,000を購入し、代金は小切手を振り出して支払うとともに、この研究プロジェクトにのみ従事している客員研究員A氏に対する今月分の業務委託費¥300,000を当社の普通預金口座からA氏の指定する預金口座に振り込んだ。
　ア．給料　イ．売上　ウ．普通預金　エ．研究開発費　オ．当座預金　カ．備品
　キ．別途積立金　ク．保守費

2．得意先東西商事株式会社が倒産し、同社に対する売掛金¥600,000が回収不能となった。同社に対する売掛金のうち、¥400,000は前期の販売から生じたものであり、残額は当期の販売から生じたものである。なお、貸倒引当金の残高は¥320,000であり、設定金額は適切と認められる。
　ア．売掛金　イ．貸倒引当金戻入　ウ．支払手形　エ．貸倒引当金繰入　オ．貸倒損失
　カ．当座預金　キ．貸倒引当金　ク．不渡手形

3．最新式のレジスター25台（@¥144,000）の導入にあたり、去る5月7日に国から¥1,800,000の補助金を得て、補助金の受領については適切に会計処理済みである。本日（6月1日）、上記のレジスターを予定どおり購入し、小切手を振り出して支払った。そのうえで、補助金に関する圧縮記帳を直接控除方式にて行った。
　ア．当座預金　イ．備品　ウ．減価償却費　エ．国庫補助金受贈益　オ．備品減価償却累計額
　カ．固定資産圧縮損　キ．現金　ク．別段預金

4．株式会社平成商会に対する買掛金¥800,000の支払いにつき、取引銀行を通じて電子債権記録機関に令和産業株式会社に対する電子記録債権の譲渡記録を行った。
　ア．売掛金　イ．支払手形　ウ．電子記録債務　エ．受取手形　オ．電子記録債権　カ．現金
　キ．買掛金　ク．当座預金

5．株主総会が開催され、別途積立金¥18,000,000を全額取り崩して繰越利益剰余金に振り替えたうえで、繰越利益剰余金を財源に1株につき¥100の配当を実施することが可決された。株主総会開催直前の純資産は、資本金¥200,000,000、資本準備金¥40,000,000、利益準備金¥9,000,000、別途積立金¥18,000,000、および繰越利益剰余金¥7,000,000であった。会社法に定める金額の利益準備金を積み立てる。なお、発行済株式総数は200,000株である。
　ア．当座預金　イ．未払配当金　ウ．繰越利益剰余金　エ．別途積立金　オ．利益準備金
　カ．資本準備金　キ．資本金　ク．その他資本剰余金

（第153回第1問改題）

第2問 20点

有価証券の取引にかかわる次の［資料］にもとづいて、下記の［設問］に答えなさい。なお、利息は便宜上すべて月割で計算し、総勘定元帳は英米式決算法によって締め切るものとする。また、売買目的有価証券は分記法で記帳する。会計期間は×29年1月1日から×29年12月31日までの1年間である。

［資　料］×29年度における有価証券の取引

2月1日　売買目的で額面総額¥300,000の国債（利率は年0.4%、利払いは6月末と12月末の年2回、償還日は×33年12月31日）を額面@¥100につき@¥98.00で購入し、代金は1か月分の端数利息とともに小切手を振り出して支払った。

4月1日　満期保有目的で額面総額¥600,000のA社社債（利率は年0.6%、利払いは3月末の年1回、償還日は×34年3月31日）を額面@¥100につき@¥98.50で購入し、代金は小切手を振り出して支払った。なお、額面金額と取得価額の差額は金利の調整の性格を有すると認められる。

6月30日　売買目的で保有する国債の利払日となり、6か月分の利息が当座預金の口座に振り込まれた。

10月1日　売買目的で保有する国債のうち、額面総額¥100,000分を額面@¥100につき@¥98.60で売却し、代金は3か月分の端数利息とともに受け取り、当座預金の口座に預け入れた。

12月31日　売買目的で保有する国債の利払日となり、6か月分の利息が当座預金の口座に振り込まれた。また、決算にあたり、次の決算整理を行う。

(1)　売買目的で保有する国債の決算日における時価は、額面@¥100につき@¥98.80である。時価への評価替えを行う。

(2)　満期保有目的で保有するA社社債について、当期の未収分の利息を計上するとともに、償却原価法（定額法）で評価する。

［設　問］

問1　答案用紙の売買目的有価証券勘定、満期保有目的債券勘定および有価証券利息勘定への記入を完成しなさい。ただし、摘要欄に記入する相手勘定科目等は、次の中から最も適当と思われるものを選び、記号で解答すること。

ア．当座預金　イ．売買目的有価証券　ウ．満期保有目的債券　エ．受取配当金

オ．有価証券利息　カ．損益　キ．前期繰越　ク．次期繰越　ケ．諸口

問2　当期の有価証券売却損益について、答案用紙の（　　）に「損」または「益」の語句を記入するとともに、金額を答えなさい。

（第148回第2問改題）

次の［資料Ⅰ］および［資料Ⅱ］にもとづいて、答案用紙の損益計算書を完成しなさい。当会計期間は×7年4月1日から×8年3月31日までである。

［資料Ⅰ］決算整理前残高試算表

決算整理前残高試算表
×8年3月31日　　（単位：円）

借方	勘定科目	貸方
448,400	現金預金	
374,800	受取手形	
555,200	売掛金	
205,600	売買目的有価証券	
268,800	繰越商品	
105,600	仮払法人税等	
1,440,000	建物	
400,000	備品	
400,000	長期貸付金	
72,000	繰延税金資産	
	買掛金	328,800
	長期借入金	320,000
	貸倒引当金	9,600
	退職給付引当金	224,000
	建物減価償却累計額	432,000
	備品減価償却累計額	100,000
	資本金	1,688,000
	利益準備金	160,000
	別途積立金	132,800
	繰越利益剰余金	160,000
	売上	2,704,000
	受取家賃	115,200
	受取利息	6,000
	受取配当金	6,400
1,476,000	仕入	
568,000	給料	
60,000	保険料	
7,200	雑費	
5,200	固定資産売却損	
6,386,800		6,386,800

[資料Ⅱ] 決算整理事項等

1. 買掛金にはP社に対する外貨建取引額800ドルが含まれている（取引時の直物為替相場￥100/ドル、取引から3か月後に決済予定）。これについて、3月1日（外貨建取引発生後）に以下の条件で為替予約を付したが未処理である。なお、振当処理を適用し、為替予約による円換算額との差額はすべて当期の損益として処理する。
   為替予約（ドル買い予約）
   ・約定した先物為替相場：￥101/ドル
   ・予約時の直物為替相場：￥102/ドル
2. 売上債権の期末残高に対して2％の貸倒引当金を差額補充法により計上する。ただし、売掛金のうち得意先S社に対する￥160,000については、個別に債権金額の40％を貸倒額として見積もった。また、長期貸付金の期末残高に対して3％の貸倒引当金を計上する。なお、残高試算表の貸倒引当金はすべて売上債権に係るものである。
3. 期末商品棚卸高の内訳は次のとおりであった。

	帳簿数量	実地数量	原　価	正味売却価額
商品X	600個	580個	@￥400	@￥360
商品Y	360個	355個	@￥640	@￥672

   商品評価損は売上原価の内訳科目に、棚卸減耗損のうち、商品Xにかかる分は原価性があるため売上原価の内訳科目として処理し、商品Yにかかる分は原価性がないため営業外費用とする。
4. 売買目的有価証券は当期中に取得したものであり、期末時価￥220,000に評価替えする。
5. 固定資産の減価償却を次のとおり行う。
   建　物：定　額　法　　耐用年数30年　　残存価額10％
   備　品：200％定率法　　耐用年数8年
6. 退職給付引当金の当期繰入額は￥51,200である。
7. 保険料は、4年前から毎期継続して12月1日に向こう1年分を支払っている。
8. 長期借入金は×7年8月1日に期間5年、利率年3％、利払年1回（7月末）の条件で借り入れたものである。
9. 当期の課税所得￥680,100に対して40％相当額を法人税、住民税及び事業税に計上する。
10. 税効果会計上の将来減算一時差異は次のとおりである（法定実効税率は40％とする）。
   期首　￥180,000　　期末　￥197,700

工業簿記

(1) 次の一連の取引について仕訳しなさい。ただし、勘定科目は、各取引の下の勘定科目から最も適当と思われるものを選び、答案用紙の（　　）の中に記号で解答すること。仕訳の金額はすべて円単位とする。

1．主要材料12,500kg（@246円）を購入し、代金は翌月末に支払うことにした。なお、この購入に関わる運送費等の諸費用75,000円は小切手を振り出して支払った。
　ア．当座預金　イ．買掛金　ウ．材料　エ．製造間接費　オ．現金　カ．仕掛品　キ．製品

2．当工場では、部門別個別原価計算を採用しており、第1製造部門の予定配賦率は500円/時間であり、直接作業時間を基準として予定配賦している。当月の第1製造部門の直接作業時間は、製造指図書＃001が300時間、製造指図書＃002が200時間であった。なお、第1製造部門費の実際発生額は325,000円であった。そこで、第1製造部門費の配賦差異を原価差異勘定へ振り替えた。
　ア．製品　イ．動力部門費　ウ．賃金・給料　エ．売上原価　オ．第1製造部門費
　カ．仕掛品　キ．原価差異

3．当社では標準原価計算を採用しておりシングル・プランにより記帳している。製品1個当たりの標準直接労務費は13,500円であり、当月の生産実績は月初仕掛品200個（加工進捗度50%）、当月投入量1,200個、月末仕掛品400個（60%）、完成品1,000個であった。なお、当月の実際直接労務費は15,450,000円であった。直接労務費の当月消費額に関する仕訳を示しなさい。
　ア．製品　イ．製造間接費　ウ．賃率差異　エ．賃金・給料　オ．売上原価　カ．売上
　キ．仕掛品

2) 飲料メーカーであるニッショウビバレッジは、清涼飲料AとBという2種類の製品を製造・販売している。原価計算方法としては、組別総合原価計算を採用している。直接材料費は各製品に直課し、加工費は機械稼働時間にもとづいて各製品に実際配賦している。製品の払出単価の計算は先入先出法とする。次の［資料］にもとづいて、答案用紙の組別総合原価計算表と月次損益計算書（一部）を完成しなさい。

［資　料］

1．月初・月末在庫量

		A 製 品	B 製 品
月初在庫量	仕掛品	0本	0本
	製　品	5,000本	2,000本
月末在庫量	仕掛品	0本	2,000本（30%）
	製　品	3,000本	3,000本

（注）（　　）内は加工費進捗度を示す。直接材料は工程の始点で投入している。

2．当月の生産・販売データ

完　成　品	A製品	52,000本	B製品	29,000本
販　売　品	A製品	54,000本	B製品	28,000本
販 売 単 価	A製品	120円	B製品	140円

3．当月の原価データ

当月製造費用

直接材料費		答案用紙参照		
加　工　費		1,312,800円		
月初製品原価	A製品	220,000円	B製品	112,000円

4．当月の機械稼働時間

A製品　16,250時間　　　　B製品　11,100時間

（第153回第5問改題）

X社は製品Aを製造・販売している。製品Aの販売単価は400円/個であった（当期中は同一の単価が維持された）。当期の全部原価計算による損益計算書は、下記のとおりであった。原価分析によれば、当期の製造原価に含まれる固定費は168,000円、販売費に含まれる固定費は24,000円、一般管理費95,000円はすべて固定費であった。固定費以外はすべて変動費であった。なお、期首と期末に仕掛品と製品の在庫は存在しないものとする。このとき、下記の各問に答えなさい。

損益計算書	（単位：円）
売上高	1,120,000
売上原価	812,000
売上総利益	308,000
販売費および一般管理費	203,000
営業利益	105,000

問1　答案用紙の直接原価計算による損益計算書を完成しなさい。

問2　当期の損益分岐点の売上高を計算しなさい。

問3　販売単価、単位当たり変動費、固定費に関する条件に変化がないものとして、営業利益140,000円を達成するために必要な売上高を計算しなさい。

（第139回第5問改題）

MEMO

第6回 予想問題 問題

解答 P114　答案用紙 P32　制限時間 90分

商業簿記

第1問 20点

下記の各取引について仕訳しなさい。ただし、勘定科目は、設問ごとに最も適当と思われるものを選び、答案用紙の（　　）の中に記号で解答すること。

1．×1年4月1日から、ファイナンス・リース取引に該当する事務機器のリース契約（期間5年間、月額リース料¥60,000を毎月末支払い）を結び、利子込み法により会計処理してきたが、×4年3月31日でこのリース契約を解約して×4年4月以後の未払リース料の残額全額を普通預金から支払い、同時にこのリース物件（×4年3月31日までの減価償却費は計上済）を貸手に無償で返却し除却の処理を行った。なお、記帳方法は間接法によるものとする。

ア．リース資産　イ．支払利息　ウ．リース債務　エ．固定資産売却損
オ．リース資産減価償却累計額　カ．当座預金　キ．普通預金　ク．固定資産除却損

2．広告用看板の掲示に関する契約を締結し、今後3年分の広告料金¥2,700,000を普通預金から支払ってその総額をいったん資産に計上し、さらに計上した資産から当月分（1か月分）の費用の計上を行った。

ア．長期前払費用　イ．広告宣伝費　ウ．前払金　エ．当座預金　オ．普通預金
カ．支払手数料　キ．仮払金　ク．備品

3．従業員の退職時に支払われる退職一時金の給付は内部積立方式により行ってきたが、従業員3名が退職したため退職一時金総額¥27,000,000を支払うこととなり、源泉所得税分¥4,000,000を控除した残額を当座預金から支払った。

ア．退職給付費用　イ．普通預金　ウ．当座預金　エ．給料　オ．退職給付引当金　カ．預り金
キ．租税公課　ク．契約負債

4．海外の取引先に対して、製品500,000ドルを3か月後に決済の条件で輸出した。輸出時の為替相場は1ドル¥110であったが、1週間前に3か月後に300,000ドルを1ドル¥107で売却する為替予約が結ばれていたため、この為替予約の分については取引高と債権額に振当処理を行う。

ア．買掛金　イ．為替差損益　ウ．仕入　エ．売上　オ．売掛金　カ．現金　キ．手形売却損
ク．立替金

5．外部に開発を依頼していた社内利用目的のソフトウェア（開発費用¥30,800,000は銀行振込により全額支払済み）が完成し使用を開始したため、ソフトウェア勘定に振り替えた。なお、この開発費用の内容を精査したところ¥30,800,000の中には、ソフトウェアの作り直し対象となった部分の費用¥5,800,000が含まれており、資産性がないものとして除却処理することとした。

ア．ソフトウェア　イ．ソフトウェア仮勘定　ウ．研究開発費　エ．ソフトウェア償却
オ．固定資産売却損　カ．固定資産除却損　キ．特許権　ク．のれん

（第154回第1問改題）

次に示したＰ社の［**資料**］にもとづいて、答案用紙の連結精算表を作成しなさい。なお、当期は×5年４月１日から×6年３月31日までの１年間である。連結修正仕訳欄については採点対象外とする。

［資　料］

1．Ｐ社は×4年３月31日にＳ社の発行済株式数の60％を￥16,000,000で取得し、支配を獲得した。

2．×4年３月31日のＳ社の貸借対照表上、資本金￥16,000,000、資本剰余金￥3,200,000、利益剰余金￥7,200,000が計上されていた。

3．のれんは発生年度の翌年から10年にわたり定額法により償却する。

4．Ｓ社は前期・当期ともに剰余金の配当は行っていない。

5．×5年３月31日のＳ社の貸借対照表上、資本金￥16,000,000、資本剰余金￥3,200,000、利益剰余金￥9,200,000が計上されていた。

6．前期よりＰ社は商品をＳ社に販売しており、前期・当期ともに原価に20％の利益を加算している。当期におけるＰ社のＳ社への売上高は￥14,400,000であった。

7．Ｓ社の期首商品のうち￥1,200,000、期末商品のうち￥1,800,000はＰ社から仕入れたものである。

8．Ｐ社の売掛金のうち￥2,400,000はＳ社に対するものである。

9．Ｐ社は保有している土地￥4,000,000を決算日に￥6,000,000でＳ社に売却して代金の受払いは後日行う。Ｓ社は土地をそのまま保有している。なお、土地の売買にともなう債権債務については、諸資産・諸負債に含まれている。

製品の受注生産および販売を行っている株式会社平成製作所の［資料1］および［資料2］にもとづいて、20×8年4月1日より20×9年3月31日までの1年間を会計期間とする損益計算書（売上原価の内訳表示は省略）を完成させるとともに、20×9年3月31日時点での貸借対照表において表示される、答案用紙に指定された各項目の金額を答えなさい。なお、本問では「法人税、住民税及び事業税」および「税効果会計」を考慮しないこと。

［資料1］20×9年2月末現在の残高試算表

残高試算表　（単位：千円）

借方	勘定科目	貸方
408,000	現金預金	
1,380,000	売掛金	
30,000	製品	
49,500	材料	
60,000	仕掛品	
21,600	有価証券	
	貸倒引当金	7,600
3,000,000	建物	
1,152,000	機械装置	
	建物減価償却累計額	1,255,000
	機械装置減価償却累計額	852,000
1,800,000	土地	
	買掛金	1,115,000
	製品保証引当金	29,700
	長期借入金	400,000
	退職給付引当金	2,205,000
	資本金	500,000
	利益準備金	125,000
	繰越利益剰余金	1,075,840
	売上	3,740,000
	受取利息・配当金	1,300
	有価証券利息	60
2,574,000	売上原価	
628,000	販売費	
22,000	減価償却費	
165,000	退職給付費用	
16,400	支払利息	
11,306,500		11,306,500

［資料2］20×9年3月中の取引および決算整理に関する事項等

1．3月について、材料仕入高（すべて掛取引）120,000千円、直接材料費90,000千円、間接材料費25,000千円、直接工賃金支払高（当座預金からの振込み、月初および月末の未払分はない。なお直接工の賃金はすべて直接労務費とする）100,000千円、製造間接費予定配賦額110,000千円、製造間接費のうち間接材料費、材料の棚卸減耗損、減価償却費および退職給付費用をのぞく実際発生額（すべて小切手を振り出して支払い済み）41,000千円、当月完成品原価280,000千円、当月売上原価260,000千円、当月売上高（すべて掛取引）350,000千円であった。

年度末に生じた原価差異は、下記に示されている事項のみである。原価差異は、いずれも比較的少額であり、正常な原因によるものであった。なお、20×8年4月から20×9年2月までの各月の月次決算で生じた原価差異はそれぞれの月で売上原価に賦課されている。

2．3月中に買掛金の支払いのために小切手185,000千円を振り出した。一方で、売掛金に関しては、300,000千円が回収され当社の当座預金口座に振り込まれた。また、当期中に貸倒れはなかった。

3．3月中に販売費51,500千円を現金で支払っている。なお、本問では販売部門で発生した給料などの費用は販売費勘定で処理している。また、決算時に販売費の未払いまたは前払いの項目はない。

4．決算にあたり実地棚卸を行ったところ、材料実際有高は54,000千円、製品実際有高は49,400千円であった。減耗は、材料・製品とも正常な理由により生じたものであり、材料の棚卸減耗損については製造間接費、製品の棚卸減耗損については売上原価に賦課する。

5．減価償却費は、期首に見積もった年間発生額の12分の1（下記参照）を毎月計上し、3月も同様の処理を行う。また、年度初めの見積もりどおりに発生し、差異は生じなかった。

　建物5,000千円（製造用3,000千円、販売・一般管理用2,000千円）
　機械装置（すべて製造用）12,000千円

6．売掛金の期末残高に対して1％の貸倒れを見積もり、差額補充法により貸倒引当金を設定する。

7．退職給付引当金は、年度見積額の12分の1を毎月費用計上し、3月も同様の処理を行う。製造活動に携わる従業員にかかわる費用は毎月30,000千円、それ以外の従業員にかかわる費用は毎月15,000千円である。年度末に繰入額を確定したところ、年度見積額に比べ、製造活動に携わる従業員にかかわる費用が600千円多かった。それ以外の従業員にかかわる費用は、年度初めの見積もりどおりであった。

8．過去の経験率等にもとづき28,000千円の製品保証引当金を設定した。決算整理前残高試算表に計上されている製品保証引当金に関する品質保証期間は終了している。なお、製品保証引当金戻入については、製品保証引当金繰入と相殺し、それを超えた額について営業外収益の区分に計上する。

9．有価証券は、A社社債・B社株式とも当期首に発行と同時に購入したものであり、適当な勘定に振り替えたうえで適切に処理する。なお、A社社債の額面総額10,000千円と取得価額との差額の性格が金利の調整と認められるため、償却原価法（定額法）を適用する。また、3月31日にA社社債にかかわる利息が当社の普通預金口座に入金されている。

	保有目的	取得単価	取得価額	決算時の時価	備　考
A社社債	満期保有	額面 ￥100につき ￥98	9,800千円	額面 ￥100につき ￥97	満期5年、利率年1.2%、利払年2回（9月末、3月末）
B社株式	支　配	1株につき ￥118	11,800千円	1株につき ￥125	子会社に該当する

（第157回第3問改題）

工業簿記

⑴　次の一連の取引について仕訳しなさい。ただし、勘定科目は、各取引の下の勘定科から最も適当と思われるものを選び、答案用紙の（　　）の中に記号で解答すること仕訳の金額はすべて円単位とする。

1．当月において素材1,500個（購入代価800円/個）、買入部品800個（購入代価400円/個）、工場消品150,000円（購入代価）を掛けで購入した。なお、購入に際しては、購入代価の10%を材料副として予定配賦している。

ア．仕掛品　イ．材料副費差異　ウ．材料　エ．現金　オ．買掛金　カ．未払金　キ．材料副

2．当月の完成品原価を計上した。小樽製作所では、個別原価計算を採用し、製品X（製造指図#001）と製品Y（製造指図書#002）を製造している。月初仕掛品原価は製品X（製造指図#001）70,000円、当月製造費用は製品X（製造指図書#001）700,000円、製品Y（製造指図#002）460,000円であった。

当月において製品X（製造指図書#001）は完成したが、製品Y（製造指図書#002）は未完成ある。

ア．材料　イ．賃金・給料　ウ．製造間接費　エ．仕掛品　オ．原価差異　カ．売上原価
キ．製品

3．製品5,500,000円が完成し、本社の製品倉庫に搬送、保管された。本社会計から工場会計は独立せている。工場側で行われる仕訳を示しなさい。

ア．材料　イ．売上原価　ウ．仕掛品　エ．売上　オ．本社　カ．工場　キ．製造間接費

⑵　T製作所では、製品Aを連続生産しており、製造原価の計算は単純総合原価計算を採用してる。次の当月データにもとづいて、答案用紙の各問における月末仕掛品原価、完成品原価を計算なさい。なお、減損は通常発生する正常なものであり、正常減損の処理は度外視法によること。

［生産データ］

月初仕掛品	6,000 kg	（20%）
当月投入	37,200	
合　計	43,200 kg	
正常減損	2,100 kg	
月末仕掛品	5,100	（50%）
完成品	36,000	
合　計	43,200 kg	

（注）原料は工程の始点で投入しており、（　　）内は加工費の進捗度である。

［原価データ］

月初仕掛品原価	
原料費	3,132,000 円
加工費	1,248,000
小　計	4,380,000 円
当月製造費用	
原料費	8,704,800 円
加工費	19,646,100
小　計	28,350,900 円
合　計	32,730,900 円

第5問 12点

スポーツ用品メーカーであるニッショウ産業の長野工場では、製品Aを製造・販売している。原価計算方式としてはシングル・プランの標準原価計算を採用している。次の［資料］にもとづいて、当月の材料勘定および仕掛品勘定を完成しなさい。

［資料］

1．原価標準（製品A１個当たりの標準原価）

直接材料費	4,800円／kg　×1.0kg	4,800円
加　工　費	2,600円／時間×1.5時間	3,900円
		8,700円

2．当月の材料購入・消費

月初在庫量	170kg（実際購入単価4,950円／kg）
実際購入量	2,520kg（実際購入単価4,900円／kg）すべて掛けで購入している
実際消費量	2,410kg
月末在庫量	280kg

実際消費単価の計算は先入先出法による。

3．当月の生産実績

月初仕掛品	― 個	
当月着手	2,350	
合　計	2,350 個	
月末仕掛品	100	（40%）
完成品	2,250 個	

（　）内は加工費進捗度を示す。材料はすべて工程の始点で投入している。

（第157回第５問改題）

第7回 予想問題 問題

解答 P142　答案用紙 P38　制限時間 90分

商業簿記

　下記の各取引について仕訳しなさい。ただし、勘定科目は、設問ごとに最も適当と思わ
れるものを選び、答案用紙の（　　）の中に記号で解答すること。

1．当期首に新しく車両¥1,500,000を購入した。その際に、当期首より5年前から所有していた車両（取得原価¥1,800,000、耐用年数6年、残存価額ゼロ、定額法により償却、間接法で記帳）を下取価額¥250,000で下取りに出した。なお、新車両の購入価額と旧車両の下取価額との差額は小切手を振り出して支払った。

　ア．固定資産売却益　イ．当座預金　ウ．車両運搬具　エ．減価償却費
　オ．車両運搬具減価償却累計額　カ．固定資産売却損　キ．貯蔵品　ク．現金

2．×2年6月25日、従業員の賞与¥3,780,000（前期末における見積額と同額）に対して、源泉所得税¥480,000を差し引き、残額を普通預金より支払った。なお、当社は6月と12月の年2回、それぞれ半年分の賞与を支給しており、支給対象期間は6月分が12月から5月まで、12月分が6月から11月までである。そのため、前期末（決算日は3月31日）において、前期に係る金額を賞与引当金に計上していた。

　ア．普通預金　イ．賞与引当金　ウ．給料　エ．賞与　オ．償却債権取立益
　カ．賞与引当金繰入　キ．退職給付費用　ク．所得税預り金

3．埼玉商店から売掛金の決済のために受け取り、群馬商店に買掛金の決済のために裏書譲渡していた埼玉商店振出し、当店宛の約束手形¥1,540,000が満期日に支払拒絶された。群馬商店より償還請求を受け、手形代金の他に償還請求諸費用¥66,000と満期日後の遅延利息¥11,000をあわせて、小切手を振り出して支払った。

　ア．当座預金　イ．売掛金　ウ．支払手数料　エ．不渡手形　オ．受取手形　カ．仕入
　キ．支払利息　ク．支払手形

4．他社に開発を依頼していた自社利用目的のソフトウェア（契約額¥21,500,000、依頼時に当座預金口座からの振込みにより支払い、全額をソフトウェア仮勘定に計上済み）が完成し、動作確認作業等が完了したので本日より利用を開始した。契約額には、向こう3年分の保守サービス費用¥1,080,000が含まれており、これを差し引いた金額をソフトウェア勘定として資産計上する。

　ア．現金　イ．備品　ウ．ソフトウェア　エ．ソフトウェア仮勘定　オ．長期前払費用
　カ．修繕費　キ．雑損　ク．固定資産売却損

5．当社は本店以外に1つの支店を有し、支店独立会計制度を採用している。決算にあたり、本店は支店より当期純利益が¥777,000である旨の報告を受けた。よって、本店における支店当期純利益の計上に関する仕訳を示しなさい。

　ア．資本金　イ．利益準備金　ウ．別途積立金　エ．本店　オ．支店　カ．損益
　キ．当座預金　ク．繰越利益剰余金

第2問 20点

次の［資料］にもとづいて、答案用紙の株主資本等変動計算書（単位：千円）を完成しなさい。また、×4年３月31日の貸借対照表に計上されるのれんの金額を答えなさい。なお、減少については、金額の前に△にて示すこと。当社の会計期間は×3年４月１日から×4年３月31日である。また、その他有価証券は全部純資産直入法にもとづき時価評価を行い、税効果会計は適用しない。

［資料］

1．前期の決算時に作成した貸借対照表によると、純資産の部に記載された項目の金額は次の通りであった。なお、この時点における当社の発行済株式総数は12,500株である。また、その他有価証券の取得原価は2,000千円、前期末時価は2,100千円であった。

資本金	40,000千円	資本準備金	10,000千円	その他資本剰余金	4,500千円
利益準備金	2,000千円	繰越利益剰余金	10,000千円	その他有価証券評価差額金	100千円

2．×3年５月25日に資本準備金5,000千円を取崩し、全額を資本金に振り替えた。

3．×3年６月25日に開催された株主総会において、剰余金の配当等について以下のように承認された。なお、配当に伴う準備金の積立については、会社法に規定する金額を積み立てる。

(1) 繰越利益剰余金を源泉とする配当　2,000千円

(2) その他資本剰余金を源泉とする配当　1,000千円

4．×3年10月１日に増資を行い、2,500株を１株につき6,000円で発行した。払込金額は全額当座預金に預け入れた。

5．×4年１月１日にM社を吸収合併し、対価として新株5,000株を交付した。M社の吸収合併時の帳簿価額は、諸資産が38,000千円、諸負債が14,000千円であり、吸収合併時の当社の株価は１株あたり5,800円であった。なお、吸収合併時の諸資産の時価は41,000千円であり、諸負債は時価と簿価が一致していた。また、当該吸収合併による純資産（株主資本）の増加額については、全額資本金として計上する。当該吸収合併において、のれんが生じた場合には、20年にわたり定額法により月割で償却する。

6．×4年３月31日に決算を行った結果、当期純利益は4,000千円であった。また、期末に保有するその他有価証券の時価は1,800千円であった。なお、当期にその他有価証券の取得及び売却は行われていない。

次の［資料Ⅰ］決算整理前残高試算表および［資料Ⅱ］決算整理事項等にもとづいて答案用紙の損益計算書を完成させなさい。なお、会計期間は×3年4月1日から×4年3月31日までの1年である。

［資料Ⅰ］決算整理前残高試算表

決算整理前残高試算表

×4年3月31日　　　　（単位：円）

借　方	勘定科目	貸　方
914,700	現金預金	
	現金過不足	7,800
243,000	受取手形	
392,400	売掛金	
240,000	貸付金	
162,000	繰越商品	
216,000	売買目的有価証券	
15,000	仮払法人税等	
2,040,000	建物	
1,200,000	備品	
594,000	リース資産	
30,000	ソフトウェア	
297,000	満期保有目的債券	
	支払手形	138,000
	買掛金	1,134,000
	借入金	43,200
	貸倒引当金	30,000
	建物減価償却累計額	272,000
	備品減価償却累計額	288,000
	リース債務	594,000
	資本金	2,640,000
	利益準備金	390,000
	別途積立金	162,000
	繰越利益剰余金	121,360
	売上	2,400,000
	固定資産売却益	3,000
	有価証券利息	1,500
1,350,000	仕入	
426,000	給料	
90,000	広告宣伝費	
12,960	支払家賃	
1,800	支払利息	
8,224,860		8,224,860

[資料Ⅱ] 決算整理事項等

1. 売掛金のうち¥18,000は得意先が倒産したため回収不能であることが判明した。なお、¥14,400は前期から繰り越したものであり、残りの¥3,600は当期の売上取引から生じたものである。また、試算表上の貸倒引当金残高は売上債権に対するものである。
2. 現金過不足は次の要因により生じたものである。なお、発生原因不明のものについては、決算に際し適切な処理を行う。①小切手による売掛金¥45,000の回収を誤って¥34,200と記入していた。②広告宣伝費¥1,800の記入漏れがあった。
3. 売上債権の期末残高に対して、3%の貸倒引当金を差額補充法によって計上する。
4. 当期より短期の貸付けを行っており、貸付金の期末残高に対して4%の貸倒引当金を計上する。
5. 期末商品棚卸高の内訳は次のとおりである。

帳簿棚卸数量	600個	原　　　　価	@¥222
実地棚卸数量	580個	正味売却価額	@¥216

商品評価損は売上原価の内訳科目に、棚卸減耗損は販売費及び一般管理費に計上する。

6. 売買目的有価証券を時価¥221,400に評価替えする。
7. 償却原価法(定額法)を適用して満期保有目的債券の評価替えを行う。この満期保有目的債券は額面総額¥300,000、償還期間5年の社債を、当期の10月1日に発行と同時に購入したものである。
8. 固定資産の減価償却を次のとおり行う。

建　物	定額法	耐用年数	30年
		残存価額	ゼロ
備　品	定率法	償却率	年20%

9. 以下の条件で契約したリース取引(所有権移転外ファイナンス・リース取引に該当)について、利子抜き法によって処理を行う。なお、リース料の支払日は毎年9月30日であり、利息相当額は定額法で配分するものとする。

[条　件]

リース契約日:×3年10月1日　　リース期間:5年
見積現金購入価額:¥594,000　　年間リース料:¥135,000
減価償却:残存価額ゼロ、耐用年数をリース期間とする定額法により行う。

10. 前期首に自社利用目的でソフトウェアを購入した。当該ソフトウェアの取得時点での利用可能期間は3年間であり、定額法で償却を行う。
11. 役員賞与引当金の当期繰入額は¥60,000である。
12. 家賃(¥810/月)は、前期以前から毎期同額を8月1日に向こう1年分として支払っている。
13. 借入金¥43,200(前期の2月1日に期間2年で借入れ)の利息(年5%)は毎年1月31日に過去1年分を支払っている。
14. 税引前当期純利益の30%を法人税、住民税及び事業税として計上する。なお、法人税、住民税及び事業税の算出額については、税法の規定により100円未満を切り捨てとする。

工業簿記

(1) 下記の各取引について仕訳しなさい。ただし、勘定科目は、設問ごとに最も適当と思われるものを選び、答案用紙の（　　）の中に記号で解答すること。

1．本社は、材料3,000,000円を掛けで購入し、購入代価の５％を材料副費として予定配賦した。なお本社と工場はそれぞれ独立した会計単位であり、工場側に設けている勘定は以下のとおりである工場で行われる仕訳を示しなさい。
　ア．材料　イ．仕掛品　ウ．製品　エ．製造間接費　オ．材料副費　カ．本社元帳

2．当月の直接工賃金について予定消費額は1,450,000円、実際消費額は1,540,000円であった。当月の賃率差異を計上する。
　ア．仕掛品　イ．未払賃金　ウ．売上原価　エ．賃金　オ．製造間接費　カ．賃率差異

3．製造指図書№101に対し、第１製造部門より435,000円、第２製造部門より265,000円をそれぞれの基準により実際配賦した。
　ア．材料　イ．仕掛品　ウ．売上原価　エ．第１製造部門費　オ．第２製造部門費
　カ．補助部門費

(2) 当社は製品Ｚを製造し、製造原価の計算は累加法による工程別総合原価計算を行っている。次の［資料］にもとづいて、答案用紙に示した当月の原価データを計算しなさい。

［資料］製品Ｚの当月生産・原価データ

	第１工程			第２工程			
	数　量	材料Ｘ	加工費	数　量	前工程費	材料Ｙ	加工費
月初仕掛品	0 kg	―	―	500 kg	52,000 円	18,500 円	20,300 円
当月投入	9,000 kg	332,000 円	665,100 円	7,000 kg	（各自算定）	217,000	333,500
合　計	9,000 kg	332,000 円	665,100 円	7,500 kg		235,500 円	353,800 円
正常仕損品	700			0			
月末仕掛品	1,300			800			
完成品	7,000 kg			6,700 kg			

＊１　各工程の加工進捗度にもとづく完成品換算数量は、第１工程月末仕掛品が390kg、第２工程月初仕掛品が350kg、第２工程月末仕掛品が320kgである。

＊２　製品Ｚの製造には２種類の直接材料を使用しており、材料Ｘは第１工程の始点で全量を投入し、材料Ｙは第２工程の加工進捗度60％で全量を投入している。

＊３　正常仕損は、第１工程の途中で生じており度外視法により計算する。処分価値（評価額）はゼロである。

＊４　第２工程において、原価投入額を月末仕掛品原価と完成品総合原価に配分する方法は、先入先出法を用いること。

第5問 12点

当社はパーシャル・プランの標準原価計算を採用している。製品Xの1個当たりの標準原価は以下のように設定されている。このとき、下記の各問に答えなさい。

直接材料費	標準単価	800円/kg	標準消費量	4 kg/個	3,200円
直接労務費	標準賃率	2,200円/時間	標準直接作業時間	0.5時間/個	1,100円
製造間接費	標準配賦率	3,000円/時間	標準直接作業時間	0.5時間/個	1,500円
					5,800円

製造間接費は直接作業時間を配賦基準として配賦されている。当月、製品Xを3,700個生産した。月初および月末に仕掛品は存在しなかった。なお、製造間接費には変動予算が設定されている。年間の正常直接作業時間は24,000時間であり、年間変動製造間接費予算は33,600,000円、年間固定製造間接費予算は38,400,000円である。

当月の実際製造費用は、次のとおりであった。

直接材料費　12,185,200円
直接労務費　4,211,200円
製造間接費　5,874,000円

材料の実際消費量は、14,860kg、実際直接作業時間は、1,880時間であった。

問1　直接材料費差異を計算しなさい。借方差異か貸方差異かを明示すること。

問2　直接材料費差異が消費量差異と価格差異に分析されるとき、価格差異を計算しなさい。借方差異か貸方差異かを明示すること。

問3　直接労務費の作業時間差異を計算しなさい。借方差異か貸方差異かを明示すること。

問4　変動予算にもとづく製造間接費予算差異を計算しなさい。借方差異か貸方差異かを明示すること。

第8回 予想問題　問題

解答 P166　答案用紙 P44　制限時間 90分

商業簿記

下記の各取引について仕訳しなさい。ただし、勘定科目は、設問ごとに最も適当と思
れるものを選び、答案用紙の（　　）の中に記号で解答すること。

1．青森株式会社が発行した社債（額面総額￥150,000,000）を額面￥100につき￥97.90（裸相場）
×19年２月19日に満期まで保有する意図で買い入れ、代金は証券会社への手数料￥675,000および
数利息とともに小切手を振り出して支払った。なお、この社債の利息は年利率2.19%、利払日は
月末日と12月末日の年２回、満期日は×25年12月31日である。端数利息は、１年を365日とする
割計算とし、購入の当日を含めて求めること。また、秋田商事株式会社が発行する株式のうち60
分に当たる8,100株を１株当たり￥375で購入し、代金は普通預金口座から支払った。

ア．支払利息　イ．当座預金　ウ．子会社株式　エ．満期保有目的債券　オ．その他有価証券
カ．有価証券利息　キ．普通預金　ク．売買目的有価証券

2．当社の当座預金勘定の残高と銀行からの残高証明書の残高の照合をしたところ、備品購入に伴
生じた未払金の支払いのために振り出した小切手￥250,000が金庫に保管されており、未渡しの
況であることが判明した。銀行勘定調整表を作成するとともに、当社側の残高調整のための処理
行った。

ア．当座預金　イ．備品　ウ．前払金　エ．仮払金　オ．普通預金　カ．未払金　キ．定期預
ク．現金

3．×4年５月10日、商品Ｘ（￥50,000）と商品Ｙ（￥60,000）を販売する契約を締結するとともに
商品Ｘを引き渡した。なお、代金は商品Ｘと商品Ｙの両方を引き渡した後に請求する契約となっ
いる。また、商品Ｘの引渡しと商品Ｙの引渡しは、それぞれ独立した履行義務として識別する。

ア．現金　イ．仕入　ウ．契約資産　エ．売掛金　オ．契約負債　カ．売上　キ．返金負債
ク．未収入金

4．当期における年金基金へ拠出する掛け金￥1,440,000および、従業員の退職に伴い生じた退職一
金￥1,920,000を当座預金口座からの振り込みにより支払った。なお、一時金の給付は内部積立方
により行っている。

ア．現金　イ．当座預金　ウ．預り金　エ．退職給付引当金　オ．給料　カ．退職給付費用
キ．租税公課　ク．雑損

5．三重商事株式会社（決算日：３月31日）の６月28日の株主総会で、繰越利益剰余金を次のとお
配当及び処分することが承認された。なお、株主総会時の資本金は￥125,000,000、資本準備金
￥25,000,000、利益準備金は￥5,000,000であり、発行済株式数は3,000株である。

株式配当金　１株につき￥6,500　利益準備金　会社法で定める金額　別途積立金　￥5,000,000

ア．未払配当金　イ．未払金　ウ．当座預金　エ．利益準備金　オ．損益　カ．別途積立金
キ．繰越利益剰余金　ク．資本準備金

MEMO

P社は×1年4月1日にS社の発行済株式の60％を¥8,160,000で取得して支配を獲得し、それ以降P社はS社を連結子会社として連結財務諸表を作成している。よって、次に示した［資料］にもとづいて、連結第3年度（×3年4月1日から×4年3月31日まで）の連結損益計算書および連結貸借対照表を作成しなさい。

［資料］

1．×3年4月1日から×4年3月31日までの会計期間におけるP社とS社の財務諸表

損益計算書　（単位：円）

費用	P社	S社	収益	P社	S社
売上原価	40,744,000	21,048,000	売上高	58,200,000	27,800,000
販売費及び一般管理費	14,640,000	7,376,000	営業外収益	1,176,000	—
営業外費用	632,000	304,000	特別利益	—	2,080,000
当期純利益	3,360,000	1,152,000			
	59,376,000	29,880,000		59,376,000	29,880,000

貸借対照表　（単位：円）

資産	P社	S社	負債・純資産	P社	S社
諸資産	23,800,000	8,296,000	諸負債	8,208,000	4,336,000
受取手形	3,000,000	3,120,000	支払手形	6,000,000	3,000,000
売掛金	3,736,000	2,376,000	買掛金	3,736,000	2,176,000
未収収益	8,000	—	未払費用	16,000	8,000
商品	4,416,000	1,872,000	短期借入金	1,600,000	800,000
短期貸付金	800,000	—	資本金	42,000,000	12,000,000
土地	26,400,000	9,536,000	利益剰余金	8,760,000	2,880,000
子会社株式	8,160,000	—			
	70,320,000	25,200,000		70,320,000	25,200,000

2．S社の資本金などの推移等

	資本金	利益剰余金	利益剰余金の増減
支配獲得日 ×1年4月1日	¥12,000,000	¥　960,000	—
×1年4月1日 ～×2年3月31日	¥12,000,000	各自計算	当期純利益　¥288,000 利益剰余金の配当額　¥　48,000
×2年4月1日 ～×3年3月31日	¥12,000,000	各自計算	当期純利益　¥864,000 利益剰余金の配当額　¥144,000
×3年4月1日 ～×4年3月31日	¥12,000,000	各自計算	当期純利益　¥1,152,000 利益剰余金の配当額　¥192,000

3．連結財務諸表の作成に関する事項

(1)　のれんは、支配を獲得した年度から10年の均等償却を行っている。

(2)　連結第２年度からＳ社はＰ社に対して商品を販売している。当期のＳ社の売上高にＰ社に対するものが¥18,000,000含まれている。

(3)　当期末におけるＳ社の売掛金残高のうち、¥1,344,000はＰ社に対するものである。

(4)　当期中にＳ社はＰ社がＳ社に対して振り出した約束手形¥400,000を、連結グループ外部の取引銀行で割り引いており、期末現在この手形は未決済である。なお、手形売却損は考慮しなくてよい。

(5)　Ｐ社はＳ社に対して、×3年７月１日に¥800,000の貸付（決済日×4年６月30日、利率年４％、利払日×3年12月31日と×4年６月30日）を行っている。

(6)　Ｐ社の期首商品にＳ社から仕入れたものが¥920,000、期末商品にＳ社から仕入れたものが¥1,160,000それぞれ含まれている。Ｓ社がＰ社に対して販売する商品の売上総利益率は毎期20％である。

(7)　当期中にＳ社は所有していた土地（帳簿価額¥6,240,000）をＰ社に¥6,400,000で売却した。なお、Ｐ社は期末現在この土地を保有している。

次の［決算整理前残高試算表］および［決算整理事項およびその他の修正事項］にもとづいて、答案用紙の決算整理後残高試算表を完成させなさい。なお、会計期間は×6年4月1日から×7年3月31日までの1年である。

［決算整理前残高試算表］

決算整理前残高試算表
×7年3月31日　（単位：円）

借方	勘定科目	貸方
74,600	現金預金	
	現金過不足	3,600
72,000	受取手形	
66,000	売掛金	
36,800	繰越商品	
10,000	仮払法人税等	
200,000	仮払金	
240,000	建物	
72,000	備品	
92,000	満期保有目的債券	
8,000	ソフトウェア	
	貸倒引当金	4,000
	退職給付引当金	32,400
	建物減価償却累計額	60,000
	備品減価償却累計額	18,000
	資本金	605,200
	利益準備金	12,000
	繰越利益剰余金	2,000
	売上	322,000
	有価証券利息	1,000
157,200	仕入	
20,000	給料	
4,400	退職給付費用	
7,200	保険料	
1,060,200		1,060,200

決算整理事項およびその他の修正事項]

. 現金過不足¥3,600の原因を調べたところ、売掛金¥8,400を現金で回収していた際に、誤って¥4,800と記録していたことが判明した。

. 機械装置を×6年10月1日に¥200,000で取得し、代金は現金で支払ったが、仮払金として処理している。

. 売上債権の期末残高に対し3％の貸倒引当金を見積る。差額補充法により処理すること。

. 期末商品棚卸高は、以下のとおりである。売上原価の計算は仕入勘定で行う。ただし、棚卸減耗損と商品評価損は独立の科目として表示する。なお、下記に示す正味売却価額は実地棚卸高に対するものである。

帳簿棚卸高：¥38,832
実地棚卸高：¥37,608
正味売却価額：¥37,200

. 退職給付引当金は、年度見積額¥4,800の12分の1を毎月計上しており、決算月も同様にする。

. 満期保有目的債券は前期首に購入したもので、額面総額¥100,000、償還日までの残余期間は当期を含めて4年、利率年1％、利払日は9月末、3月末の年2回の条件で割引発行されたものである。償却原価法（定額法）を適用して評価替えを行う。

. 固定資産の減価償却を次の要領で行う。

建　　物：耐用年数は40年、残存価額ゼロとして定額法により計算する。
備　　品：償却率は25%として定率法により計算する。
機械装置：耐用年数は5年、200%定率法により計算する。

. ソフトウェアは5年間の定額法で償却しており、期首時点で取得後1年経過している。なお、当期に変動はない。

. 保険料は、×1年から毎期継続して12月1日に向こう1年分の保険料を一括して支払っているものであり、保険料の金額にこれまで変更はない。

). 法人税、住民税及び事業税として¥23,000を計上する。なお、仮払法人税等の¥10,000は中間納付にかかわるものとする。

工業簿記

(1) 次の一連の取引について仕訳しなさい。ただし、勘定科目は、各取引の下の勘定科から最も適当と思われるものを選び、答案用紙の（　　）の中に記号で解答することし、仕訳の金額はすべて円単位とする。

1．当月の労務費を計上する。直接工の当月の直接作業時間は600時間、間接作業時間は30時間、待時間は5時間、予定賃率は1時間当たり1,500円である。また、直接工の月初賃金未払高435,000円、当月賃金支払高は1,266,750円、月末賃金未払高は465,000円、間接工の月初賃金未払は142,500円、当月賃金支払高は422,250円、月末賃金未払高は150,000円であった。

ア．材料　イ．賃金　ウ．経費　エ．製造間接費　オ．仕掛品　カ．製品

2．生産設備の当月の減価償却費を計上する。減価償却費の年間見積額は9,000,000円である。なお当社は経費について製造間接費勘定を統制勘定として使用している。

ア．材料　イ．賃金　ウ．減価償却累計額　エ．製造間接費　オ．現金　カ．製品

3．標準原価カードと生産データをもとに完成品原価を計算し、シングル・プランで記帳する。なお、当月の生産データによると、月初仕掛品数量は80個（加工進捗度0.6）、当月投入数量は500個、月末仕掛品数量は60個（加工進捗度0.4）であった。

標準原価カード					
直接材料費	標準単価 400円/kg	×	標準消費量 10kg	=	4,000円
直接労務費	標準賃率 1,200円/時間	×	標準作業時間 15時間	=	18,000円
製造間接費	標準配賦率 1,700円/時間	×	標準作業時間 15時間	=	25,500円

ア．材料　イ．賃金　ウ．製造間接費　エ．仕掛品　オ．製品　カ．月次損益

) 当工場では、実際個別原価計算を採用している。次のデータにもとづいて、9月の製造原価報告書と月次損益計算書を作成しなさい。なお、該当数値がない場合には「0」を記入すること。

. 生産データ

製造指図書番号	直接材料消費量	直接作業時間	備　　考
№101	400kg	480時間	8/18 製造着手、8/30 完成、8/31 在庫、9/3 販売
№102	500kg	640時間	9/1 製造着手、9/12 一部仕損、9/16 完成、9/20 販売
№102－2	100kg	120時間	9/13 補修開始、9/14 補修完了
№103	200kg	200時間	9/18 製造着手、9/29 完成、9/30 在庫
№104	300kg	400時間	9/21 製造着手、9/30 仕掛中

なお、№102－2は、仕損品となった№102の一部を補修して合格品とするために発行した補修指図書であり、仕損は正常なものであった。

. 8月、9月の直接材料の消費価格は、1kgあたり4,000円であった。

. 8月、9月の直接工の消費賃率は、1時間あたり1,500円であった。

. 製造間接費は直接作業時間を配賦基準として予定配賦している。年間の正常直接作業時間は24,000時間、製造間接費予算（年額）は、変動費60,000,000円、固定費84,000,000円、合計144,000,000円であった。

. 9月の製造間接費の実際発生額は、8,320,000円であった。なお、月次損益計算書においては、製造間接費の予定配賦額から生じる差異は、原価差異として金額記入し、売上原価に賦課する。製造間接費配賦差異及び原価差異は、合計する金額から差し引くことになる場合には、金額の前に△をつけて解答すること。

当年度の直接原価計算方式の損益計算書は次のとおりであった。下記の問に答えない。

直接原価計算方式の損益計算書

	（単位：円）
売　上　高	4,000,000
変動売上原価	2,240,000
変動製造マージン	1,760,000
変動販売費	160,000
貢 献 利 益	1,600,000
製造固定費	800,000
固定販売費および一般管理費	640,000
営 業 利 益	160,000

なお、変動費率および年間固定費が次年度も当年度と同様であると予測されている。

問1　損益分岐点売上高を計算しなさい。

問2　安全余裕率を計算しなさい。

問3　次年度に売上高が400,000円増加すると予想されるとき、営業利益はいくら増加するか計算なさい。

問4　企業経営における、固定費の利用を測定する指標に経営レバレッジ係数がある。問3の条件おける経営レバレッジ係数を計算しなさい。

MEMO

第9回 予想問題 問題

解答 P190　答案用紙 P50　制限時間 90分

商業簿記

第1問 20点

下記の各取引について仕訳しなさい。ただし、勘定科目は、設問ごとに最も適当と思われるものを選び、答案用紙の（　　）の中に記号で解答すること。

1．三重販売株式会社は4月30日に商品700ドルを輸入し普通預金で支払った。この輸入に際して当社では4月10日に90ドルを支払い済みである。
　各時点の為替相場は以下のとおりである。
　4/10：1ドル¥100　　4/30：1ドル¥105
　ア．普通預金　イ．前払金　ウ．仮払金　エ．当座預金　オ．立替金　カ．仕入　キ．現金　ク．売上

2．×7年7月22日、建物（取得原価¥21,000,000、期首減価償却累計額¥3,465,000）が火災で焼失した。焼失した建物には総額¥20,400,000の火災保険が掛けられていたため、当期分の減価償却費を月割計上した後の帳簿価額を未決算勘定に振り替え、保険会社に保険金の請求を行っていた。本日、保険会社より¥17,400,000を支払う旨の通知を受けた。この建物については定額法（耐用年数30年、残存価額は取得原価の10%）を用いて減価償却を行っており、決算は年1回、決算日は3月31日である。
　ア．火災損失　イ．未収入金　ウ．保険差益　エ．未決算　オ．建物減価償却累計額　カ．減価償却費　キ．建物　ク．保険料

3．×4年10月6日、T社に商品300個（¥180/個）を販売し、代金は掛けとした。T社との間には1か月あたりの販売個数が1,100個に達した場合、毎月末において1個あたり¥30をリベートとして支払う取り決めがある。なお、この条件が達成される可能性は高い。
　ア．売上　イ．普通預金　ウ．契約資産　エ．売掛金　オ．返金負債　カ．現金　キ．契約負債　ク．役務収益

4．当社は、熊本商事から甲事業を現金¥3,600,000で譲り受けた。甲事業に係る資産（時価）としては、売掛金¥1,500,000、備品¥600,000、建物¥2,700,000であり、負債としては借入金¥1,350,000を引き継いだ。
　ア．現金　イ．売掛金　ウ．備品　エ．借入金　オ．のれん　カ．建物　キ．負ののれん発生益　ク．資本金

5．山口商事株式会社は、リース会社との間で業務用ノートパソコン8台について期間5年のリース契約を結び、本日より使用を開始した。リース料（年間¥336,000）はリース開始から1年を経過する都度、当座預金口座より所定の口座に振り込む条件であり、ノートパソコンの現金購入価額は総額¥1,440,000と見積もられた。この取引はファイナンス・リース取引であり、利子込み法により処理する。
　ア．当座預金　イ．リース資産　ウ．リース資産減価償却累計額　エ．未払金　オ．リース債務　カ．減価償却費　キ．支払利息　ク．現金

次に示すT社の有価証券取引に関する［資料］にもとづいて、答案用紙に示した勘定の記入を完成しなさい。

［資料1］前期末における投資有価証券明細

銘柄	上場区別	取得年月日	取得原価	株数または額面	所有目的	備考
A株式	上　場	×1年1月22日	¥　37,500,000	6,000株	その他有価証券	
B債券	非上場	×1年3月31日	¥　24,500,000	¥　25,000,000	満期保有目的	(注1)

(注1) 償還日は×6年3月31日、利率年3％、利払日は3月末と9月末の年2回均等額払い。×2年3月31日決算より償却原価法を適用する。

［資料2］当期中の投資有価証券の取得および売却

銘柄	上場区別	取得年月日	取得原価	株数または額面	所有目的	備考
C株式	非上場	×1年4月1日	¥　12,500,000	1,000株	子会社支配	(注2)
A株式	上　場	×1年7月20日	¥　16,000,000	2,000株	その他有価証券	(注3)
D債券	非上場	×1年10月1日	¥　20,030,000	¥　20,000,000	満期保有目的	(注4)
E株式	上　場	×2年1月27日	¥　1,850,000	400株	売買目的	

(注2) 当社が100％出資して完全子会社（C社）を設立。

(注3) 所有していた同一銘柄をその他有価証券として追加取得。なお、A社株式は×1年12月10日に資金運用調整のため1,000株を¥6,700,000で売却している。売却原価の算定は移動平均法による。

(注4) 償還日は×6年9月30日、利率年4％、利払日は3月末と9月末の年2回均等額払い。当期末より償却原価法を適用する。

［資料3］期末における上場銘柄有価証券の時価（1株当たり）

銘柄	上場区別	×1年3月31日	×2年3月31日
A株式	上　場	¥　7,250	¥　8,500
E株式	上　場	−	¥　4,500

［資料4］解答上の留意事項

会計期間は×1年4月1日から×2年3月31日までの1年間である。

当期中の入出金取引（収受・支払等）は、すべて普通預金口座により行うものとする。

本問において税効果は考慮しない。

横浜商事株式会社（会計期間×3年４月１日から×4年３月31日）の［**資料**］にもとづて、**問１**　本店の損益勘定を完成させなさい。**問２**　支店勘定および本店勘定の次期繰額を答えなさい。ただし、法人税等と税効果会計は考慮しないこと。なお、支店勘定および本店勘定の前期繰越額は￥1,287,000であった。

［**資料**］

（A）　決算整理前残高試算表

借　方	本　店	支　店	貸　方	本　店	支　店
現金預金	3,094,200	1,422,000	支払手形	1,062,000	405,000
受取手形	1,170,000	1,980,000	買掛金	1,440,000	360,000
売掛金	1,530,000	（　　　）	貸倒引当金	18,000	18,000
繰越商品	1,728,000	1,530,000	建物減価償却累計額	486,000	243,000
建物	1,800,000	900,000	備品減価償却累計額	（　　　）	54,000
備品	450,000	360,000	資本金	6,300,000	—
満期保有目的債券	171,000	—	利益準備金	1,575,000	—
支店	（　　　）	—	繰越利益剰余金	1,258,200	—
仕入	5,311,800	5,310,000	本店	—	（　　　）
給料	540,000	270,000	売上	8,730,000	7,407,000
広告宣伝費	180,000	90,000	受取手数料	180,000	108,000
営業費	270,000	387,000	国庫補助金受贈益	90,000	—
固定資産圧縮損	90,000	—	有価証券利息	1,800	—
	（　　　）	（　　　）		（　　　）	（　　　）

（B）期中における本支店間取引は以下のとおりであり、すべて適正に処理されている。

1．支店が本店に現金￥243,000を送金した。
2．本店は支店へ商品￥3,960,000（原価）を移送した。
3．本店は当期首に取得した備品￥180,000を直ちに支店に移送した。
4．上記備品の取得について、国庫より補助金￥90,000を受領しているため、直接減額方式による縮記帳を行った。

（C）決算整理事項等

1．商品の期末棚卸高は次のとおりである。売上原価を仕入勘定で計算する。
　⑴　本店：￥2,106,000
　⑵　支店：￥1,800,000
2．本店・支店とも売上債権残高の１％にあたる貸倒引当金を差額補充法により設定する。
3．有形固定資産の減価償却
　⑴　建物：本店・支店とも、残存価額ゼロ、耐用年数40年の定額法
　⑵　備品：本店・支店とも、耐用年数５年の200％定率法
4．経過勘定項目（本店・支店）
　⑴　本店：営業費の前払分　￥72,000　　手数料の未収分　￥45,000
　⑵　支店：営業費の未払分　￥36,000
5．満期保有目的債券は当期首に発行と同時に買い入れたA社社債（額面￥180,000、償還期限５年であり、償却原価法（定額法）により評価替えする。
6．本店で支払った広告宣伝費のうち、支店が￥36,000を負担することになった。

MEMO

工業簿記

(1) 下記の各取引について仕訳しなさい。ただし、勘定科目は、設問ごとに最も適当と
われるものを選び、答案用紙の（　　）の中に記号で解答すること。

1．当社は、本社会計から工場会計を独立させており、従業員に対する給与の支払いは本社で行っ
いる。本社において、工場従業員へ給与1,350,000円（所得税等の預り金150,000円控除後）につ
て、小切手を振り出して支給し、この旨を工場に通知した。なお、工場元帳には、本社勘定の
に、賃金・給料、製造間接費および仕掛品の勘定を設定しており、本社元帳には、工場勘定の
に、当座預金、製品などの諸勘定を設定している。工場での仕訳を示しなさい。

ア．製造間接費　イ．工場　ウ．賃金・給料　エ．当座預金　オ．所得税預り金　カ．本社

2．製造指図書＃101のために原料240kgを出庫した。なお、出庫記録は通常の出庫票による。当工
では、実際個別原価計算を採用しており、原料費の計算には1kg当たり120円の予定消費価格を
いて計算している。

ア．製品　イ．製造間接費　ウ．仕掛品　エ．材料　オ．賃金　カ．買掛金

3．当月の材料副費の実際発生額は42,000円であった。そこで、材料副費の実際発生額と予定配賦
との差異を材料副費差異勘定に振り替える仕訳を示しなさい。なお、当月、買入部品を掛け
400,000円購入しており、購入に際して、購入代価の10％を材料副費として予定配賦している。

ア．材料副費差異　イ．仕掛品　ウ．製品　エ．買掛金　オ．材料　カ．材料副費

) 当工場には製造部門として第１製造部門と第２製造部門、補助部門として動力部門があり、製造間接費について部門別計算を行っている。動力部門費は動力供給量を配賦基準として製造部門に予定配賦している。また、第１製造部門費および第２製造部門費は直接作業時間を配賦基準として製品に予定配賦している。次の製造間接費に関する **[資料]** にもとづいて下記の**問**に答えなさい。

資料]

.

	年間予算データ		当月実績データ	
	第１製造部門	第２製造部門	第１製造部門	第２製造部門
動力供給量	11,000 kwh	6,500 kwh	910 kwh	500 kwh
直接作業時間	20,900 時間	18,875 時間	1,750 時間	1,600 時間

. 当月の各部門費実際発生額（補助部門費配賦前）

第１製造部門　750,000円

第２製造部門　604,000円

動 力 部 門　　280,000円

]1　答案用紙の年間予算部門費配賦表を完成しなさい。

]2　補助部門費配賦後における各製造部門費の実際発生額を答えなさい。

]3　各部門費の配賦差異を答えなさい。

当社は規格製品Xを製造し、1個あたり3,200円で販売している。次の［資料］にもと
いて、以下の各問に答えなさい。なお、第1期における直接原価計算による損益計算書
作成した場合の、貢献利益率は0.5、変動費の内訳は変動売上原価が3/4、変動販売費
1/4であり、一般管理費は全て固定費であった。また、［資料］2に示す生産・販売量
除き、第1期と変更はないものとする。

［資料］

1．第1期における全部原価計算による損益計算書（金額単位：円）

売上高	14,400,000
売上原価	9,720,000
売上総利益	4,680,000
販売費及び一般管理費	3,180,000
営業利益	1,500,000

2．生産・販売数量等

	第1期	第2期	第3期
期首製品在庫量	0個	0個	900個
当期製品生産量	4,500個	5,400個	3,600個
当期製品販売量	4,500個	4,500個	4,500個
期末製品在庫量	0個	900個	0個

（注）各期首・期末に仕掛品は存在しない。

問1　第2期における全部原価計算による損益計算書と直接原価計算による損益計算書を作成しな
い。

問2　第3期における全部原価計算による損益計算書と直接原価計算による損益計算書を作成しな
い。

MEMO

スッキリうかる本試験予想問題集

日商簿記2級

別冊

答案用紙

別冊ご利用時の注意

この色紙を残したまま冊子をていねいに抜き取り、留め具をはずさない状態で、ご利用ください。また、抜き取りのさいの損傷についてのお取替えはご遠慮願います。

なお、答案用紙については、ダウンロードでもご利用いただけます。
TAC出版書籍販売サイト・サイバーブックストアにアクセスしてください。

https://bookstore.tac-school.co.jp/

スッキリうかる本試験予想問題集
日商簿記２級

別冊

答案用紙

なお、答案用紙については、ダウンロードでもご利用いただけます。
TAC出版書籍販売サイト・サイバーブックストアにアクセスしてください。

https://bookstore.tac-school.co.jp/

第1回 予想問題 答案用紙

第1問 20点

	借方		貸方	
	記号	金額	記号	金額
1	(　　)		(　　)	
	(　　)		(　　)	
	(　　)		(　　)	
	(　　)		(　　)	
	(　　)		(　　)	
2	(　　)		(　　)	
	(　　)		(　　)	
	(　　)		(　　)	
	(　　)		(　　)	
	(　　)		(　　)	
3	(　　)		(　　)	
	(　　)		(　　)	
	(　　)		(　　)	
	(　　)		(　　)	
	(　　)		(　　)	
4	(　　)		(　　)	
	(　　)		(　　)	
	(　　)		(　　)	
	(　　)		(　　)	
	(　　)		(　　)	
5	(　　)		(　　)	
	(　　)		(　　)	
	(　　)		(　　)	
	(　　)		(　　)	
	(　　)		(　　)	

第2問　20点

問1

売　掛　金

月	日	摘　要	借　方	月	日	摘　要	貸　方
4	1	前期繰越	1,700,000	4	12	(　　)	
	8	(　　)			22	(　　)	
	18	(　　)			30	次月繰越	

商　品

月	日	摘　要	借　方	月	日	摘　要	貸　方
4	1	前期繰越		4	5	(　　)	
	4	(　　)			8	(　　)	
	10	(　　)			18	(　　)	
	15	(　　)			30	次月繰越	

問2

4月の売上高	¥
4月の売上原価	¥

第3問 20点

損益

日	付	摘要	金額	日	付	摘要	金額
3	31	仕入		3	31	売上	
3	31	棚卸減耗損		3	31	受取手数料	
3	31	商品評価損		3	31	有価証券利息	
3	31	支払家賃		3	31	有価証券売却益	
3	31	給料		3	31	受取配当金	
3	31	広告宣伝費		3	31	支店	
3	31	減価償却費					
3	31	貸倒引当金繰入					
3	31	(　　　)償却					
3	31	支払利息					
3	31	(　　　　　)					

第4問 28点

	借方		貸方	
	記号	金額	記号	金額
1	(　　)		(　　)	
	(　　)		(　　)	
	(　　)		(　　)	
2	(　　)		(　　)	
	(　　)		(　　)	
	(　　)		(　　)	
3	(　　)		(　　)	
	(　　)		(　　)	
	(　　)		(　　)	

第1工程月末仕掛品の原料費＝ 　　　　　　円

第2工程月末仕掛品の前工程費＝ 　　　　　　円

第2工程月末仕掛品の加工費＝ 　　　　　　円

第2工程完成品総合原価＝ 　　　　　　円

第5問 12点

直接原価計算による損益計算書

(単位：円)

Ⅰ 売上高		10,070,000
Ⅱ 変動売上原価		
1 期首製品棚卸高	710,000	
2 当期製品変動製造原価	(　　　)	
合計	(　　　)	
3 期末製品棚卸高	(　　　)	
差引	(　　　)	
4 原価差異	(　　　)	(　　　)
変動製造マージン		(　　　)
Ⅲ 変動販売費		(　　　)
貢献利益		(　　　)
Ⅳ 固定費		
1 製造固定費	(　　　)	
2 固定販売費・一般管理費	(　　　)	(　　　)
営業利益		(　　　)

MEMO

第2回 予想問題 答案用紙

第1問 20点

	借方		貸方	
	記号	金額	記号	金額
1	(　　)		(　　)	
	(　　)		(　　)	
	(　　)		(　　)	
	(　　)		(　　)	
	(　　)		(　　)	
2	(　　)		(　　)	
	(　　)		(　　)	
	(　　)		(　　)	
	(　　)		(　　)	
	(　　)		(　　)	
3	(　　)		(　　)	
	(　　)		(　　)	
	(　　)		(　　)	
	(　　)		(　　)	
	(　　)		(　　)	
4	(　　)		(　　)	
	(　　)		(　　)	
	(　　)		(　　)	
	(　　)		(　　)	
	(　　)		(　　)	
5	(　　)		(　　)	
	(　　)		(　　)	
	(　　)		(　　)	
	(　　)		(　　)	
	(　　)		(　　)	

第2問 20点

1.

固定資産台帳　×19年3月31日現在

取得年月日	種類	耐用年数	期首(期中取得)取得原価	期首減価償却累計額	差引期首(期中取得)帳簿価額	当期減価償却費
リース資産						
備品						
×17.4.1	備品A	5年	6,600,000	1,320,000	(　　)	(　　)
×14.10.1	備品B	5年	6,000,000	4,200,000	(　　)	(　　)
×15.4.1	備品C	6年	7,344,000	3,672,000	(　　)	(　　)

2.

リース資産当期首残高	円
リース債務当期首残高	円
当期の支払利息	円
当期の支払リース料	円
リース資産当期末残高	円
リース債務当期末残高	円
当期末リース資産減価償却累計額	円

第3問 20点

貸借対照表

×5年3月31日　　　　（単位：円）

資産の部			負債の部	
Ⅰ 流動資産			Ⅰ 流動負債	
現金		150,000	支払手形	190,000
当座預金		（　　）	買掛金	380,000
受取手形	（　　）		（　　）費用	（　　）
貸倒引当金	（　　）	（　　）	（　　）	（　　）
売掛金	（　　）		Ⅱ 固定負債	
貸倒引当金	（　　）	（　　）	長期借入金	800,000
商品		（　　）	退職給付引当金	（　　）
Ⅱ 固定資産			負債合計	（　　）
建物	（　　）		純資産の部	
減価償却累計額	（　　）	（　　）	資本金	3,800,000
備品	（　　）		利益準備金	60,450
減価償却累計額	（　　）	（　　）	繰越利益剰余金	（　　）
満期保有目的債券		（　　）	純資産合計	（　　）
資産合計		（　　）	負債・純資産合計	（　　）

第4問　28点

)

	借方		貸方	
	記号	金額	記号	金額
1	(　　)		(　　)	
	(　　)		(　　)	
	(　　)		(　　)	
2	(　　)		(　　)	
	(　　)		(　　)	
	(　　)		(　　)	
3	(　　)		(　　)	
	(　　)		(　　)	
	(　　)		(　　)	

)

問1　当月の月末仕掛品原価 ＝ ＿＿＿＿ 円

問2　当月の完成品総合原価 ＝ ＿＿＿＿ 円

問3　等級製品Xの完成品単位原価 ＝ ＿＿＿＿ 円/枚

問4　等級製品Yの完成品単位原価 ＝ ＿＿＿＿ 円/枚

第5問 12点

問1			%		
問2			円		
問3			円		
問4	貢献利益		円	営業利益		円

MEMO

答案用紙

第1回
第2回
第3回
第4回
第5回
第6回
第7回
第8回
第9回

第3回 予想問題 答案用紙

第1問 20点

	借方		貸方	
	記号	金額	記号	金額
1	（　）		（　）	
	（　）		（　）	
	（　）		（　）	
	（　）		（　）	
	（　）		（　）	
2	（　）		（　）	
	（　）		（　）	
	（　）		（　）	
	（　）		（　）	
	（　）		（　）	
3	（　）		（　）	
	（　）		（　）	
	（　）		（　）	
	（　）		（　）	
	（　）		（　）	
4	（　）		（　）	
	（　）		（　）	
	（　）		（　）	
	（　）		（　）	
	（　）		（　）	
5	（　）		（　）	
	（　）		（　）	
	（　）		（　）	
	（　）		（　）	
	（　）		（　）	

答案用紙

第1回 第2回 第3回 第4回 第5回 第6回 第7回 第8回 第9回

第2問 20点

株 主 資 本 等 変 動 計 算 書

自×6年4月1日 至×7年3月31日 （単位：千円）

	株主資本			
	資本金	資本剰余金		
		資本準備金	その他資本剰余金	資本剰余金合計
当期首残高	20,000	（ ）	（ ）	（ ）
当期変動額				
剰余金の配当		（ ）	（ ）	（ ）
別途積立金の積立て				
新株の発行	（ ）	（ ）		（ ）
吸収合併	（ ）		（ ）	（ ）
当期純利益				
当期変動額合計	（ ）	（ ）	（ ）	（ ）
当期末残高	（ ）	（ ）	（ ）	（ ）

（下段へ続く）

（上段から続く）

	株主資本				
	利益剰余金				株主資本合計
	利益準備金	その他利益剰余金		利益剰余金合計	
		別途積立金	繰越利益剰余金		
当期首残高	400	（ ）	（ ）	（ ）	（ ）
当期変動額					
剰余金の配当	（ ）		（ ）	（ ）	（ ）
別途積立金の積立て		（ ）	（ ）	―	―
新株の発行					（ ）
吸収合併					（ ）
当期純利益			（ ）	（ ）	（ ）
当期変動額合計	（ ）	（ ）	（ ）	（ ）	（ ）
当期末残高	（ ）	（ ）	（ ）	（ ）	（ ）

第3問 20点

精　算　表

×7年3月31日

日商株式会社　　(単位：円)

勘定科目	残高試算表		修正記入		損益計算書		貸借対照表	
	借方	貸方	借方	貸方	借方	貸方	借方	貸方
当座預金	210,000							
受取手形	80,000							
売掛金	130,000							
繰越商品	41,000							
仮払消費税	165,200							
建物	3,000,000							
備品	400,000							
のれん	144,000							
支払手形		63,000						
買掛金		120,000						
仮受消費税		169,600						
借入金		800,000						
退職給付引当金		380,000						
貸倒引当金		9,200						
建物減価償却累計額		490,000						
備品減価償却累計額		144,000						
資本金		1,500,000						
利益準備金		150,000						
繰越利益剰余金		48,820						
売上		2,120,000						
仕入	1,150,000							
給料	660,000							
保険料	4,920							
支払利息	9,500							
	5,994,620	5,994,620						
貸倒損失								
貸倒引当金繰入								
棚卸減耗損								
商品評価損								
(　　　　)								
減価償却費								
(　　　)償却								
(　　　)利息								
退職給付費用								
(　　　)保険料								
当期純(　　　)								

第4問 28点

(1)

	借方		貸方	
	記号	金額	記号	金額
1	(　　)		(　　)	
	(　　)		(　　)	
	(　　)		(　　)	
2	(　　)		(　　)	
	(　　)		(　　)	
	(　　)		(　　)	
3	(　　)		(　　)	
	(　　)		(　　)	
	(　　)		(　　)	

(2)

問1　修繕部費　[　　　　]　円/時間

問2　第一製造部費　[　　　　]　円

第二製造部費　[　　　　]　円

問3　修繕部費配賦差異　[　　　　]　円　（　借方差異　・　貸方差異　）

いずれかを○で囲むこと

問4　第一製造部費配賦差異　[　　　　]　円　（　借方差異　・　貸方差異　）

いずれかを○で囲むこと

第5問 12点

問1

円 （ 有利差異 ・ 不利差異 ）

（有利差異・不利差異）のいずれかを○で囲みなさい。

問2

予 算 差 異	円 （ 有利差異 ・ 不利差異 ）
能 率 差 異	円 （ 有利差異 ・ 不利差異 ）
操業度差異	円 （ 有利差異 ・ 不利差異 ）

（有利差異・不利差異）のいずれかを○で囲みなさい。

MEMO

第4回 予想問題 答案用紙

第1問 20点

	借方		貸方	
	記号	金額	記号	金額
1	(　　)		(　　)	
	(　　)		(　　)	
	(　　)		(　　)	
	(　　)		(　　)	
	(　　)		(　　)	
2	(　　)		(　　)	
	(　　)		(　　)	
	(　　)		(　　)	
	(　　)		(　　)	
	(　　)		(　　)	
3	(　　)		(　　)	
	(　　)		(　　)	
	(　　)		(　　)	
	(　　)		(　　)	
	(　　)		(　　)	
4	(　　)		(　　)	
	(　　)		(　　)	
	(　　)		(　　)	
	(　　)		(　　)	
	(　　)		(　　)	
5	(　　)		(　　)	
	(　　)		(　　)	
	(　　)		(　　)	
	(　　)		(　　)	
	(　　)		(　　)	

第2問 20点

問1

当座預金勘定調整表

（3月31日現在）　（単位：円）

当座預金帳簿残高			（　　）
（加算）	[　　]	（　　）	
	[　　]	（　　）	（　　）
（減算）	[　　]	（　　）	
	[　　]	（　　）	
	[　　]	（　　）	（　　）
当座預金銀行残高			（　　）

注 [　　] には **[資料Ⅰ]** の番号(1)から(4)、（　　）には金額を記入すること。

問2

[資料Ⅰ] に関する仕訳

番号	借方		貸方	
	記号	金額	記号	金額
(2)	（　　）		（　　）	
	（　　）		（　　）	
(3)	（　　）		（　　）	
	（　　）		（　　）	
(4)	（　　）		（　　）	
	（　　）		（　　）	

[資料Ⅱ] に関する仕訳

番号	借方		貸方	
	記号	金額	記号	金額
(1)	（　　）		（　　）	
	（　　）		（　　）	
(2)	（　　）		（　　）	
	（　　）		（　　）	
(4)	（　　）		（　　）	
	（　　）		（　　）	

第3問 20点

貸借対照表

株式会社鹿児島商会　　20×9年3月31日　　(単位：円)

資産の部		
Ⅰ 流動資産		
現金及び預金		(　　　)
売掛金	(　　　)	
貸倒引当金	(　　　)	(　　　)
(　　　)		(　　　)
未収入金		(　　　)
流動資産合計		(　　　)
Ⅱ 固定資産		
建物	15,000,000	
減価償却累計額	(　　　)	(　　　)
備品	7,200,000	
減価償却累計額	(　　　)	(　　　)
(　　　)		(　　　)
長期貸付金	3,000,000	
貸倒引当金	(　　　)	(　　　)
固定資産合計		(　　　)
資産合計		(　　　)
負債の部		
Ⅰ 流動負債		
買掛金		7,736,000
未払法人税等		(　　　)
未払消費税		(　　　)
流動負債合計		(　　　)
Ⅱ 固定負債		
(　　　)		(　　　)
固定負債合計		(　　　)
負債合計		(　　　)
純資産の部		
Ⅰ 株主資本		
資本金		30,000,000
繰越利益剰余金		(　　　)
株主資本合計		(　　　)
Ⅱ 評価・換算差額等		
その他有価証券評価差額金		(　　　)
評価・換算差額等合計		(　　　)
純資産合計		(　　　)
負債純資産合計		(　　　)

第4問 28点

1)

	借方		貸方	
	記号	金額	記号	金額
1	( )		( )	
	( )		( )	
	( )		( )	
2	( )		( )	
	( )		( )	
	( )		( )	
3	( )		( )	
	( )		( )	
	( )		( )	

2)

月次予算部門別配賦表　　　　（単位：円）

費目	合計	製造部門		補助部門		
		組立部門	切削部門	修繕部門	工場事務部門	材料倉庫部門
部門費	4,320,000	1,310,000	1,220,000	450,000	440,000	900,000
修繕部門費						
工場事務部門費						
材料倉庫部門費						
製造部門費						

第5問　12点

問1 ＿＿＿＿ 円

問2

⑴	価格差異	円	（ 有利 ・ 不利 ）
		※（　　）内の「有利」または「不利」を○で囲むこと。以下同じ。	
	数量差異	円	（ 有利 ・ 不利 ）
⑵	予算差異	円	（ 有利 ・ 不利 ）
	能率差異	円	（ 有利 ・ 不利 ）
	操業度差異	円	（ 有利 ・ 不利 ）

MEMO

第5回 予想問題 答案用紙

第1問 20点

	借方		貸方	
	記号	金額	記号	金額
1	(　　)		(　　)	
	(　　)		(　　)	
	(　　)		(　　)	
	(　　)		(　　)	
	(　　)		(　　)	
2	(　　)		(　　)	
	(　　)		(　　)	
	(　　)		(　　)	
	(　　)		(　　)	
	(　　)		(　　)	
3	(　　)		(　　)	
	(　　)		(　　)	
	(　　)		(　　)	
	(　　)		(　　)	
	(　　)		(　　)	
4	(　　)		(　　)	
	(　　)		(　　)	
	(　　)		(　　)	
	(　　)		(　　)	
	(　　)		(　　)	
5	(　　)		(　　)	
	(　　)		(　　)	
	(　　)		(　　)	
	(　　)		(　　)	
	(　　)		(　　)	

第2問 20点

問1

売買目的有価証券

日	付		摘要	借方	日	付		摘要	貸方
29	2	1	（　　）		29	10	1	（　　）	
	12	31	有価証券評価益			12	31	（　　）	

満期保有目的債券

日	付		摘要	借方	日	付		摘要	貸方
29	4	1	（　　）		29	12	31	（　　）	
	12	31	（　　）						

有価証券利息

日	付		摘要	借方	日	付		摘要	貸方
29	2	1	（　　）		29	6	30	（　　）	
	12	31	（　　）			10	1	（　　）	
						12	31	当座預金	
							〃	未収有価証券利息	
							〃	（　　）	

問2

有価証券売却（　　　　）	¥

第3問 20点

損益計算書

自×7年4月1日　至×8年3月31日

(単位：円)

Ⅰ 売上高		(　　)
Ⅱ 売上原価		
1 商品期首棚卸高	(　　)	
2 当期商品仕入高	(　　)	
合計	(　　)	
3 商品期末棚卸高	(　　)	
差引	(　　)	
4 棚卸減耗損	(　　)	
5 (　　)	(　　)	(　　)
売上総利益		(　　)
Ⅲ 販売費及び一般管理費		
1 給料	(　　)	
2 退職給付費用	(　　)	
3 貸倒引当金繰入	(　　)	
4 減価償却費	(　　)	
5 保険料	(　　)	
6 雑費	(　　)	(　　)
営業利益		(　　)
Ⅳ 営業外収益		
1 受取家賃	(　　)	
2 受取利息	(　　)	
3 有価証券評価益	(　　)	
4 受取配当金	(　　)	(　　)
Ⅴ 営業外費用		
1 支払利息	(　　)	
2 貸倒引当金繰入	(　　)	
3 為替差損	(　　)	
4 棚卸減耗損	(　　)	(　　)
経常利益		(　　)
Ⅵ 特別損失		
1 固定資産売却損		(　　)
税引前当期純利益		(　　)
法人税、住民税及び事業税	(　　)	
法人税等調整額	(△　　)	(　　)
当期純利益		(　　)

第4問 28点

(1)

	借方		貸方	
	記号	金額	記号	金額
1	(　　)		(　　)	
	(　　)		(　　)	
	(　　)		(　　)	
2	(　　)		(　　)	
	(　　)		(　　)	
	(　　)		(　　)	
3	(　　)		(　　)	
	(　　)		(　　)	
	(　　)		(　　)	

(2)

組別総合原価計算表　　(単位：円)

	A製品		B製品	
	直接材料費	加工費	直接材料費	加工費
月初仕掛品原価	—	—	—	—
当月製造費用	1,404,000		1,085,000	
合計	1,404,000		1,085,000	
月末仕掛品原価	—	—		
完成品総合原価	1,404,000			

月次損益計算書(一部)　　(単位：円)

売上高		(　　)
売上原価		
月初製品棚卸高	(　　)	
当月製品製造原価	(　　)	
小計	(　　)	
月末製品棚卸高	(　　)	(　　)
売上総利益		(　　)

第5問 12点

問1

直接原価計算による損益計算書 （単位：円）

売　上　高	（　　　　　）
変動売上原価	（　　　　　）
変動製造マージン	（　　　　　）
変動販売費	（　　　　　）
貢 献 利 益	（　　　　　）
製造固定費	（　　　　　）
固定販売費および一般管理費	（　　　　　）
営 業 利 益	（　　　　　）

問2　当期の損益分岐点の売上高＝［　　　　　］円

問3　営業利益140,000円を達成するための売上高＝［　　　　　］円

MEMO

第6回 予想問題 答案用紙

第1問 20点

	借方		貸方	
	記号	金額	記号	金額
1	(　　)		(　　)	
	(　　)		(　　)	
	(　　)		(　　)	
	(　　)		(　　)	
	(　　)		(　　)	
2	(　　)		(　　)	
	(　　)		(　　)	
	(　　)		(　　)	
	(　　)		(　　)	
	(　　)		(　　)	
3	(　　)		(　　)	
	(　　)		(　　)	
	(　　)		(　　)	
	(　　)		(　　)	
	(　　)		(　　)	
4	(　　)		(　　)	
	(　　)		(　　)	
	(　　)		(　　)	
	(　　)		(　　)	
	(　　)		(　　)	
5	(　　)		(　　)	
	(　　)		(　　)	
	(　　)		(　　)	
	(　　)		(　　)	
	(　　)		(　　)	

第2問 20点

(単位：円)

科目	個別財務諸表		連結修正仕訳		連結財務諸表
	P　社	S　社	借　方	貸　方	
貸借対照表					
諸資産	32,000,000	30,000,000			
売掛金	22,400,000	19,200,000			
商品	12,800,000	7,200,000			
S社株式	16,000,000	—			
のれん	—	—			
土地	12,000,000	6,000,000			
資産合計	95,200,000	62,400,000			
諸負債	(25,200,000)	(24,800,000)			(　　)
買掛金	(8,000,000)	(6,000,000)			(　　)
資本金	(32,000,000)	(16,000,000)			(　　)
資本剰余金	(6,000,000)	(3,200,000)			(　　)
利益剰余金	(24,000,000)	(12,400,000)			(　　)
非支配株主持分	—	—			(　　)
負債・純資産合計	(95,200,000)	(62,400,000)			(　　)
損益計算書					
売上高	(99,200,000)	(57,600,000)			(　　)
売上原価	68,800,000	46,400,000			
販売費及び一般管理費	20,640,000	6,880,000			
のれん償却	—	—			
営業外収益	(6,432,000)	(3,232,000)			(　　)
営業外費用	3,872,000	2,752,000			
土地売却益	(2,000,000)	—			
法人税等	5,020,000	1,600,000			
当期純利益	(9,300,000)	(3,200,000)			(　　)
非支配株主に帰属する当期純利益					
親会社株主に帰属する当期純利益					(　　)

(注)（　　　）は貸方金額を示す。

該当数値がない場合は「—」と記入すること。

第3問 20点

損益計算書

自20×8年4月1日　至20×9年3月31日　（単位：千円）

Ⅰ 売上高		（　　）
Ⅱ 売上原価		（　　）
売上総利益		（　　）
Ⅲ 販売費及び一般管理費		
1 販売費	（　　）	
2 減価償却費	（　　）	
3 退職給付費用	（　　）	
4 貸倒引当金繰入	（　　）	（　　）
営業利益		（　　）
Ⅳ 営業外収益		
1 受取利息・配当金	1,300	
2 有価証券利息	（　　）	
3 製品保証引当金戻入	（　　）	（　　）
Ⅴ 営業外費用		
1 支払利息		16,400
当期純利益		（　　）

貸借対照表に表示される項目

（単位：千円）

①	仕掛品	
②	投資有価証券	
③	買掛金	

第4問 28点

(1)

	借方		貸方	
	記号	金額	記号	金額
1	(　　)		(　　)	
	(　　)		(　　)	
	(　　)		(　　)	
2	(　　)		(　　)	
	(　　)		(　　)	
	(　　)		(　　)	
3	(　　)		(　　)	
	(　　)		(　　)	
	(　　)		(　　)	

(2)

問1　原価投入額合計を完成品原価と月末仕掛品原価とに配分する方法として先入先出法を用いている場合。

	月末仕掛品原価	完成品原価
正常減損が工程の終点で発生した場合	円	円
正常減損が工程の途中で発生した場合	円	円

問2　原価投入額合計を完成品原価と月末仕掛品原価とに配分する方法として平均法を用いている場合。

	月末仕掛品原価	完成品原価
正常減損が工程の終点で発生した場合	円	円
正常減損が工程の途中で発生した場合	円	円

第5問 12点

材　料

借方		貸方	
月初有高	841,500	仕掛品	(　　)
買掛金	12,348,000	消費価格差異	(　　)
		消費数量差異	(　　)
		月末有高	(　　)
	13,189,500		(　　)

仕　掛　品

借方		貸方	
材料	(　　)	製品	(　　)
加工費	(　　)	月末有高	(　　)
	(　　)		(　　)

MEMO

第7回 予想問題 答案用紙

第1問 20点

	借方		貸方	
	記号	金額	記号	金額
1	(　　)		(　　)	
	(　　)		(　　)	
	(　　)		(　　)	
	(　　)		(　　)	
	(　　)		(　　)	
2	(　　)		(　　)	
	(　　)		(　　)	
	(　　)		(　　)	
	(　　)		(　　)	
	(　　)		(　　)	
3	(　　)		(　　)	
	(　　)		(　　)	
	(　　)		(　　)	
	(　　)		(　　)	
	(　　)		(　　)	
4	(　　)		(　　)	
	(　　)		(　　)	
	(　　)		(　　)	
	(　　)		(　　)	
	(　　)		(　　)	
5	(　　)		(　　)	
	(　　)		(　　)	
	(　　)		(　　)	
	(　　)		(　　)	
	(　　)		(　　)	

第2問 20点

株主資本等変動計算書

自×3年4月1日　至×4年3月31日　（単位：千円）

	株主資本			
	資本金	資本剰余金		
		資本準備金	その他資本剰余金	資本剰余金合計
当期首残高	(　　)	(　　)	(　　)	(　　)
当期変動額				
剰余金の配当		(　　)	(　　)	(　　)
計数の変動	(　　)	(　　)		(　　)
新株の発行	(　　)			
吸収合併	(　　)			
当期純利益				
株主資本以外の項目の当期変動額（純額）				
当期変動額合計	(　　)	(　　)	(　　)	(　　)
当期末残高	(　　)	(　　)	(　　)	(　　)

（下段へ続く）

（上段から続く）

	株主資本				評価・換算差額等		純資産合計
	利益剰余金			株主資本合計	その他有価証券評価差額金	評価・換算差額等合計	
	利益準備金	その他利益剰余金 繰越利益剰余金	利益剰余金合計				
当期首残高	(　　)	(　　)	(　　)	(　　)	(　　)	(　　)	(　　)
当期変動額							
剰余金の配当	(　　)	(　　)	(　　)	(　　)			(　　)
計数の変動				−			−
新株の発行				(　　)			(　　)
吸収合併				(　　)			(　　)
当期純利益		(　　)	(　　)	(　　)			(　　)
株主資本以外の項目の当期変動額（純額）					(　　)	(　　)	(　　)
当期変動額合計	(　　)	(　　)	(　　)	(　　)	(　　)	(　　)	(　　)
当期末残高	(　　)	(　　)	(　　)	(　　)	(　　)	(　　)	(　　)

【貸借対照表】

のれん	千円

第3問 20点

損益計算書

自×3年4月1日　至×4年3月31日　（単位：円）

Ⅰ 売上高		（　　）
Ⅱ 売上原価		
1 期首商品棚卸高	（　　）	
2 当期商品仕入高	（　　）	
合計	（　　）	
3 期末商品棚卸高	（　　）	
差引	（　　）	
4 商品評価損	（　　）	（　　）
売上総利益		（　　）
Ⅲ 販売費及び一般管理費		
1 給料	（　　）	
2 広告宣伝費	（　　）	
3 支払家賃	（　　）	
4 棚卸減耗損	（　　）	
5 減価償却費	（　　）	
6 ソフトウェア償却	（　　）	
7 貸倒損失	（　　）	
8 貸倒引当金繰入	（　　）	
9 役員賞与引当金繰入	（　　）	（　　）
営業利益		（　　）
Ⅳ 営業外収益		
1 有価証券利息	（　　）	
2 有価証券評価益	（　　）	（　　）
Ⅴ 営業外費用		
1 支払利息	（　　）	
2 貸倒引当金繰入	（　　）	
3 雑損	（　　）	（　　）
経常利益		（　　）
Ⅵ 特別利益		
1 固定資産売却益		（　　）
税引前当期純利益		（　　）
法人税、住民税及び事業税		（　　）
当期純利益		（　　）

答案用紙
第1回 第2回 第3回 第4回 第5回 第6回 第7回 第8回 第9回

第4問 28点

1)

	借方		貸方	
	記号	金額	記号	金額
1	(　　)		(　　)	
	(　　)		(　　)	
	(　　)		(　　)	
2	(　　)		(　　)	
	(　　)		(　　)	
	(　　)		(　　)	
3	(　　)		(　　)	
	(　　)		(　　)	
	(　　)		(　　)	

2)

第1工程：　月末仕掛品原価　材 料 X　(　　　　　　)円
　　　　　　　　　　　　　加 工 費　(　　　　　　)円
　　　　　完成品総合原価　　　　　　(　　　　　　)円
第2工程：　月末仕掛品原価　前工程費　(　　　　　　)円
　　　　　　　　　　　　　材 料 Y　(　　　　　　)円
　　　　　　　　　　　　　加 工 費　(　　　　　　)円
　　　　　完成品総合原価　　　　　　(　　　　　　)円
　　　　　完成品単位原価　　　　　　(　　　　　　)円/kg　※

※　単位原価の計算においては円未満の端数を四捨五入すること。

第5問 12点

問1 円 （ 借方差異 ・ 貸方差異 ）

いずれかを○で囲むこと

問2 円 （ 借方差異 ・ 貸方差異 ）

いずれかを○で囲むこと

問3 円 （ 借方差異 ・ 貸方差異 ）

いずれかを○で囲むこと

問4 円 （ 借方差異 ・ 貸方差異 ）

いずれかを○で囲むこと

MEMO

第8回 予想問題 答案用紙

第1問 20点

	借方		貸方	
	記号	金額	記号	金額
1	(　　)		(　　)	
	(　　)		(　　)	
	(　　)		(　　)	
	(　　)		(　　)	
	(　　)		(　　)	
2	(　　)		(　　)	
	(　　)		(　　)	
	(　　)		(　　)	
	(　　)		(　　)	
	(　　)		(　　)	
3	(　　)		(　　)	
	(　　)		(　　)	
	(　　)		(　　)	
	(　　)		(　　)	
	(　　)		(　　)	
4	(　　)		(　　)	
	(　　)		(　　)	
	(　　)		(　　)	
	(　　)		(　　)	
	(　　)		(　　)	
5	(　　)		(　　)	
	(　　)		(　　)	
	(　　)		(　　)	
	(　　)		(　　)	
	(　　)		(　　)	

第2問 20点

連結損益計算書
自×3年4月1日　至×4年3月31日　(単位：円)

費用	金額	収益	金額
売上原価	(　　)	売上高	(　　)
販売費及び一般管理費	(　　)	営業外収益	(　　)
のれん償却	(　　)	特別利益	(　　)
営業外費用	(　　)		
非支配株主に帰属する当期純利益	(　　)		
親会社株主に帰属する当期純利益	(　　)		
	(　　)		(　　)

連結貸借対照表
×4年3月31日　(単位：円)

資産	金額	負債・純資産	金額
諸資産	(　　)	諸負債	(　　)
受取手形	(　　)	支払手形	(　　)
売掛金	(　　)	買掛金	(　　)
商品	(　　)	未払費用	(　　)
土地	(　　)	短期借入金	(　　)
のれん	(　　)	資本金	(　　)
		利益剰余金	(　　)
		非支配株主持分	(　　)
	(　　)		(　　)

第3問 20点

決算整理後残高試算表

×7年3月31日　　(単位：円)

借　方	勘定科目	貸　方
	現金預金	
	受取手形	
	売掛金	
	繰越商品	
	前払保険料	
	建物	
	備品	
	機械装置	
	満期保有目的債券	
	ソフトウェア	
	貸倒引当金	
	未払法人税等	
	退職給付引当金	
	建物減価償却累計額	
	備品減価償却累計額	
	機械装置減価償却累計額	
	資本金	
	利益準備金	
	繰越利益剰余金	
	売上	
	有価証券利息	
	仕入	
	給料	
	退職給付費用	
	保険料	
	貸倒引当金繰入	
	棚卸減耗損	
	商品評価損	
	減価償却費	
	ソフトウェア償却	
	法人税、住民税及び事業税	

第4問 28点

)

	借方		貸方	
	記号	金額	記号	金額
1	(　　)		(　　)	
	(　　)		(　　)	
	(　　)		(　　)	
2	(　　)		(　　)	
	(　　)		(　　)	
	(　　)		(　　)	
3	(　　)		(　　)	
	(　　)		(　　)	
	(　　)		(　　)	

2)

製造原価報告書（単位：円）

直接材料費	(　　)
直接労務費	(　　)
製造間接費	(　　)
合計	(　　)
製造間接費配賦差異	(　　)
当月総製造費用	(　　)
月初仕掛品原価	(　　)
合計	(　　)
月末仕掛品原価	(　　)
当月製品製造原価	(　　)

月次損益計算書（単位：円）

売上高	34,000,000
売上原価	(　　)
原価差異	(　　)
合計	(　　)
売上総利益	(　　)
販売費及び一般管理費	5,800,000
営業利益	(　　)

第5問 12点

問1	円
問2	%
問3	円
問4	

MEMO

第9回 予想問題 答案用紙

第1問 20点

	借方		貸方	
	記号	金額	記号	金額
1	(　　)		(　　)	
	(　　)		(　　)	
	(　　)		(　　)	
	(　　)		(　　)	
	(　　)		(　　)	
2	(　　)		(　　)	
	(　　)		(　　)	
	(　　)		(　　)	
	(　　)		(　　)	
	(　　)		(　　)	
3	(　　)		(　　)	
	(　　)		(　　)	
	(　　)		(　　)	
	(　　)		(　　)	
	(　　)		(　　)	
4	(　　)		(　　)	
	(　　)		(　　)	
	(　　)		(　　)	
	(　　)		(　　)	
	(　　)		(　　)	
5	(　　)		(　　)	
	(　　)		(　　)	
	(　　)		(　　)	
	(　　)		(　　)	
	(　　)		(　　)	

答案用紙

第1回 第2回 第3回 第4回 第5回 第6回 第7回 第8回 第9回

第2問 20点

満期保有目的債券

年	月	日	摘要	借方	年	月	日	摘要	貸方
×1	4	1	前期繰越		×2	3	31	有価証券利息	
	10	1	普通預金			3	31	次期繰越	
×2	3	31	有価証券利息						

その他有価証券

年	月	日	摘要	借方	年	月	日	摘要	貸方
×1	4	1	前期繰越		×1	4	1	その他有価証券評価差額金	
	7	20	普通預金			12	10	普通預金	
×2	3	31	その他有価証券評価差額金		×2	3	31	次期繰越	

子会社株式

年	月	日	摘要	借方	年	月	日	摘要	貸方
×1	4	1	普通預金		×2	3	31	次期繰越	

第3問 20点

問1

損			益		
×4年3/31	仕入	(　　)	×4年3/31	売上	(　　)
〃	給料	(　　)	〃	受取手数料	(　　)
〃	広告宣伝費	(　　)	〃	有価証券利息	(　　)
〃	営業費	(　　)	〃	国庫補助金受贈益	(　　)
〃	貸倒引当金繰入	(　　)	〃	支店	(　　)
〃	減価償却費	(　　)			
〃	固定資産圧縮損	(　　)			
〃	繰越利益剰余金	(　　)			
		(　　)			(　　)

問2 [　　　　円]

第4問 28点

(1)

	借方		貸方	
	記号	金額	記号	金額
1	(　　)		(　　)	
	(　　)		(　　)	
	(　　)		(　　)	
2	(　　)		(　　)	
	(　　)		(　　)	
	(　　)		(　　)	
3	(　　)		(　　)	
	(　　)		(　　)	
	(　　)		(　　)	

(2)

問1

年間予算部門費配賦表　　(単位：円)

費目	合計	製造部門		補助部門
		第1製造部門	第2製造部門	動力部門
部門費	18,000,000	8,250,000	6,250,000	3,500,000
動力部門費		(　　)	(　　)	
製造部門費	18,000,000	(　　)	(　　)	

問2　第1製造部門費 [　　　　] 円

第2製造部門費 [　　　　] 円

問3　第1製造部門費 [　　　　] 円 (　借方差異　・　貸方差異　)

第2製造部門費 [　　　　] 円 (　借方差異　・　貸方差異　)

動力部門費 [　　　　] 円 (　借方差異　・　貸方差異　)

(借方差異・貸方差異) のいずれかを○で囲みなさい。

第5問 12点

問1　第２期における全部原価計算による損益計算書（金額単位：円）

売上高	（　　　　）
売上原価	（　　　　）
売上総利益	（　　　　）
販売費及び一般管理費	（　　　　）
営業利益	（　　　　）

第２期における直接原価計算による損益計算書（金額単位：円）

売上高	（　　　　）
変動費	（　　　　）
貢献利益	（　　　　）
固定費	（　　　　）
営業利益	（　　　　）

問2　第３期における全部原価計算による損益計算書（金額単位：円）

売上高	（　　　　）
売上原価	（　　　　）
売上総利益	（　　　　）
販売費及び一般管理費	（　　　　）
営業利益	（　　　　）

第３期における直接原価計算による損益計算書（金額単位：円）

売上高	（　　　　）
変動費	（　　　　）
貢献利益	（　　　　）
固定費	（　　　　）
営業利益	（　　　　）